本专著为国家社会科学基金后期资助项目（编号：21FKSB052）的最终成果

YUJIAN MAKESI
ZIBENLUN DE
BIYU XIUCI YANJIU

胡士杰／著

「喻」见马克思

《资本论》的比喻修辞研究

人民出版社

责任编辑：杨文霞
装帧设计：姚　菲

图书在版编目（CIP）数据

"喻"见马克思 ：《资本论》的比喻修辞研究 ／ 胡
士杰著. -- 北京 ：人民出版社，2025. 8. -- ISBN 978 - 7
- 01 - 027438 - 6

Ⅰ. A811.23

中国国家版本馆 CIP 数据核字第 2025FK6641 号

"喻"见马克思
YUJIAN MAKESI
——《资本论》的比喻修辞研究

胡士杰　著

人民出版社 出版发行
（100706　北京市东城区隆福寺街 99 号）

北京汇林印务有限公司印刷　新华书店经销

2025 年 8 月第 1 版　2025 年 8 月北京第 1 次印刷
开本：710 毫米×1000 毫米 1/16　印张：15. 25
字数：265 千字

ISBN 978 - 7 - 01 - 027438 - 6　定价：69. 00 元

邮购地址 100706　北京市东城区隆福寺街 99 号
人民东方图书销售中心　电话（010)65250042　65289539

国家社科基金后期资助项目
出版说明

后期资助项目是国家社科基金设立的一类重要项目，旨在鼓励广大社科研究者潜心治学，支持基础研究多出优秀成果。它是经过严格评审，从接近完成的科研成果中遴选立项的。为扩大后期资助项目的影响，更好地推动学术发展，促进成果转化，全国哲学社会科学工作办公室按照"统一设计、统一标识、统一版式、形成系列"的总体要求，组织出版国家社科基金后期资助项目成果。

全国哲学社会科学工作办公室

序

孙蚌珠①

二十多年前,胡士杰同志在北京大学马克思主义学院读硕士研究生,他的专业是马克思主义哲学,并不在我所在的政治经济学研究所,但当时我负责研究生工作,所以对他比较熟悉,他的勤奋好学、善于思考给我留下了深刻的印象。

毕业后他到河北省党委党校工作,因为专业不同,平时联系不多。去年他和我说他写了《"喻"见马克思——〈资本论〉的比喻修辞研究》,并发来初稿,希望我写序。看着几十万字的书稿,我很好奇,他为什么写这样的一本书?怎样写出这样一本书?便和他作了深入的交流。为什么是《资本论》?因为他一直在努力通读《马克思恩格斯全集》(以下简称《全集》),《资本论》是他通读《全集》路途中耸立在面前的一座陡峭的高山,这本书则是他攀越这座高山的一个纪念。内容为什么是"比喻"?因为他在通读《全集》过程中,发现比喻比比皆是,运用比喻几乎成了马克思著作中的一种"叙述方法",使得艰深的理论变得形象生动起来。就像戴维·麦克莱伦在《马克思传》中所说的,马克思"追求非常精致的形象表达",对比喻有着浓厚的热情。这种热情从字里行间流露出来,让胡士杰同志对马克思的比喻修辞产生了浓厚的兴趣,有了强烈的探究愿望。梳理研究《资本论》中的比喻修辞这个工作并不容易,工作量很大,考证起来费时费力,很具挑战性。他坚持下来并把成果呈现在大家面前,这对一个青年学者来说是难能可贵的,很值得赞赏。

粗略地翻看了《"喻"见马克思——〈资本论〉的比喻修辞研究》这本书,我认为至少有两个方面具有探索性和创新意义:一是研究的视角是独特的。学术界关于《资本论》的研究成果可以说非常丰厚。对于《资本论》中的一些经典比喻,很多人都耳熟能详,比如**"暴力是每一个孕育着新社会的旧社会的助产婆""商品的价值对象性不同于快嘴桂嫂""像在市场上出卖了自己的皮一样""资本先生和土地太太"**等。也有学者对《资本论》中的一

---

① 孙蚌珠,北京大学博雅特聘教授,马克思主义学博士研究生导师,中国《资本论》研究会副会长。

些比喻进行过深入研究,但还少有人像这本书的作者这样,试图从整体上对《资本论》中的经典比喻进行系统梳理和研究,打造出一面能够折射出《资本论》比喻谱系的"棱镜",给我们呈现出一幅关于《资本论》比喻的完整图景。这面棱镜尽管还不够精致,显得有些粗糙,但它毕竟已经完整地竖立起来了。胡士杰同志以比喻为抓手,抱着类似马克思本人对比喻的那种热情,通过分析比喻来"喻"见马克思和恩格斯,洞见马克思和恩格斯的思想,这个视角是非常值得肯定的。二是研究的视野是宽广的。这本书通过对《资本论》比喻的特点、喻体、形式和功能等方面的研究,不仅展现了经典作家所设比喻的表现形式之"美",也详细阐释了比喻的思想内涵之"真";不仅研究了《资本论》中的比喻,还研究了《资本论》手稿中的比喻,并对《资本论》比喻和手稿比喻之间的沿用和传承关系进行了一定的探索;不仅研究了《资本论》及手稿中的比喻,还引用了《全集》其他部分中的比喻来进行说明;作者的触角不仅覆盖《全集》,还根据比喻的出处,借用和传承关系,以及阐释的需要,将触角延伸至《列宁全集》《莎士比亚全集》《海涅全集》《歌德文集》《席勒文集》等更大的范围,给读者提供了关于《资本论》比喻的丰富资料。

我希望也相信《"喻"见马克思——〈资本论〉的比喻修辞研究》这部著作会引发更多人的兴趣,激发更多人从更多角度去学习、研究和欣赏《资本论》的真理之光和表现形式之美;我同样希望也相信胡士杰同志会再接再厉,在对马克思主义经典著作、中国化时代化的马克思主义文献的比喻研究道路上扎扎实实向前走,出更多更优秀的成果。

2024 年 12 月 10 日

目　　录

前　言

如果我们把马克思主义比作一座山脉的话,《资本论》无疑就是这座山脉中最陡峭的山峰:山顶有奇绝壮绝的景致,山中有无穷无尽的宝藏。这景致和宝藏寂静地藏在深山密林之中,等候着追求真理的人们不断去发现、去挖掘。然而,通往山中的道路并不平坦,那些急于追求结论而不肯沿着陡峭山路攀登的人,不免被困难所吓倒,而这正是马克思所担心的事情。他在《资本论》法文版序言中那句著名的格言正是对这些人所打的"预防针"。他说:"在科学上没有平坦的大道,只有不畏劳苦沿着陡峭山路攀登的人,才有希望达到光辉的顶点。"①如果能够用山中那些精美的五彩石铺就一条引导人们进入大山深处的道路,或许他们就会有更多的兴趣和勇气"沿波讨源",进到富矿里去发现那无数的珍宝,攀登到山顶去领略那无限的风光。这正是本书试图达到的目的之一,而比喻正是用来铺就这条小路的五彩石。或许,我们走在这条用比喻的五彩石铺就的妙趣横生的小路上,能够有幸"喻"见马克思。

根据笔者的统计,马克思和恩格斯一生共使用了5000多个比喻。然而这些比喻并没有引起人们足够的重视。一方面,研究马克思主义理论的学者往往专注于理论的内容方面,而对理论的表达形式关注较少甚至不屑一顾;另一方面,研究修辞的学者更多的是专注于文学作品中比喻修辞的挖掘,却较少涉足马克思主义的思想宝库,尽管其中不乏精彩的比喻。由此造成了一种"姥姥不疼,舅舅不爱"的局面,任由马克思和恩格斯的妙喻之珠沉落沧海。随便翻翻市面上见到的各种修辞辞典或比喻辞典,就会发现其中鲜有马克思和恩格斯的比喻用法(参见表1),真是令人痛心疾首!有鉴于此,笔者在对《资本论》及手稿中的比喻进行梳理、解析和研究的基础上,形成了这本《"喻"见马克思——〈资本论〉的比喻修辞研究》。希望本书能给读者提供一条"阿里阿德涅之线",帮助读者穿越《资本论》深邃思想的宫殿,领略马克思的语言魅力,学习马克思的修辞技巧,理解马克思的思想内涵。同时,笔者也希望此书能为修辞学研究者开辟一条进入马克思主义思想宝库(也是比喻宝库)的便捷通道和行路指南,引导修辞学研究触角更多

① 《马克思恩格斯全集》第43卷,人民出版社2016年版,第13页。

地向马克思主义经典著作延伸,促进马克思主义和马克思主义研究进一步大众化。

表1 常见比喻类工具书对《资本论》比喻的引用情况   （单位:条）

类别 序号	常见比喻类工具书名称	比喻条目	引自《马克思 恩格斯全集》	引自 《资本论》
1	朱钦舜编著:《中外名家各类比喻赏析辞典》,上海大学出版社2016年版	约5000	1	0
2	尉迟华等编著:《新编增广修辞格例话》,清华大学出版社2011年版	91	0	0
3	谭学纯等主编:《汉语修辞格大辞典》,上海辞书出版社2010年版	82	0	0
4	周宏溟编:《比喻辞典》,湖南教育出版社1998年版	约8000	8	1
5	薛梦得编纂:《中外比喻词典》,中国物资出版社1986年版	约9000	0	0

资料来源:作者搜集资料、统计数据并整理制作。

特别值得一提的是,本书并非要把《资本论》当成一部文学作品来解读,而是要通过比喻这个抓手达到正确理解和广泛传播马克思主义的目的。一方面,笔者并不反对挖掘《资本论》的文学或哲学价值,但不建议将其阐释为一部文学或哲学著作。弗朗西斯·惠恩(Francis Wheen)将《资本论》说成是"文学拼贴艺术",认为"《资本论》如同勋伯格(Schoenberg)那般不和谐,如同卡夫卡(Kafka)那般梦魇化",还说"这本书可以作为大部头的哥特式小说来读,……也可以作为维多利亚时代的通俗剧来读……或是作为一个黑色滑稽剧来看……或是作为希腊悲剧来读……或者也可以作为一个反讽的乌托邦来读,就像《格列佛游记》中的慧骃国那样……"①这种将《资本论》完全当作文学作品来解读的立场和方法,可能会有意或无意地湮没《资本论》这部政治经济学巨著的科学价值。另一方面,很多西方学者习惯于将马克思只是当作一个纯粹的思想家或学者来看待,将《资本论》只是当作一部纯粹的学术著作来看待,将无产阶级的解放理论只是当作一种纯粹

---

① [英]弗朗西斯·惠恩:《马克思〈资本论〉传》,陈越译,中央编译出版社2009年版,第8、119~121页。

的学术思潮来看待。对他们来说，似乎只有这样才能维护学术的纯粹性。这种认识对于《资本论》的解读必然陷入偏颇，也是不可取的。因为《资本论》的创作不是单纯的学术活动，而是革命活动的一部分。马克思的旨趣也不在于单纯地"解释世界"，更是要"改变世界"。《资本论》不仅有作为思想家的马克思的逻辑严密的科学揭示，也有作为革命者的马克思充满激情的呐喊，还有作为道德家的马克思义愤填膺的批判，是"融合了科学真理、革命激情和道德义愤以及美学忧思的极为奇特的文本"①。对于这样的文本不宜采用简单粗暴的态度来对待。

　　鉴于《马克思恩格斯全集》历史考证版第 2 版（$MEGA^2$）和据此翻译的《马克思恩格斯全集》中文第 2 版都把由《资本论》及手稿组成的庞大文本群编辑在一起单独作为全集的第 2 部分，因此本书所谓的"《资本论》比喻"指的就是全集第 2 部分（中文版对应的是第 30~46 卷）中的比喻用法，并不限于《资本论》第 1~3 卷。由于这些图书资料一般读者并不容易找到，因此本书涉及《资本论》第 1~3 卷的中文引文尽量从《马克思恩格斯文集》第 5~7 卷收录的《资本论》对应部分中加以引用，《资本论》手稿部分的中文引文尽量从《马克思恩格斯文集》第 8 卷中加以引用，第 8 卷没有的部分从《马克思恩格斯全集》中文第 1 版和中文第 2 版的相关卷册中引用。由于《马克思恩格斯全集》中文第 2 版尚在陆续翻译和出版中，第 2 版中尚未出版的有关内容如果在《马克思恩格斯文集》中也没有收录，就引用《马克思恩格斯全集》中文第 1 版的内容。其他引文也遵循这个原则，能从新则从新，不能从新则从旧。对于中文版中有关比喻的翻译问题，参照《马克思恩格斯全集》历史考证版第 2 版（$MEGA^2$）的原文进行辨析。特别值得一提的是，马克思的语言魅力在很大程度上是通过译者的翻译体现出来的，没有他们的艰苦劳动，普通大众要领略马克思的语言魅力是不可想象的，更不用说"喻"见马克思了。所以，借此机会向他们致以最崇高的敬意！中文版中的有些译法经与德文、法文和英文对照，笔者也尝试提出了一些主张和看法。

　　就像皮埃尔·培尔（Pierre Bayle）的《历史和批判词典》和爱德华·吉本（Edward Gibbon）的《罗马帝国衰亡史》一样，《资本论》也有内容十分丰富的脚注。马克思非常重视脚注工作，把它和正文的写作看作是同样重要的事情。这些脚注有的是用来说明某一思想或论点的来源，有的是点评某个资产阶级经济学家的观点，有的是为正文补充新资料、新论点。② 这些脚

---

① 黄世权：《〈资本论〉的诗性话语》，中国电影出版社 2018 年版，第 422~424 页。

② 参见李成勋：《一份珍贵的遗产——读马克思〈资本论〉中的脚注》，《经济研究》1983 年第 4 期。

注对于我们透彻理解马克思的思想、全面领略《资本论》的风采起到了十分重要的作用。本书借鉴了这种有益的做法,也使用了大量的脚注。这些脚注大部分是为了注明引文的出处,这是进行严谨的学术研究所必不可少的;也有相当一部分是笔者所作的补充性的说明,意在为读者特别是有兴趣的研究者进行进一步的考证提供更多思路、线索和材料。有人说,脚注之于严肃的学术著作就像履带之于坦克一样。① 但如果读者觉得频繁被脚注所打断并不是一件愉快的事儿,就像被打断了惬意的午睡去给快递小哥开门一样,那就完全可以不管这些脚注,就像开坦克的士兵不用时不时地探出头来查看履带的状况一样。

路德维希·安德列斯·费尔巴哈(Ludwig Andreas Feuerbach)说:"人们不是为自己,而是为别人写作。……所以我尽可能写得明白简洁。我不愿给别人增加麻烦。"②笔者也希望如此,并尽了最大努力让行文简洁明了,希望读者都能够愉快地读下去。书中若有不妥之处,还望方家批评指正。

胡士杰

2022 年 5 月 5 日

---

① 参见[美]安东尼·格拉夫敦:《脚注趣史》,张弢、王春华译,北京大学出版社 2014 年版,第 67 页。

② [德]路德维希·费尔巴哈:《费尔巴哈哲学著作选集》上卷,荣震华等译,商务印书馆 1984 年版,第 237 页。

导　　论

格奥尔格·威廉·弗里德里希·黑格尔（Georg Wilhelm Friedrich Hegel）曾经说过："在哲学史里，比在任何别的科学里，更必须先有一个导言，把需要讲述的哲学史的对象首先正确地加以规定。因为假如我们对于一个对象的名字虽很熟悉，但还不知道它的性质，我们怎能开始去研究它呢？"①黑格尔的教诲对于本书也是适用的。本书的研究对象是《资本论》中的比喻修辞，不论是"《资本论》"还是"比喻"，都是读者较为熟悉的对象。然而，本书所谓"比喻"是作为一种修辞手法的比喻，而非时髦的、"隐喻狂热"（metaphormania）②语境下的"隐喻"；本书所谓"比喻研究"是纯粹的文本学研究，也不是"隐喻狂热"背景下的"隐喻研究"；本书从比喻的视角解读《资本论》，目的在于改变《资本论》在很多人心中留下的艰深晦涩的固有观念，揭示《资本论》是一部充满修辞之美的政治经济学著作，是一部引人入胜的"比喻宝典"，不仅是严肃的，也是活泼的，是真善美的统一。有鉴于此，在导论中对这些特点事先加以说明是完全必要的。

一、作为修辞手法的比喻

《左传》在记述了"子产戎服献捷"的故事后，曾引用孔子的话评论说："言之无文，行而不远。……非文辞不为功。慎辞哉！"③这是通过子产"以修辞捍郑"的故事，得出文辞对于成就事业的重要意义。而文辞自然离不开修辞手法的运用。古今中外众所周知的大思想家极少有不重视修辞的，否则他们的著作恐怕很难成为经典，他们的思想也就很难流传太远从而被大家所熟知。即使那些对修辞持反对态度的作家也免不了使用修辞。比如，中国古代的老子提出"信言不美，美言不信"④的主张，但其《道德经》却堪称精妙，不乏像"上善若水"这样家喻户晓的比喻修辞。古希腊先哲柏拉图（Plato）厌恶修辞学，将其贬为与烹调术、装饰术和诡辩术相类似的技艺。有意思的是，他提出的"洞穴比喻"却是西方哲学史上广为人知的比喻修

---

① ［德］黑格尔：《哲学史讲演录》第 1 卷，贺麟等译，商务印书馆 2017 年版，第 5~6 页。
② 参见束定芳：《隐喻学研究》，上海外语教育出版社 2000 年版，第 5 页。
③ 王守谦等译注：《左传全译》（上），贵州人民出版社 1990 年版，第 957 页。
④ 沙少海、徐子宏注：《老子全译》，贵州人民出版社 2009 年版，第 143 页。

辞。英国哲学家约翰·洛克（John Locke）是柏拉图的拥趸之一，他声称"修辞学的一切技术……完全是一套欺骗"，是一种"语言的滥用"，是"语言本身的缺点"，是"应用这些语言的人的过错"。而洛克非难修辞学的论据竟然是一个比喻修辞！他说："辩才就如美女似的，它的势力太诱人了，你是很不容易攻击它的。"①不仅如此，他用来批判天赋观念论的著名的"白板"说本身也是一个比喻用法。② 看来，我们只能如洛克所愿，将他的自相矛盾归结为"应用这些语言的人的过错"了。

在所有修辞手法中，比喻是最具有代表性的一种，"既是众多修辞格之一，又是所有修辞格的范例"③。有学者曾批评"古典修辞学一直停留于亚里士多德的框架内并逐渐把修辞学变成了比喻学，而比喻又被归结为隐喻，以致修辞学渐渐成了植物分类学式的东西"④。这种批评恰恰从另一个角度说明了比喻在修辞学中无可替代的重要地位。

文章离不开修辞，修辞离不开比喻。南宋陈骙所著《文则》中说："《易》之有象，以尽其意，《诗》之有比，以达其情。文之作也，可无喻乎？"⑤这句话可谓一语中的，振聋发聩！撰写文章怎么能没有比喻呢？有学者统计，《诗经》305 篇中，采用比喻的地方竟有 280 多处。⑥ 古希腊哲学家亚里士多德（Aristotle）说："隐喻最能使用语变得明晰、令人愉快和耳目一新。"⑦但比喻并非像很多人认为的那样只是"一层文学外衣"，它还具有传达真理的力量，是一种传播真理的方式。法国哲学家帕斯卡尔（Pascal）说："真理是通过比喻被认识的。"⑧德国哲学家汉斯-格奥尔格·伽达默尔（Hans-Georg Gadamer）说，比喻"一如既往地具有一种方法论上的重要性。如果某个语词被转用到它本来并不隶属的应用领域，真正的'本来的'意义就会一下子清晰地表现出来"⑨。美国著名思想家拉尔夫·沃尔多·爱默生（R. W. Emerson）甚至认为："教会不是建立在他的根本的训诫之上，而是建立在他

---

① ［英］洛克：《人类理解论》下册，关文运译，商务印书馆 2017 年版，第 536~537 页。
② 参见［英］洛克：《人类理解论》上册，关文运译，商务印书馆 2017 年版，第 47、73 页。
③ ［法］保罗·利科：《活的隐喻》，汪家堂译，上海译文出版社 2015 年版，第 73 页。
④ 汪家堂：《思想的历程：从意志哲学到哲学诠释学》，载［法］保罗·利科：《活的隐喻》，汪家堂译，上海译文出版社 2015 年版，"译者序"第 7 页。
⑤ （南宋）陈骙：《文则注译》，刘彦成注译，书目文献出版社 1987 年版，第 40 页。
⑥ 参见姜宗伦：《古典文学辞格概要》，云南人民出版社 1984 年版，第 15 页。
⑦ ［古希腊］亚里士多德：《亚里士多德全集》第 9 卷，苗力田主编，中国人民大学出版社 2016 年版，第 497 页。
⑧ 转引自［英］库珀：《隐喻》，郭贵春、安军译，上海科技教育出版社 2007 年版，第 4 页。
⑨ ［德］汉斯—格奥尔格·伽达默尔：《诠释学Ⅰ：真理与方法》，洪汉鼎译，商务印书馆 2017 年版，第 151 页。

使用过的那些比喻之上。"①这些思想家从不同的角度揭示了比喻在文章创作和思想传播中扮演的重要角色、发挥的独特作用。

中国古人称比喻为"譬"或"比",近人对比喻的定义五花八门,但都承认比喻是一种重要的修辞手法。在英语中,比喻的总称是 tropes,包括simile(明喻)和 metaphor(隐喻)。汉语修辞学中所谓的借代、借喻、象征以及其他除明喻之外的比喻形式在西方修辞学中通常都可以被包括在隐喻里面,甚至明喻也被看成是一种特殊的隐喻。在西方文化中,隐喻不仅是一种修辞格或修辞手法,还被看成是一种认知现象和重要的思维方式。随着西方隐喻学的崛起和日渐流行,国内外的研究者经常用隐喻来泛指所有比喻形式,这使得隐喻和比喻之间的关系变得更加复杂。谭学纯曾对隐喻和比喻之间的复杂关系进行过细致的梳理。他说:"如果立为主条,一级辞格隐喻>比喻。前者包括拟人、夸张等。如果立为分条,二级辞格隐喻<比喻。现代汉语中的隐喻=暗喻。……此外,在认知语言学中,隐喻是一种认知方式。"②为了避免混淆,进而妨碍我们展开对经典作家比喻修辞的系统梳理,本书借鉴《汉语修辞格大辞典》采取的尽量减少错乱的处理方式,按照现代汉语修辞学"隐喻=暗喻"的范式,将隐喻仅作为二级辞格来对待,也就是只用其狭义上的暗喻的含义,仅仅表示比喻修辞格的诸多形式之一。另外,本书中的"比喻"也采用狭义的定义,指的也仅仅是作为一种修辞手法的比喻,而非认知语言学或者西方隐喻学中的比喻或隐喻。由于本书的目的在于通过中国读者喜闻乐见的比喻修辞将《资本论》的理论进行通俗化的解读,因此笔者就不打算在尚未阐释复杂的理论问题时先让读者迷失在西方隐喻学的概念之网中。何况国内各种研究隐喻的著作,除了系统研究隐喻的著作,如束定芳的《隐喻学研究》,还有各种专门研究的著作,如石勇的《中医隐喻研究》、陈战的《〈黄帝内经素问〉隐喻研究》、陈庆勋的《艾略特诗歌隐喻研究》、徐畔的《莎士比亚十四行诗隐喻网络研究》等,无不用大量的篇幅对西方隐喻理论的发展进行了概述,因此本书不再进行这些重复劳动。

对于作为一种修辞手法的比喻,本书采用聂炎《比喻新论》中的定义,即"比喻是用同甲对象本质不同而又有相似之点的乙对象来描写、说明、灵化、强化甲对象的一种修辞手法"③。这个定义比较符合汉语修辞学的研究

① ［美］R. W.爱默生:《自然沉思录》,博凡译,上海社会科学院出版社 1993 年版,第 103 页。
② 参见谭学纯:《辞格生成与理解:语义·语篇·结构》,载谭学纯等编著:《汉语修辞格大辞典》,上海辞书出版社 2010 年版,"前言"第 12 页。
③ 聂炎:《比喻新论》,宁夏人民教育出版社 2009 年版,第 10 页。

范式和中国人的认知习惯。关于比喻的构成,本书采用三要素说,即认为比喻由本体、喻体和相似点三个要素组成。喻体是与本体相对而言的。本体是"甲对象",是比喻的对象,是本来的事物,是有待设喻者使用比喻修辞来加以"激活"的事物;喻体是"乙对象",是设喻者"信手拈来"用以"描写、说明、灵化、强化"本体的事物。比喻的本体就像是"自开自落"的"岩中花树",是自在地存在着的事物;比喻的喻体就像是设喻者的"心中花树",是设喻者通过发挥想象力所联想到的另一事物。喻体可以是具体的事物,也可以是抽象的事物,"当喻体是具体类时,它对本体起描写或说明作用;当喻体为抽象类时,它对本体起灵化或强化作用"①。按照亚里士多德的说法,喻体是对本体的一种"偏离",但正是这种偏离才使比喻充满了趣味和想象力。套用马克思博士论文中关于原子偏离是自由意志的体现的论述,比喻中的偏离就是设喻者自由意志的一种体现,是设喻者创造力的一种体现。正因为如此,有学者认为,"使用比喻,就是在创造"②。相似点是本体和喻体之间的相似之处,而相似点是由设喻者发现或创立的。设喻者是本体和喻体的桥梁,正是设喻者通过发现或创造的相似点使本体和喻体建立了联系,使原本"自开自落"的"岩中花树"的颜色"一时明白起来",使作为喻体的事物获得了一种新的意义,使读者产生一种豁然开朗的感觉。比喻的本体和喻体是一种"对立统一"的关系。二者不能同质,否则不能构成比喻,但二者之间也必须有相似之处,至少能够建立起或者挖掘出相似之处,否则就成了不知所云,失去了比喻的意义。

比喻有很多种形式。陈骙所著《文则》中将比喻分成直喻、隐喻、对喻、类喻、虚喻、详喻、博喻、诘喻、简喻和引喻等 10 种形式,③陈望道在《修辞学发凡》中仅列举了明喻、隐喻(暗喻)和借喻三种形式,谭学纯等编著的《汉语修辞格大辞典》中解析了 26 种比喻形式,尉迟华等编著的《新编增广修辞格例话》也列了 26 种比喻形式,朱钦舜编著的《中外名家各类比喻赏析辞典》对比喻形式的划分更为详细,有 41 种之多。在西方修辞学中,比喻形式的划分种类也很多,并且在划分上也存在很多争论。弗里德里希·威廉·尼采(F. W. Nietzsche)在《古修辞讲稿》中说:"就比喻(转义)的数目及亚种,有着激烈的争辩;有人算到三十八种或更多些。……对这些类型在逻辑上的合理性,我不作辩明,但我们必须了解种种表达方法"。④ 总的来

---

① 聂炎:《比喻新论》,宁夏人民教育出版社 2009 年版,第 20 页。
② 刘大为主编:《比喻与创新思维》,山东人民出版社 2005 年版,第 6 页。
③ 参见(南宋)陈骙:《文则注译》,刘彦成注译,书目文献出版社 1987 年版,第 40~47 页。
④ [德]尼采:《古修辞讲稿》,屠友祥译,华东师范大学出版社 2018 年版,第 47 页。

说,汉语修辞学对比喻的分类比较详细,种类也比西方修辞学更丰富一些。值得一提的是,这些划分只具有相对的意义,只是为了便于识别和鉴赏比喻而设立的,不能将其绝对化。而且中西方的比喻形式并不存在一一对应的关系,有些比喻形式的定义不管是在西方修辞学还是汉语修辞学中都存在争议。中国著名修辞学家王希杰先生说:"明确辞格的界线是必要的、重要的,但是不要过了头。因为辞格是不同的研究者在不同时间依据不同的标准建立的,所以辞格本身有交叉现象。"①同样鉴于本书的创作目的,书中对比喻形式的划分采用的是"拿来主义"的态度,拿来的是汉语修辞学中的比喻形式分类,除非确有必要,本书不对这些划分进行过多的修辞学考察。本书关于比喻形式的划分,综合了谭学纯等编著的《汉语修辞格大辞典》、尉迟华等编著的《新编增广修辞格例话》和朱钦舜编著的《中外名家各类比喻赏析辞典》的划分标准,对于其中存在争议的类型,尽量选择最简洁明了的划分标准。为便于读者了解各种比喻形式,本书将"各种比喻形式及例句一览表"作为附件附于书后。

值得一提的是,很多人对作为一种修辞手法的比喻存在误解。一个常见的误解是设喻者或者评论家为了强调一个观点,经常怀疑比喻的力量,总觉得一个比喻如果仅仅是一个比喻还不足以表达自己的观点,这实际上是没有把比喻当作比喻来理解。比如,费尔巴哈说:"通常用来表达痛苦心情的那些说法,例如,'忧愁把我压垮了'、'我觉得心里像压着一块石头似的'等等,并非单纯是一些譬喻,因为这些心理状态确实具有这样的物质作用。"②米歇尔·福柯(Michel Foucault)说:"非理性与理性的关系正如眩惑与日光本身的关系一样。这并不是一个比喻。"③刘小枫在评论格奥尔格·西美尔(Georg Simmel)关于"金钱是我们的上帝"的比喻时也说,这个说法对西美尔来说"绝非比喻",因为"人们相信金钱万能,如同信赖上帝全能"④。这些论者所谓的"绝非比喻""并不是一个比喻"等说辞,有意无意地试图将喻体与本体同一化,将比喻性的描写变成客观化的陈述。但这些

---

① 王希杰:《汉语修辞学》,商务印书馆 2014 年版,第 37 页。

② [德]费尔巴哈:《对莱布尼茨哲学的叙述、分析和批判》,涂纪亮译,商务印书馆 2017 年版,第 73 页。

③ [法]米歇尔·福柯:《疯癫与文明:理性时代的疯癫史》,刘北成、杨远婴译,生活·读书·新知三联书店 2019 年版,第 102 页。

④ 刘小枫:《金钱、性别、生活感觉——纪念西美尔〈货币哲学〉问世一百周年》,载[德]西美尔:《货币哲学》,陈戎女等译,华夏出版社 2018 年版,"中译本前言"第 4~5 页。

用法如果是陈述事实,没有跨越"语义场边界"①,那就不能算是比喻。举例来说,对于"苏格拉底是接生婆"这个表述,如果是在形容作为哲学家的苏格拉底(Socrates)通过类似"助产术"的方法引导谈话者接近真理,那就是一个比喻用法。但如果这句话中的苏格拉底并非作为哲学家的苏格拉底,而确实是一个以接生为职业的其他人,那就不是比喻,而是陈述事实。如果明明是个比喻,却声称"绝非比喻""不仅仅是比喻",这样的说法在逻辑上是自相矛盾的,实际上是想让比喻修辞僭越为事实描述,也就是让比喻成为一个非比喻,这也就瓦解了比喻。

二、作为比喻宝库的《资本论》

列宁曾说,马克思虽然没有像黑格尔那样写一部逻辑学,但写了《资本论》,《资本论》就是逻辑学。② 我们也可以说,马克思虽然没有像亚里士多德、亚当·斯密(Adam Smith)和尼采那样写一部修辞学,③但是他写了《资本论》,《资本论》就是一部修辞学。④ 而这部修辞学中最重要的部分就是比喻。在这部"非同寻常的语言武库"中,"不仅有一大堆的论据,而且有各种各样形象化的比喻"。⑤《资本论》曾被恩格斯比喻为工人阶级的"理论圣经"和"武库"。它也确实如圣经一样,是一座比喻的宝库。

首先,《资本论》中的比喻数量庞大。根据笔者的粗略统计,《马克思恩格斯全集》中由经典作家所设的比喻有 5000 多个,其中《资本论》第 1~3 卷中共有比喻 458 个,《资本论》手稿中有比喻 409 个(含《剩余价值理论》中的比喻 75 个),《资本论》及手稿中的比喻合计 867 个,约占《马克思恩格斯全集》比喻数量的 17%。在对这些比喻进行数量分析的过程中,笔者发现一个非常重要的现象,即《资本论》第 2 卷和第 3 卷中的比喻数量相较《资本论》第 1 卷,存在一种断崖式的巨大落差(详见图 1)。第 1 卷共使用比喻 338 个,约占《资本论》第 1~3 卷比喻总量的 73.8%,约占《资本论》及手稿

---

① 参见[美]埃里克·查尔斯·斯坦哈特:《隐喻的逻辑:可能世界之可类比部分》,兰忠平译,商务印书馆 2019 年版,第 57 页。

② 参见《列宁全集》第 55 卷,人民出版社 2017 年版,第 290 页。

③ 亚里士多德的修辞学著作包括《诗学》和《修辞学》,亚当·斯密的是《修辞学和文学讲演录》,尼采的是《古修辞讲稿》。

④ 吉尔伯特认为,《资本论》是"一种道德控诉的修辞学"。参见[美]麦卡锡选编:《马克思与亚里士多德——十九世纪德国社会理论与古典的古代》,郝亿春等译,华东师范大学出版社 2015 年版,第 426 页。

⑤ 这是德里达在泛指马克思著作时的用语,用来描述《资本论》也非常恰当。参见[法]雅克·德里达:《马克思的幽灵:债务国家、哀悼活动和新国际》,何一译,中国人民大学出版社 2016 年版,第 120 页。

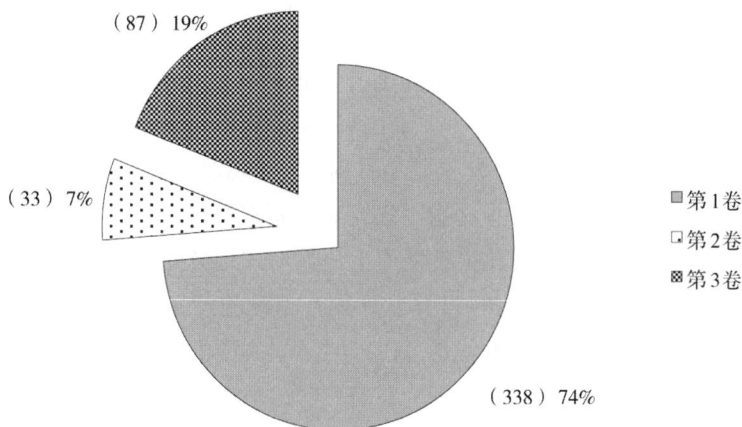

图1　《资本论》3 卷中的比喻数量分布图

资料来源:笔者搜集资料、统计数据并整理制作。

比喻总量的 39%。第 2 卷和第 3 卷中的比喻数量分别是 32 个和 87 个,加起来才是第 1 卷比喻数量的 1/3 强。我们知道,《资本论》第 1 卷是马克思花了整整一年时间亲自"润色"过的,用马克思自己的话说,这是他经过长时间的"产痛"以后所"舔净"的"孩子"①,而《资本论》第 2 卷和第 3 卷则是恩格斯根据马克思的手稿整理出版的,马克思生前没有来得及"润色"和"舔净"这两个"孩子"。这种比喻数量的断崖式落差表明,比喻的运用在马克思 1866 年的"润色"工作中占有极其重要的地位。这一点也可以从《资本论》第 1~3 卷和手稿比喻数量的对比中得到佐证。《资本论》第 1~3 卷比马克思所写的大量经济学手稿中的比喻数量的总和还要多。考虑到这些手稿中的部分手稿如《政治经济学批判。第一分册》《〈政治经济学批判〉序言》《〈政治经济学批判〉导言》等在马克思生前就已发表,这些已经发表的手稿都经马克思本人润色过,若除去这部分手稿中的比喻,其余手稿中的比喻总量大体上才和《资本论》第 1 卷中的比喻数量相当。

其次,《资本论》中的喻体来源非常丰富。马克思在《资本论》及手稿中用来设喻的喻体种类涉及动物及其构造、植物及其构造、人体及构造、无机自然物、人造物、人物及身份、专业术语、寓言典故等十余种类型。其中人造物喻体数量最多,其次是有机物及其构造类喻体、事件状态类喻体、人物及身份类喻体等。喻体的出处也是五花八门,可谓"近取诸身,远取诸物",近的有身体器官和身边器物,远的有异国风物和鬼怪神仙,既有取自广为流传

① 参见《马克思恩格斯文集》第 10 卷,人民出版社 2009 年版,第 235 页。

的寓言典故、谚语俗语、神话传说的喻体,也有从其他作家的比喻中借用过来的喻体。

再次,《资本论》中的比喻形式非常多样。根据汉语修辞学的比喻形式划分方法,《资本论》及手稿中的 867 个比喻,涉及比喻形式 26 种(详见附录)。当然,这些比喻形式的划分主要是针对《马克思恩格斯全集》中文版的译文而言的,对于译文中有些比喻用法经对照原文发现原文并非比喻的,本书不将其作为比喻看待,因此也就谈不上比喻形式划分的问题了。另外,本书对这些比喻进行的形式上的归类也只具有相对的意义,这些比喻中的很多比喻身兼数种比喻形式,也就是可以同时属于其中的某几种比喻形式。比如,“他们都是些普通人,并不是塞克洛普”①,这个比喻既是暗喻,也是否喻,或者说是一个否定形式的暗喻。

最后,《资本论》中的比喻运用非常灵活。既有“喻之多边”的情况,也有自成系统的比喻链条,有时候还能反其意而用之。

1.喻之多边。钱锺书先生曾说:“比喻有两柄而复具多边。盖事物一而已,然非止一性一能,遂不限于一功一效。取譬者用心或别,著眼因殊,指(denotatum)同而旨(significatum)则异;故一事物之象可以孑立应多,守常处变。”②马克思在《资本论》中的比喻也存在钱先生所说的“喻之多边”现象。比如,马克思在《资本论》第 2 卷(第Ⅱ稿)中曾提出一个“德奥古利”的比喻。他说:“他虽然不是德奥古利,却过着双重生活:一种生活是在避开旁人视线的生产领域,在那里他是主人和统治者;另一种生活是在公开的市场上,在那里他以买者和卖者的身份出现,和自己相同的人打交道。”③文中的“他”指的是资本家。“德奥古利”(Dioscuri,又译为“狄奥斯库罗”或“狄俄斯库里”)指的是古希腊神话中的德奥古利兄弟,是对宙斯和勒达所生的一对孪生兄弟卡斯托耳和波鲁克斯的合称,也是双子座(Gemini)的原型。④德奥古利兄弟在希腊人心中有着崇高的地位,是形影不离的兄弟情谊的象征,也是希腊人特别是航海者心中的保护神。马克思在这里用“德奥古利”比喻资本家,不是取德奥古利的兄弟情谊一面,而是取其双重生活的一面,即资本家在自己的工厂里是主人和统治者,出了工厂他和其他的资本家打交道的时候是买者或卖者,是“海盗和海盗”的关系。这就是取“多边”中的

① 《马克思恩格斯文集》第 5 卷,人民出版社 2009 年版,第 293 页。
② 钱锺书:《钱锺书集·管锥编(一)》,生活·读书·新知三联书店 2001 年版,第 76 页。
③ 《马克思恩格斯全集》第 50 卷,人民出版社 1985 年版,第 9 页。
④ 参见晏立农、马淑琴编著:《古希腊罗马神话鉴赏辞典》,吉林人民出版社 2006 年版,第 145 页。

一边来设喻。

2.自成系统。马克思的有些比喻并不是单个的、孤立的比喻,这些比喻的喻体具有内在的关联性,能够自成系统。当然,喻体的自成系统源于它们所形容的本体也是自成系统的。比如,马克思在《资本论》第1卷曾用生物学中的"孵化""蛹化"和"羽化"等一组专业术语来比喻资产阶级的产生、商品到货币和货币到资本的形态变化,从而构成了《资本论》中的一个基础性、系统性的比喻链条。昆虫从卵孵出幼虫的过程称作"孵化",幼虫老熟变蛹的过程称作"蛹化",由蛹变成虫的过程称作"羽化"。这三个过程都曾被马克思用来作为比喻的喻体,从而形成了一个相对完整的比喻系统。这种环环相扣的比喻系统是《资本论》论证体系的鲜明特色。关于"孵化",马克思曾用其比喻资本家幼虫("新银行巨头")从封建主义的机体中产生出来的过程,这个过程也是商品经济产生的过程。他说,新土地贵族是"新银行巨头这一刚刚孵化出来的金融显贵和当时靠保护关税支持的大手工工场主的自然盟友"①。关于"蛹化",马克思曾用其比喻商品转化为货币的过程,这个过程也是资本家成蛹的过程。马克思说:"商品在它的价值形态上蜕掉了它的自然形成的使用价值的一切痕迹,蜕掉了创造它的那种特殊有用劳动的一切痕迹,蛹化为无差别的人类劳动的同样的社会化身。"②"蛹化"是完全变态类昆虫的幼虫老熟后变为不动的蛹的过程,是幼虫和成虫之间的一个从量变到质变过程中的发育阶段。马克思用"蛹化"来比喻"商品在它的价值形态上蜕掉了它的自然形成的使用价值的一切痕迹,蜕掉了创造它的那种特殊有用劳动的一切痕迹",从而蜕变为"无差别的人类劳动的同样的社会化身"的过程,也就是商品转化为货币的过程。这个比喻可以从两个方面来理解。一是蜕变性,也就是"蜕掉痕迹"。就像从蛹很难推断出成蛹之前的幼虫的样子一样,蛹化之后的货币"看不出它是由哪种商品转化来的。在货币形式上,一种商品和另一种商品完全一样。因此,货币可以是粪土,虽然粪土并不是货币"③。二是停顿性。就像蛹具有相对较长的存在期间一样,蛹化之后的货币这个"金蛹"也具有相对较长的存在期间。就像马克思说的,"资本在能够像蝴蝶那样飞舞以前,必须有一段蛹化时间"④,"它的金蛹成了它生命中的独立的一段,它可以在这里停留一个或

① 《马克思恩格斯文集》第5卷,人民出版社2009年版,第832页。

② 《马克思恩格斯文集》第5卷,人民出版社2009年版,第130~131页。

③ 《马克思恩格斯文集》第5卷,人民出版社2009年版,第131页。

④ 《马克思恩格斯全集》第30卷,人民出版社1995年版,第548页。

长或短的时间"①。正因为有这段相对较长的停留时间,才为货币贮藏提供了可能。关于"羽化",马克思曾用其比喻货币转化为资本的过程,这个过程也是货币占有者从资本家的"蛹"转化为"蝴蝶"的过程。

3.反其意而用之。比如,马克思在《资本论》第 1 卷中曾用"浮士德式的冲突"来比喻古典的资本家强调"节制",而现代化的资本家追求"享受","一个想同另一个分离"。但是在《资本论》(1863～1865 年手稿)中,马克思还有另一种用法,他反其意而用之,将原本的"想要"改成了"不愿",意在讽刺托马斯·罗伯特·马尔萨斯(T. R. Malthus)学说的自相矛盾。他说:"**马尔萨斯**一方面追随西斯蒙第;一方面在他那里又冒出重农主义的传统,……这种情况就像是:'啊,他的胸中有两个灵魂,一个不愿同另一个分离!'"②

还有一点值得一提,马克思《资本论》中很多比喻取材于西方历史文化,和中国人的设喻习惯存在较大差距。有汉学家曾说,"中国人常常使用与我们不同的修辞手段,简单说,就是使用别样的比喻",他还举了很多例子来说明"中国的比喻与欧洲的比喻经常有多么大的不同"。③ 所谓"别样"总是相对而言的,对于西方人来说,中国人的比喻是"别样"的,而对于中国人来说,西方人的比喻也是"别样"的。本书就将带领中国读者领略一下马克思的《资本论》这一来自欧洲人的著作中的"别样"的比喻。

① 《马克思恩格斯全集》第 31 卷,人民出版社 1998 年版,第 486 页。
② 《马克思恩格斯全集》第 38 卷,人民出版社 2019 年版,第 440 页。
③ [瑞典]高本汉:《汉语的本质和历史》,聂鸿飞译,商务印书馆 2017 年版,第 58～59 页。

第一章 《资本论》比喻研究述评

第一节 国内研究述评

从《资本论》传入国内至今,国人对《资本论》比喻的研究按照研究的针对性划分,大体上可分为两类:一类是专门研究,也就是专门以《资本论》中的比喻为研究对象的研究;另一类是非专门研究,也就是不专门以《资本论》中的比喻为研究对象,只是在论文或著作中涉及《资本论》中的个别比喻。

非专门研究也分有意识的比喻研究和无意识的比喻研究两种情况。有意识的比喻研究指的是在对《资本论》进行介绍、诠释、解说、解惑等工作时论及其中的某些比喻用法,并且明确指出是比喻用法的研究。比如,孟氧在他的《〈资本论〉历史典据注释》中曾对《资本论》中的"放血""美杜莎的头""法律上的合尾鼠""巴兰的祝福"等个别比喻用法进行了非专门的阐释。再比如,胡培兆和孙连成在他们合著的《〈资本论〉研究之研究》中论及了《资本论》和文学的关系,还对《资本论》中的很多精彩比喻提出了独到的见解,如将马克思关于商品转化为货币"同龙虾脱壳相比,同教父圣哲罗姆解脱原罪相比,是'更为困难的'"明确为"比喻"而非类比;将商品明确比作向货币频送秋波的"妓女";将马克思关于货币是"神经"的比喻进一步比作"中枢神经";①等等。还比如,孟宪强辑注的《马克思恩格斯与莎士比亚》一书揭示了"马克思恩格斯用莎士比亚戏剧人物来比喻他们同时代的人们"的众多比喻,包括道勃雷式的经济学家、夏洛克式的资本家等。以上提到的都是著作,在研究论文中也有很多有意识的非专门研究。比如,易培强和赵成瑜在1984年创作的《试析关于商品拜物教含义的争论》一文中谈到对"商品拜物教"的认识问题时,主张对其进行"比喻的理解"。作者认为,"马克思说的商品拜物教,并不是一种什么'教',也不是一种类似宗教的社会意识",而"仅仅是借喻而已",也就是"借喻宗教幻觉来说明商品所具有

---

① 胡培兆、孙连成:《〈资本论〉研究之研究》,四川人民出版社1985年版,第14~16页。

的神秘性质"①。类似的研究成果还有张明龙的《〈资本论〉与莎士比亚戏剧》,吴猛的《〈资本论〉中的"对象性"概念及其语义学意义》,郗戈的《〈资本论〉与文学经典的思想对话》,韩许高和刘怀玉的《Fetischismus:是拜物教,还是物神化?》,等等。

无意识的比喻研究指的是在研究过程中实际上是在论述《资本论》中的比喻用法,但并没有将其当作比喻来认识和把握。这种研究通常聚焦于《资本论》比喻的思想内涵,并不在意其艺术表达形式。比如,王代敬在1983 年创作的《从〈资本论〉的"经济细胞"看政治经济学社会主义部分的逻辑起点》一文中论述《资本论》逻辑起点问题时详细论述了"细胞理论",并且对马克思的"细胞"比喻进行了进一步阐发,开创性地提出了"卵细胞"的概念。他说:"商品并非资本主义经济机体上的一般细胞,而是体现了资本主义生产关系'本质的一般'规定的'卵细胞'。"②应该说,这个新喻体的提出是符合马克思的本意的,但作者自始至终并没有明确说"细胞"和"卵细胞"是一种比喻的用法。再比如,乔镜蕾和王学东的《论"暴力是每一个孕育着新社会的旧社会的助产婆"的多重语义》一文,通篇都在论述"暴力是每一个孕育着新社会的旧社会的助产婆"这个《资本论》中的经典比喻,既论述了这个比喻的最初版本,也论述了恩格斯和列宁对这个比喻的认识和进一步阐发,但作者自始至终没有提及"比喻"二字,只将其当作一句经典名言和重要论断来对待。

进入 21 世纪以来,《资本论》比喻研究开始出现专门化趋势,涌现了很多专门针对《资本论》比喻的研究成果。这些成果既有总体上的研究,也有个别的比喻研究。这里的总体上的研究指的是对《资本论》中某一类型的比喻进行的研究,尚没有对《资本论》所有比喻的总体性研究。比如,陆晓光的《〈资本论〉的讽喻》一文指出,"《资本论》作为自觉追求语言艺术的作品,其叙事方式具有丰富而鲜明的'文学性'(Literariness)。其表征之一在于频繁使用了讽喻"③,并参照《文心雕龙》的"比兴"理论,对《资本论》中的"牛马""青蛙""蝗虫""杂草""野兽"等比喻进行了一定程度的梳理。再比如,覃万历的《货币的隐喻学:马克思〈资本论〉中的"货币之谜"》,周子伦

---

① 北京师范大学经济系编:《〈资本论〉研究论丛》第 9 辑,非正式出版物,1985 年印刷,第 136 页。
② 王代敬:《从〈资本论〉的"经济细胞"看政治经济学社会主义部分的逻辑起点》,载许涤新主编:《〈资本论〉研究——全国〈资本论〉学术讨论会论文选》,江苏人民出版社 1983 年版,第66 页。
③ 陆晓光:《〈资本论〉的讽喻——以〈文心雕龙〉"比兴"说为参照》,《语文学刊》2020 年第 3 期。

的《〈资本论〉中资本的概念隐喻分析》等论文,分别围绕关于"货币"和"资本"的一类比喻进行了梳理和研究。个别的比喻研究,指的是针对《资本论》中个别比喻进行的研究。比如,胡为雄针对"上层建筑"这个比喻进行过长期的探索,从 1997 年至 2012 年的十余年中发表了数十篇关于这个比喻的论文,对"上层建筑"的概念、理论、比喻的三种喻义,以及马克思、恩格斯、列宁、毛泽东、普列汉诺夫等人使用这个比喻的异同等问题都进行过深入的研究。再比如,马天骏的《蛹隐喻:〈资本论〉的一种阐述方式》一文紧紧围绕"蛹隐喻"这个"奠基性隐喻",通过对商品"蛹化"为货币、货币"羽化"为资本、资本化成飞舞的"蝴蝶"等一连串比喻的梳理,揭示出了一张在《资本论》中客观存在着的"有系统的隐喻网"[1],也突出了"蛹隐喻"对于阐明这个道理的"不可或缺"性,以及对于马克思"在古典政治经济学遗产的基础上自成一家之言"的重要性。还比如,马克思关于"人体解剖对于猴体解剖是一把钥匙"的比喻曾经引起国内很多研究者的浓厚兴趣。赵家祥认为,马克思在人类历史全过程的研究中所使用的从"人体解剖"到"猴体解剖"的方法是一种"从后思索"[2]的方法。邓晓芒认为,马克思的这个比喻提出了"一个学术研究的一般原则"。他还自觉地运用这个原则来分析马克思与黑格尔哲学的关系。他说:"只有理解了马克思哲学思想的真精神,才能真正深入地理解黑格尔哲学。……不熟悉马克思主义哲学而能精通黑格尔哲学,在我看来至今仍然是一桩不堪设想的事情。"[3]蓝江认为,马克思的这个比喻"体现了对黑格尔的大历史哲学观的承袭"[4]。郗戈认为,马克思之所以"用生物学、解剖学比喻提出了一种'从后思索'的历史方法",是由于他看到了"人类社会的发展历程具有某种与生物有机体进化历程类似的性质"[5]。还比如,王庆丰的《〈资本论〉的再现》一书专辟一章,研究了"机械怪物""吸血鬼"和"魔术师"三个关于资本主义社会的重要比喻。[6]

总体上看,国内《资本论》比喻研究呈现出如下三个特点。一是针对性不强,非专门研究多,专门研究少。二是系统性不够,孤立性的比喻研究多,

---

[1] 马天骏:《蛹隐喻:〈资本论〉的一种阐述方式》,《哲学研究》2017 年第 9 期。

[2] 赵家祥:《东方社会发展道路与社会主义的理论和实践》,商务印书馆 2017 年版,第 348 页。

[3] 邓晓芒:《思辨的张力:黑格尔辩证法新探》,商务印书馆 2016 年版,第 8 页。

[4] 张一兵等:《当代国外马克思主义研究》,北京师范大学出版社 2017 年版,第 266 页,注释[2]。

[5] 郗戈:《现代性的矛盾与超越:马克思现代性思想与当代社会发展》,中国人民大学出版社 2014 年版,第 77 页。

[6] 参见王庆丰:《〈资本论〉的再现》,中央编译出版社 2016 年版,第 168~182 页。

整体上的比喻研究少。三是规范性有待提高,主要表现在对比喻形式的使用上不够规范,普遍存在以"隐喻"或"讽喻"指代比喻的现象,还有比喻和类比不加区分的现象。比如,陆晓光在《〈资本论〉的讽喻》一文中认为"讽喻(allegory)是含有讥讽意味的比喻(metaphor)"①,这种认识可能符合人们对"讽喻"的感性认识,但实际上并不是很规范。在汉语修辞学中,讽喻是比喻的一种表现形式,其最显著的特点不在于"含有讥讽意味",而在于使用"故事"这种特殊的喻体来设喻。而且,是否含有讥讽意味并不是讽喻的构成要件,讽喻可以含有讥讽意味,也可以不含有讥讽意味。尉迟华等人编著的《新编增广修辞格例话》指出,"讽喻也叫事喻,是把意思寄托在故事中或借用故事把意思说得更形象、明白的修辞手法。通过说故事来寄托自己的思想,达到启发教育、诱导或者讽刺、谴责之目的"②,这个定义说明,讽刺只是讽喻要达到的目的之一。按照这些定义,陆晓光在《〈资本论〉的讽喻》中列举的很多"讽喻"其实只是没有故事情节的明喻、暗喻或借喻,算不上讽喻。比如"奴隶主买一个劳动者就像买一匹马一样",就只是一个很普通的明喻,不能算是讽喻。再比如,马天骏的《蛹隐喻:〈资本论〉的一种阐述方式》在使用"隐喻"和"比喻"这两个概念时并未作明确区分,③在其中很多地方,这两个概念都是通用的,而实际上这是两个不同的概念。按照汉语修辞学的定义,"隐喻"即"暗喻",是比喻的三种基本形式之一。陈望道在《修辞学发凡》一书中并没有"暗喻"的提法,他所说的"隐喻"其实就是暗喻,是在本体和喻体紧密程度方面介于明喻和借喻之间的一种比喻形式。他说:"隐喻是比明喻更进一层的譬喻。……明喻的形式是'甲如同乙',隐喻的形式是'甲就是乙';明喻在形式上只是相类的关系,隐喻在形式上却是相合的关系。……比隐喻更进一层的,便是借喻。"④值得一提的是,"隐喻"概念日益呈现泛化趋势,特别是受西方现代隐喻理论的影响,"隐喻"概念已经远远超出了原本作为一种修辞格的内涵,成了"一种通过某一种类的事物看待另一种类事物的认知现象"⑤。在这种背景下,"隐喻"几乎成了比喻的代名词,甚至比比喻概念的内涵还要丰富。这就特别需要在《资本论》比喻研究中对"隐喻"的概念作出明确的界定,否则就会引起混乱。

---

① 陆晓光:《〈资本论〉的讽喻——以〈文心雕龙〉"比兴"说为参照》,《语文学刊》2020年第3期。

② 尉迟华等编著:《新编增广修辞格例话》,清华大学出版社2011年版,第30页。

③ 参见马天骏:《蛹隐喻:〈资本论〉的一种阐述方式》,《哲学研究》2017年第9期。

④ 陈望道:《修辞学发凡》,上海教育出版社2001年版,第73页。

⑤ 束定芳:《隐喻学研究》,上海外语教育出版社2000年版,第255页。

另外,有的学者在《资本论》比喻研究中也未对比喻和"类比"加以明确区分,甚至加以混用。比如,陆晓光在《〈资本论〉的自然科学类比》一文中列举的"'最难理解的商品'与'经济细胞'的类比",其实不是"类比"而是比喻,作者所列举的"细胞和商品都是有机体的基础单位""细胞和商品在各自所属的有机体中都是进化与发展的起点"等五个方面的"类似点"其实不是"类似点",而是作为比喻必备要件的"相似点"。甚至作者本人在文中也有"马克思把商品比喻为'经济的细胞形式'"的说法,但却仍然按照"类比"来对待。更令人不解的是,作者一会儿说"马克思把商品比喻为'经济的细胞形式'",一会儿又说"马克思将'商品'类比为'细胞'",①这不能不说是一种概念使用上的混乱。

第二节　国外研究述评

同国内的情况很相似,国外以《资本论》中的比喻为专门研究对象的研究比较少,非专门研究比较多;总体性的研究比较少,零散的研究比较多。相对而言,国外对《资本论》比喻研究比较多的著作当属英国学者希·萨·柏拉威尔(S. S. Prawer)的《马克思与世界文学》一书和德国学者沃尔夫冈·弗里茨·豪格(Wolfgang Fritz Haug)主编的《马克思主义历史考证大辞典》。除此之外,法国哲学家路易·皮埃尔·阿尔都塞(Louis Pierre Althusser)的《保卫马克思》和雅克·德里达(Jacques Derrida)的《马克思的幽灵》、英国作家弗朗西斯·惠恩的《马克思〈资本论〉传》、美国后现代历史学家、文学理论家海登·怀特(Hayden White)的《元史学:19世纪欧洲的历史想象》等著作都对《资本论》中的比喻有过研究。

柏拉威尔是从马克思与世界文学关系的角度来梳理和研究马克思在《资本论》中的比喻的。他在《马克思与世界文学》一书第十一章"模式和隐喻"和第十二章"《资本论》"中专门论述了马克思在《资本论》及其手稿创作中"该使用什么语言才能让外行们理解"的问题,同时也揭示了《资本论》中"春蚕吐丝""快嘴桂嫂""害了相思病""资本先生和土地太太"等比喻修辞及其与文学经典的关系。比如,柏拉威尔在评论"快嘴桂嫂"这个比喻时说,马克思"把快嘴桂嫂的怪话颠倒过来使用","这是马克思惯用的手法"。柏拉威尔认为,"莎士比亚剧作在这里提供了人们对于人间境遇的各种反

---

① 参见陆晓光:《〈资本论〉的自然科学类比——关于马克思科学精神》,《社会科学》2010年第10期。

应和态度;这些都体现在伟大的角色身上,一提到哪些人物的名字就会使人联想到各式各样的反应和态度,从而便可从中审慎地选择合适的加以引用",而西方读者大都对威廉·莎士比亚(William Shakespeare)的剧作耳熟能详,熟知莎士比亚剧中人物的个性特征,因此毫不费力就能理解这些比喻的内在含义。在评论"虽然老是挨揍,并不需要勇敢"这个比喻时,柏拉威尔称这是一个"意想不到"的比喻,意在嘲讽荒谬的论点,揭露论敌的诡辩术。在评论"春蚕吐丝"这个比喻时,柏拉威尔认为马克思这个比喻是借自约翰·沃尔夫冈·冯·歌德(Johann Wolfgang von Goethe)的戏剧《托尔夸托·塔索》。①

由德国柏林批判理论研究所组织编纂、沃尔夫冈·弗里茨·豪格主编的《马克思主义历史考证大辞典》在解释相关条目时,也曾对《资本论》中的若干比喻进行过阐释。比如,在解释"解剖(解剖学)"条目时,编者认为,对于马克思来说,解剖学"发挥着比较对象以及比喻中喻体的作用",并且特别强调马克思关于"人体解剖对于猴体解剖是一把钥匙"的比喻"具有特殊的方法论意义"。再比如,在解释"自动化"条目时,编者认为马克思在《资本论》中关于"自动机"的比喻是"以批判性赞同的方式"援引的安德鲁·尤尔(Andrew Ure)关于将资本家的工厂比作"庞大的自动机"的比喻,"完全是批判地使用了机器比喻和自动机比喻"。②

阿尔都塞对《资本论》比喻的研究主要集中在《保卫马克思》一书中。他为论证"马克思对黑格尔辩证法的'颠倒'完全不是单纯地剥去外壳",用了一章篇幅来解释《资本论》第2版跋中"发现神秘外壳中的合理内核"这个比喻,并对这个比喻提出了质疑和批评。他在分析了"倒过来"和"发现神秘外壳中的合理内核"之间的关系后,提出了"'颠倒'这个问题归根结底是不能成立"的观点,认为"真实的科学"应该"从严格的意义上使用术语,而不是采取比喻"③。阿尔都塞这个自称是"大胆从事任意的体系构造的'哲学家'"④试图通过否定比喻在理论阐释中的作用,证明马克思同黑格尔的关系是不同于颠倒关系的另一种关系。首先,从方法上看,阿尔都塞是

① 参见[英]希·萨·柏拉威尔:《马克思和世界文学》,梅绍武等译,生活·读书·新知三联书店1980年版,第462、53、426页。
② [德]沃尔夫冈·弗里茨·豪格主编:《马克思主义历史考证大辞典》,俞可平等编译,商务印书馆2018年版,第189~190、663页。
③ 参见[法]路易·阿尔都塞:《保卫马克思》,顾良译,商务印书馆2017年版,第76、186~187页。
④ 参见[法]路易·阿尔都塞:《来日方长:阿尔都塞自传》,蔡鸿滨译,世纪出版集团、上海人民出版社2013年版,第155页。

自相矛盾的,他声称要"从严格的意义上使用术语"而"不是采取比喻",但他本人在《读〈资本论〉》一书中却不自觉地使用着比喻。比如,他所谓的"任何理论就其本质来说都是一个总问题,都是提出有关理论对象的全部问题的理论的、系统的母胎"①,这何尝不是比喻用法! 其次,从内容上看,阿尔都塞似乎并没有理解马克思所说的"颠倒"的真实含义,而只是将其当作一个"简单的位置移动"来看待。最后,阿尔都塞忽略了"颠倒"在哲学史上的传承关系。这个关于"颠倒"或"头脚倒置"的比喻并非马克思的发明,而是德国古典哲学中的一个常见的用法。弗里德里希·海因里希·雅各比(Friedrich Heinrich Jacobi)认为,信仰与理性是对立的,试图通过哲学的理性来论证对上帝的信仰是一种"头脚倒置"的方法。他在《关于斯宾诺莎学说致摩西·门德尔松先生信(1785)》中强调巴鲁赫·德·斯宾诺莎(Baruch de Spinoza)立场的荒谬性时说,一个人一旦钟情于某种解释,"他就会像瞎子一样接受从他无法反驳的证据中所得出的任何结论,即使这意味着他将头脚倒置地走路"。② 黑格尔取消了雅各比认为的信仰与理性的对立,将信仰看成是包含于理性之中的一个内在环节。同时,黑格尔还将雅各比"头脚倒置"的比喻拿过来,当作"否定之否定"的一个环节来构建他的唯心主义的辩证法体系。费尔巴哈在批判近代思辨哲学时也说:"我们只要经常将宾词当作主词,将主体当作客体和原则,就是说,只要将思辨哲学颠倒过来,就能得到毫无掩饰的、纯粹的、显明的真理。"③而马克思的唯物辩证法正是在这个基础上创立的。由此可见,这个"头脚倒置"的比喻不仅在雅各比、黑格尔、费尔巴哈和马克思哲学体系中起着结构性的作用,而且是他们之间传承关系的重要纽带。

对文本游戏抱有病态般痴迷的法国哲学家德里达,在《马克思的幽灵》一书中曾对《资本论》比喻进行过一种幽灵般的解读。马克思在《政治经济学批判》中曾说过一段包含多个比喻的话:"在社会的物质变换发生动荡的时期,甚至在发达的资产阶级社会中,货币也会作为贮藏货币而埋藏起来。……社会的物的神经[nervus rerum]和它所依附的肉体一起被埋葬了。如果贮藏货币不是经常渴望流通,它就仅仅是无用的金属,它的货币灵魂就

---

① [法]路易·阿尔都塞、艾蒂安·巴里巴尔:《读〈资本论〉》,李其庆、冯文光译,中央编译出版社 2001 年版,第 178 页
② [德]迪特·亨利希:《在康德与黑格尔之间:德国观念论讲座》,乐小军译,商务印书馆 2013 年版,第 210 页。
③ [德]路德维希·费尔巴哈:《费尔巴哈哲学著作选集》上卷,荣震华等译,商务印书馆 1984 年版,第 102 页。

会离它而去,它将变成流通的灰烬,流通的残渣[caput mortuum]。"①德里达称马克思这段话使用了"葬礼般的修辞",他说马克思描绘了一幅"埋葬的场面",这场面"不仅让人想起了《哈姆雷特》中墓地的壮观场面和掘墓人"。在他看来,马克思始终在用"幽灵"来描述金钱,"他不仅描述了它们,而且也界定了它们,但是那形象性的概念表达似乎是在描述某种幽灵般的'东西',也可以说是'某个人'。……在马克思的葬礼般的修辞中,财富的'无用的金属'一旦被埋藏,就会变得像流通的烧尽的灰烬(ausgebrannte Asche),像流通的caput mortuum(残渣)或者说化学残余物。在他的天马行空中,在他的夜间妄想(Hirngespinst)中,守财奴、爱攒钱的人、投机商成了交换价值的殉道者"②。德里达从他的"幽灵学"的谱系出发来解读马克思的《资本论》,体现了西方马克思主义者一贯的独特视角,但也给原本富有生气的比喻蒙上了一层毫无诗意的阴森的色彩。

　　英国作家弗朗西斯·惠恩的《马克思〈资本论〉传》一书也曾对《资本论》中的比喻进行过研究。首先,惠恩肯定了比喻在《资本论》叙事中的重要地位,认为比喻并不是"一个多彩的虚饰",不是抹在厚面包上的可有可无的"果酱"。他说:"隐喻的作用是通过将事物的特质转移到其他事物,将熟悉转化为陌生或者相反,从而使我们重新看待这个事物。……马克思《资本论》的文学风格并不是一个多彩的虚饰,用于不如此就会令人生畏的经济学论述之上,如同厚面包上的果酱;而是用来表达'事物的虚幻本质'的唯一合适的语言。"③其次,惠恩对《资本论》中的一些比喻也提出了自己的看法,有些看法比较中肯,但也有些看法暴露了他的认知局限和阶级偏见。比如,惠恩在论述"拜物教"这个比喻时,认为马克思所说的"直到现在,还没有一个化学家在珍珠或金刚石中发现交换价值"是一个"很奇怪"的例子,"它暴露了马克思自己的理论的一个局限"。惠恩自信满满地反问道:"如果,像他所说的,珍珠和钻石的交换价值只能来自用于找到并打造它们的劳动时间,那么,为什么人有时候会为了一个钻石项链或珍珠项链花费成千上万英镑呢?难道不是因为这些非同寻常的价格也要归因于稀缺价值,或者说,对美的感知,甚至仅仅只是要胜人一筹的心理。"④惠恩这段话

① 《马克思恩格斯全集》第31卷,人民出版社1998年版,第525~526页。
② [法]雅克·德里达:《马克思的幽灵:债务国家、哀悼活动和新国际》,何一译,中国人民大学出版社2016年版,第46页。
③ [英]弗朗西斯·惠恩:《马克思〈资本论〉传》,陈越译,中央编译出版社2009年版,第128~129页。
④ [英]弗朗西斯·惠恩:《马克思〈资本论〉传》,陈越译,中央编译出版社2009年版,第78页。

试图揭露马克思理论的局限,结果却暴露了自己认知的局限,暴露了自己对价值这个概念的一知半解。他不知不觉地滑入早已经被马克思批判过的"效用原则"的泥坑中去而不自知,却信心满满地说"正是在西欧和美国这些资本主义国家中,对马克思的研究最为认真"①,这就有些令人发笑了。

海登·怀特的《元史学:19世纪欧洲的历史想象》一书是从西方"隐喻学"的角度来分析《资本论》中的比喻的,其关注点不在于具体的比喻修辞,而是"隐喻式关系"。怀特认为,马克思的"隐喻"是"用来理解一切历史现象的分析策略模型"。他在论述马克思关于价值形式的比喻时说:"马克思感兴趣的是事物之间的关系,通过这些关系事物能够呈现出一种不同于'内在于它们本身'之物的现象层。……通过将任何特定商品置于一种与其他商品的隐喻式关系中,发现了理解商品价值的线索。"在怀特看来,马克思的比喻只不过是实现"辩证"游戏的一种手段。他形而上学地认为,"无论马克思分析什么,无论他分析的东西在社会演化中处于哪个阶段,是哪种价值形式,或者社会主义本身的形式,他都倾向于将研究的现象分为四种范畴或类型,对应于隐喻、转喻、提喻和反讽四种比喻"。他还以《共产党宣言》为例:"当马克思划分不同的社会意识形式时,他谈到了四种主要的类型:反动的、保守的(或资产阶级的)、乌托邦的和(他自己的'科学的')共产主义的。社会主义意识演化的进行是通过一种原始的隐喻(反动的)类型,经过转喻(资产阶级的)和提喻(空想的)的变化,转变成这种(他自己的)科学类型的社会主义意识结晶,它把以前所有的社会主义形式都认定为片面的、不完整的或有缺陷的。……为了促成无产阶级的最后胜利,共产党人'以反讽的姿态'加入一切革命运动"。② 这实际上是把马克思和恩格斯所强调的共产主义的"现实的运动"当成了一种黑格尔式的主观辩证法的游戏,把共产主义当成了一个自我实现的概念,而比喻则成了概念自我实现的中间环节。这种对《资本论》比喻的研究是形而上学的,是唯心主义的,是不可取的。

以上是对国外一些代表性著作对《资本论》比喻用法研究情况的简要介绍,这个介绍呈现的是一幅星星点点的并不聚焦的图像。如果我们换一个角度,以《资本论》中的一些代表性比喻为中心,看一看国外研究者对这

---

① [英]弗朗西斯·惠恩:《马克思〈资本论〉传》,陈越译,中央编译出版社2009年版,第164页。

② [美]海登·怀特:《元史学:19世纪欧洲的历史想象》,陈新译,译林出版社2013年版,第366、395页。

些比喻的研究情况,我们就会看到一个个聚焦的图像。比如,曾经引起国内
研究者浓厚兴趣的"人体解剖是猴体解剖的一把钥匙"的比喻,在国外研究
者中也有着广泛的讨论。除了《马克思主义历史考证大辞典》对这个比喻
的解释之外,还有很多学者都对这个比喻的方法论意义进行过评论。匈牙
利哲学家格奥尔格·卢卡奇(György Lukács)认为,马克思提出的用来研究
历史上早已过去并被遗忘了的时代的有关经济结构和范畴的认识方法,也
适用于考察日常生活与科学和艺术的关系。① 法国哲学家阿尔都塞在回
忆录中称马克思的这个比喻是一个"惊人的"和"令人惊奇"的提法,并且
用弗洛伊德的精神分析理论来类比马克思用人体解剖解释猴体解剖的方
法,称马克思的方法是"对弗洛伊德的事后理论的预支"②。意大利哲学
家安东尼奥·奈格里(Antonio Negri)称马克思的方法是"趋势性的方法",
"这种方法允许现实组织加入到历史进程中。……允许我们以未来的视角
来观照当下。"③奈格里和迈克尔·哈特(Michael Hardt)在他们合著的《大
同世界》一书中还称,马克思"断言人体解剖是蕴含着猴体解剖的钥匙"是
基于"粗糙的进化论逻辑"和"进步的决定论逻辑"④。可能正是由于"人
体解剖是猴体解剖的一把钥匙"这个比喻所具有的方法论意义,西方学
者才对其表现出了浓厚的兴趣,并围绕着这个比喻形成了一副聚焦的
图像。但总的来说,这样聚焦的图像还是太少了,不足以反映《资本论》
比喻的全貌。

第三节　本书的研究性质和方法

不同于以往对《资本论》比喻的零星的、孤立的单体研究和关于马克思
语言风格的泛泛之论,本书是一种整体性研究。本书尝试在学界已有研究
的基础上,对《资本论》中的比喻用法进行系统的梳理、考证和研究,努力给
读者呈现一块关于《资本论》比喻用法的完整的"引玉之砖"。套用马克思
的话说,不论这项研究有什么缺点,它却有一个长处,即它是一个关于《资

---

①　参见[匈]卢卡奇:《审美特性》上册,徐恒醇译,社会科学文献出版社2015年版,第4、
　　198页。

②　参见[法]路易·阿尔都塞:《来日方长:阿尔都塞自传》,蔡鸿滨译,世纪出版集团、上海人
　　民出版社2013年版,第222页。

③　[意]安东尼奥·奈格里:《〈大纲〉:超越马克思的马克思》,张梧等译,北京师范大学出版
　　社2011年版,第74页。

④　[美]迈克尔·哈特、[意]安东尼奥·奈格里:《大同世界》,王行坤译,中国人民大学出版
　　社2016年版,第58~59页。

本论》的比喻艺术的整体,是对《资本论》这个马克思称为"一个艺术的整体"的比喻艺术的整体性研究。当然,这个整体性研究还只是一个粗糙的棱镜,但愿这个棱镜能够给读者提供一个关于《资本论》比喻谱系的完整图像。

本书的研究本质上属于文本学研究,是将修辞学运用于马克思主义文本研究的一种尝试。费尔巴哈曾痛心地说:"噢,机智的批评家们啊!他们连我作品的形式还不了解,却想判断它们的内容了。"①费尔巴哈所说的形式包括"用否定的方法表现肯定的东西",以及"用间接的、暗示的、讥讽的笔调表示自己的意见"等,其中当然也包括比喻修辞的使用。伽达默尔认为修辞学对于文本的解读起着重要的作用。他说:"修辞学和诠释学……具有深刻的相似性"②。确实,二者是相向而行的,一个是讲话的艺术,一个是阅读的艺术,二者的主体虽然并不一定在同一个时空里面,但是诠释者是能够通过文本的修辞把握讲话者的基本意图并理解讲话者的思想的。伽达默尔还说:"正是梅兰希顿本人把修辞学转用到解释术上,从而成为至关重要的人物。"③这也给我们把修辞学转用到马克思主义文本学研究上提供了重要的启示。马克思主义的文本学研究指的是对马克思主义经典作家的文本进行版本考证、文本解读和思想阐释的一种研究形式。本书的重点在于文本解读和思想阐释,而非版本考证。《文心雕龙·知音》中说:"缀文者情动而辞发,观文者披文以入情。"文本学研究就是要"披文以入情",也就是通过经典作家"情动而辞发"的文辞,"沿波讨源","深识鉴奥",以显其幽,以见其情,以达其理,成为作者的"知音"。正如聂锦芳所言:"文本研究的意旨和归宿仍然是思想研究"。④ 保罗·利科(Paul Ricoeur)说:"隐喻提供了一种洞见。"⑤本书就是打算以比喻为抓手,通过对《资本论》中的比喻修辞的梳理分析来"洞见"马克思的思想内涵。本书虽然也涉及《资本论》的版本问题,但版本考证并非本书的主要任务。

本书的研究不属于也不同于隐喻学研究,而是狭义修辞学或纯修辞学

① [德]路德维希·费尔巴哈:《费尔巴哈哲学著作选集》上卷,荣震华等译,商务印书馆1984年版,第242页。
② [德]汉斯—格奥尔格·伽达默尔:《诠释学Ⅱ:真理与方法》,洪汉鼎译,商务印书馆2017年版,第350页。
③ [德]汉斯—格奥尔格·伽达默尔:《诠释学Ⅱ:真理与方法》,洪汉鼎译,商务印书馆2017年版,第370~371页。
④ 聂锦芳:《文本学研究对马克思思想的新理解》,载聂锦芳主编:《重读马克思:文本及其思想》,中国人民大学出版社2018年版,第2页。
⑤ [法]保罗·利科:《活的隐喻》,汪家堂译,上海译文出版社2015年版,第119页。

在文本学研究中的一种具体运用,属于马克思主义和修辞学的交叉研究。该研究是笔者有感于有些修辞学家因为不能准确把握马克思比喻的思想内涵而误读马克思的比喻、有些马克思主义研究者因为缺乏比喻常识而误读马克思的思想等现实问题而萌生的。目前,两方面的研究者还存在囿于各自理论视野,而一旦超出视野就容易闹笑话的情况。比如,有些马克思主义研究者不懂得"缩喻"这种比喻形式,从而认为马克思所说的"资本主义制度的卡夫丁峡谷"中的"卡夫丁峡谷"指的不可能是"资本主义制度",否则就是犯了"明显的同语反复的语法错误"①。有些修辞学家则常常因为对马克思主义一知半解而闹出笑话。比如,《共产党宣言》开头有一个"共产主义的幽灵"的比喻,这个"幽灵"的说法原本是欧洲反对共产主义的势力对共产主义的一种蔑称,但由于共产主义已经成了一种不容小觑的势力,经典作家干脆就将这个蔑称毫不客气地借用过来,光明正大地加以使用,这体现了经典作家对于共产主义的自信和自觉,而不只是简单的幽默修辞,但有些修辞学家却将这个比喻仅视为"十分幽默"②的比喻。再比如,有的修辞学家认为,马克思"在科学的入口处,正像在地狱的入口处一样"这个比喻是从莎士比亚的"学问不过是一堆被魔鬼看守着的黄金"这个比喻中"得到了启发"。③ 这种解读会给正确理解马克思的比喻带来误导,似乎马克思面对各种"复仇女神"的围攻,忍受着贫病交加的痛苦,勇闯资本主义这个人间地狱是为了黄金似的! 由此可见,打通马克思主义和修辞学研究实属必要。而本书正是本着这一目的,试图搭建一座修辞学和马克思主义研究的"视域融合"之桥。

本书研究的比喻一般不包括使用具有比喻义的词汇的用法。比如,马克思在《资本论》第 1 卷中将商品包含的劳动的二重性看成是"理解政治经济学的枢纽"④。这里的"枢纽"实际上也是一个比喻,但由于"枢纽"的比喻义(中心环节、关键等)已经逐渐固化到这个词的词义中了,而它原本的词义(北极星的纽星天枢)反倒是用得很少了,所以这个关于"枢纽"的比喻一般不被当作比喻用法来对待,而是被当作一个具有比喻义的词汇用法来对待。类似的词汇还包括《资本论》及手稿中经常出现的"源泉""桎梏""风暴""一箭双雕""鹦鹉学舌"等。

---

① 参见张明军:《对"马克思提出跨越卡夫丁峡谷"的辨疑》,《当代世界与社会主义》2000 年第 1 期。
② 参见聂炎:《比喻新论》,宁夏人民教育出版社 2009 年版,第 9 页。
③ 薛梦得编纂:《文学比喻大典》,中央民族学院出版社 1993 年版,第 538 页。
④ 《马克思恩格斯文集》第 5 卷,人民出版社 2009 年版,第 55 页。

本书也不研究喻体的客观现实性。比如,马克思在《资本论》第 1 卷中用摩西的故事讽喻德国基督教慈善家们(农奴主)对农奴惨无人道的剥削和压迫时曾说:"埃及的摩西说:'牛在打谷的时候,不可笼住它的嘴。'相反地,德国的基督教慈善家们,在把农奴当做推磨的动力来使用时,却在农奴的脖子上套一块大木板,使农奴不能伸手把面粉放到嘴里。"①这里的"牛在打谷的时候,不可笼住它的嘴"这句话本身也是一个"理喻"形式的比喻用法,是摩西劝诫以色列人的一种说理方法。而在实际生活中,牛在打谷的时候通常是需要笼住它的嘴的,否则牛就会被谷子所吸引,干活漫不经心,拖拖拉拉。要正确理解摩西劝诫的关键是将其当作比喻来理解,而不是去计较若不笼住牛的嘴它还能不能好好干活的事实。摩西这个比喻的喻义显然是借牛喻人,劝诫人们要有仁爱之心,不能让雇工只干活不吃饭或者只干活不给工钱,就像不能让牛只干活不吃草一样。亚历山大学派的主要代表奥利金(Origen)正是从这个方面来诠释摩西的劝诫的。奥利金的观点是,这个比喻只能按照寓意去理解,因为"这些故事的记载原本就是为了叫人从比喻意义上理解的"②。把比喻当作比喻来理解,确实是防止对比喻所要表达的思想产生误读的重要前提。

本书的研究方法主要有文献研究法、定量研究和定性研究相结合的方法、跨学科研究法和比较法等。1.文献研究法。对国内外关于《资本论》比喻研究的相关资料进行梳理和分析,了解研究现状,发现存在问题,确定研究内容;在通读《马克思恩格斯全集》的基础上,形成对《资本论》比喻的整体把握,弄清楚这些比喻的来龙去脉和借用传承关系;在精读《资本论》及手稿中译本的同时,对照《马克思恩格斯全集》历史考证版(MEGA²)中有关比喻的原文表述,在原文和译文的相互对照中,准确把握马克思比喻的思想内涵,辨析中文不同译本比喻译法的差异和优劣。2.定量研究和定性研究相结合的方法。注重分析比喻的数量关系,并通过数量关系揭示《资本论》比喻的总体特征,揭示比喻在《资本论》创作特别是"润色"中的重要作用。3.跨学科研究法。本书的研究内容决定了研究的跨学科性质,在研究方法上要进行马克思主义和修辞学的跨学科研究,具体来讲就是坚持用"革命的政治内容"和"完美的艺术形式"相互参照的方法展开研究,既研究内容,也研究形式,试图在准确把握马克思本意的前提下剖析比喻,在准确分析比喻的基础上阐释马克思的思想。4.比较法。既有纵向的比较,如《资本论》

---

① 《马克思恩格斯文集》第 5 卷,人民出版社 2009 年版,第 431 页。
② 参见[古罗马]奥利金:《驳塞尔修斯》,石敏敏译,生活·读书·新知三联书店 2013 年版,第 252 页。

比喻和手稿比喻的比较,也有横向的比较,如马克思的比喻和论敌所设比喻的比较。通过纵向比较揭示《资本论》比喻的借用和传承关系,通过横向比较凸显《资本论》比喻的深刻内涵。

第二章 《资本论》比喻的喻体类型

马克思在《资本论》中使用的喻体范围非常广泛:既有具体的物,也有抽象的物;既有真实的人,也有虚构的人;既有完整的故事,也有短暂的事件或过程;①而故事或事件中自然也离不开各种各样的人和物。因此,对这些喻体进行适当的划分既是必要的,同时也是很困难的。目前学界对喻体的种类划分并没有统一的标准,有的将喻体分为实在世界的喻体、可能世界的喻体和不可能世界的喻体三大类,其下再分小类;②有的将喻体分为人物、具体事物、抽象事物三类;③有的将喻体分为动物、植物、自然现象、物品、科学、虚拟物、人文等七类。④ 第一种划分较为抽象,与本书大众化的旨趣不符,且《资本论》中的实在世界中的喻体占比较大,而不可能世界的喻体(如"拿一张五镑银行券同地球的直径相比较")数量较少,这种划分容易造成分布严重不均的情况。第二种划分较为常见,但并不能将《资本论》中的喻体全部包含进去,比如"到驿站换马"这个喻体就既不是人物或具体事物,也不是抽象事物,而是一个动作过程。第三种划分较为详细,但也存在分类不全的问题。当然这里所谓"不全"是相对而言的,对《资本论》而言是"不全"的,但对其他著作来说可能足够了。所以,喻体的划分还是要与研究的对象相适应。有鉴于此,本书在第三种划分的基础上,根据《资本论》喻体种类繁多的实际情况,将喻体增加到十种类型,力图更直观、更充分地揭示马克思在阐述政治经济学理论时的设喻能力和语言魅力。当然这种划分同比喻形式的划分一样,并不具有绝对的意义,只要达到上述目的就够了。下面,让我们一边分门别类地揭示马克思使用过的喻体,一边揭示马克思使用这些喻体所要表达的思想内涵。

---

① 事件或过程也可以作为喻体,比如"狗拿耗子"。
② 参见熊浩莉:《〈荀子〉喻体世界的三重内涵》,《华南师范大学学报》(社会科学版)2017年第6期。
③ 参见罗畅、罗鸿:《〈红楼梦〉比喻的喻体类型研究》,《长江丛刊》2016年第20期。
④ 参见健禾、陈琪:《比喻喻体差异中的中西美学渊源》,《理论探索》2007年第4期。

第一节　动物喻体

《资本论》比喻中的动物喻体,既有动物的大类,如动物、牲畜、役畜、野兽、两栖动物等;也有具体的动物及其变化形态,如蚕、蛹、蝗虫、虱子、蜘蛛、蝴蝶、雄蜂、鸟、鹅、猪、狗、驴、狼、鹿、母牛、蜗牛、孔雀、鳗鱼、蛤蟆、猿猴、毒蛇、绵羊、山猫、狮子、豺狼、鼹鼠、狐狸等;还有动物肢体的有机组成部分,如胎痣、器官、血液、骨骼、脉管等。

一、以动物的大类为喻体

马克思曾用动物、牲畜、役畜、两栖动物等来比喻资本主义生产方式下的工人。比如,马克思在《资本论》第 1 卷中说:"一部分土著居民被赶至沿海地区,以捕鱼为生。他们变成了两栖动物,按一位英国作家的说法,是一半生活在陆上,一半生活在水上,但是陆上和水上合起来也只能使他们过半饱的生活。"①文中的"土著居民"指的是原本居住在苏格兰西部和北部山区的盖尔人,马克思将其比作"两栖动物",意在揭露资本原始积累的罪恶。这段话反映的是一个"羊吃人"的案例,是原始积累过程这个血与火的历史中的一个片段。再比如,马克思在《资本论》第 1 卷中曾将工人比作租地农场主饲养的"牲畜"。他说:"从此以后,在租地农场主饲养的各种牲畜中,工人这种会说话的工具一直是受苦最深、喂得最坏和虐待得最残酷的了。"②这个比喻先将工人比作租地农场主饲养的各种"牲畜"中"受苦最深、喂得最坏和虐待得最残酷的""牲畜",然后进一步将工人比作"会说话的工具"。这两个喻体源自古罗马作家马可·忒伦底乌斯·瓦罗(Marcus Terentius Varro)在《论农业》一书中的说法。③ 马克思套用瓦罗的比喻,意在揭露英国租地农场主对农业无产阶级残酷的压榨和无情的虐待。在农场主们看来,农业工人不过就是牲畜,是奴隶,是会说话的工具而已。

二、以具体的动物为喻体

被马克思和恩格斯用来作喻体的动物种类很多:既有天上飞的,也有地

---

① 《马克思恩格斯文集》第 5 卷,人民出版社 2009 年版,第 839 页。
② 《马克思恩格斯文集》第 5 卷,人民出版社 2009 年版,第 777 页。
③ 瓦罗说:"有些人把农具分成两类,即(一)干活儿的人和(二)人干活儿时必不可少的工具;还有一些人把它们分成三类,即(一)能讲话的农具,(二)只能发声的农具和(三)无声的农具。奴隶属第一类,牛属第二类,车子属第三类。"参见[古罗马]M. T. 瓦罗:《论农业》,王家绶译,商务印书馆 2017 年版,第 59 页。

上爬的,还有水中游的;既有成年的,也有处在发育中的(蚕、蛹、幼仔、胎胞等)。比如,马克思在《资本论》第1卷中曾将资本比作"狼"。他说:"资本由于无限度地盲目追逐剩余劳动,像狼一般地贪求剩余劳动,不仅突破了工作日的道德极限,而且突破了工作日的纯粹身体的极限。"①这个比喻实际上是把资本家比作了"狼",因为资本家就是资本的化身,是人格化的资本。马克思在揭露工人的悲惨处境时除了使用"牲畜"和"两栖动物"等动物大类来设喻外,还曾用"马""蝗虫""青蛙"等更具体的动物喻体来设喻。比如,关于资本家工厂的"换班制度"(System of Relays),马克思说:"在英语和法语中,Relay 都指到驿站换马。"②这是将工人比作了驿站的"马"。关于资本积累和工人流动,马克思说:"一个工业城市或商业城市的资本积累得越快,可供剥削的人身材料的流入也就越快,为工人安排的临时住所也就越坏。""衣衫褴褛的爱尔兰人或者破落的英格兰农业工人就会像蝗虫一样成群地拥来。人们把他们塞到地下室和仓库里……"这是将工人比作了"蝗虫"。关于资本家拿工人做实验来增加相对剩余价值,马克思说:"生产过程的革命是靠牺牲工人来进行的。这就像解剖学家拿青蛙作实验一样,完全是拿无价值的生物体作实验。"③这是把工人比作了"青蛙"。如此等等。

三、以动物肢体的组成部分为喻体

马克思曾用"血液循环"比喻资本流通,用"血"比喻文字,用"骨骼"比喻物质基础,用"物的神经"比喻货币,用市场上等着被卖出去让人家来鞣的"皮"来比喻只能以出卖劳动力为生的工人,等等,这些比喻都是以动物肢体的组成部分为喻体。比如,马克思在《资本论》第1卷中将工人比作"在市场上出卖了自己的皮"。他说:"原来的货币占有者作为资本家,昂首前行;劳动力占有者作为他的工人,尾随于后。一个笑容满面,雄心勃勃;一个战战兢兢,畏缩不前,像在市场上出卖了自己的皮一样,只有一个前途——让人家来鞣。"④马克思在这段话中使用示现和比喻等修饰手法描绘了两个"剧中人":一个是"笑容满面,雄心勃勃"的资本家,另一个是"战战兢兢,畏缩不前"的工人。马克思将后者比作卖出去的一张"皮",这张皮"只有一个前途——让人家来鞣"。这个比喻意在表明,对出卖自己劳

---

① 《马克思恩格斯文集》第5卷,人民出版社2009年版,第306页。
② 《马克思恩格斯文集》第5卷,人民出版社2009年版,第322页。
③ 《马克思恩格斯文集》第5卷,人民出版社2009年版,第762、763、526页。
④ 《马克思恩格斯文集》第5卷,人民出版社2009年版,第205页。

动力的工人来说,等待他们的将是资本家像吸血鬼一样的无情压迫和剥削。

第二节　植物喻体

《资本论》中的植物喻体,既有具体的植物,如甘草、蘑菇、果树、长生树等;也有植物的有机组成部分,如嫩芽、幼枝、花朵、果实、种子、外壳、内核等。

一、以具体的植物为喻体

马克思在 1857~1858 年经济学手稿中曾用"甘草"来比喻资产阶级庸俗经济学家们看似富有才华实则毫无科学价值的"无稽之谈",诸如像"劳动是工人的资本"之类的虽然好听但却是骗人的空谈。马克思说:"这些言辞只有对于蹩脚的美文学家和信口开河的饶舌家们才是有用的,这些人总爱用他们像甘草一样甜的肮脏东西来涂饰一切科学。"①甘草本身是一种相对便宜的药材。根据德国诗人海因里希·海涅(Heinrich Heine)的巴黎见闻,当时的巴黎街头经常有小贩售卖用甘草煮成的甘草水。② 这种甘草水很廉价,所以常有生产葡萄酒的不法商贩用甘草水勾兑白葡萄酒来牟利。查尔斯·傅立叶(Charles Fourier)就曾对商人们的这种欺诈行为进行过揭露。③ 另外,"甘草"还具有先甜后苦、经不起品味的寓意,就像那位与马克思同年出生、同年去世的俄国作家伊凡·谢尔盖耶维奇·屠格涅夫(Иван Сергеевич Тургенев)在《多余人日记》这部小说中所说的:"感情的流露,犹如甘草根:开始吮吸一阵,似乎味道不错,过后嘴里就发苦了。"④马克思将庸俗经济学家们用来欺骗工人的甜言蜜语比作"甘草"具有多重含义:一是

---

① 《马克思恩格斯全集》第 30 卷,人民出版社 1995 年版,第 250 页。文中"这些人总爱用他们像甘草一样甜的肮脏东西来涂饰一切科学"这句话在《马克思恩格斯全集》历史考证版第 2 版(MEGA²)中的原文是"Die alle Wissenschaften anschmieren mit ihrem lakritzensüssen Dreck."其中"anschmieren"作及物动词时是"乱涂乱画"的意思,口语中有"欺骗、使上当"的意思,含贬义。"Dreck"一词在《马克思恩格斯全集》中有多种译法,这里译作"肮脏东西",其他地方多译作"臭东西"。该词有"龌龊、污秽、污物、污泥、垃圾、粪土、粪便"等含义,转义为"一钱不值的东西",也含贬义。该词在这里若是按转义即"一钱不值的东西"来翻译似乎更为贴切。德文原文参见 Marx-Engels-Gesamtausgabe(MEGA²), Abt. II, Bd. 1. Teil 1, Berlin:Dietz Verlag, 1976, S.212。
② 参见[德]海涅:《海涅全集》第 10 卷,金海民译,河北教育出版社 2003 年版,第 13、197 页。
③ 参见[法]傅立叶:《傅立叶选集》第 3 卷,汪耀三等译,商务印书馆 2017 年版,第 278 页。
④ [俄]屠格涅夫:《屠格涅夫全集》第 5 卷,南江等译,河北教育出版社 2000 年版,第 192 页。

揭示其甜蜜的表象,二是揭示其廉价和无用。另外,说它们是"像甘草一样甜的肮脏东西"或者"像甘草一样甜的一钱不值的东西",更是揭露了这些甜言蜜语看似甜蜜,其实对工人来说没有任何用处,完全是骗人的空谈,经不起推敲。马克思认为,这些美文学的言辞将"极不同类的东西混为一谈",从而掩盖了二者的对立,抹杀了二者的本质区别。在"资产阶级经济学的巧于粉饰的献媚者们"看来:工人每天把自己的劳动投入生产过程中,就像资本家反复把自己的资本投入生产过程中一样;工人用自己的劳动挣来工资,就像资本家用资本挣来利润一样。他们因此鼓吹"劳动是工人的资本",并企图用这种在他们看来"像甘草一样甜"的"肮脏东西"来掩盖劳动和资本的对立。他们没有看到,单个工人的劳动能力总是有限的,是会消耗殆尽的,它不会像资本一样一直重复增殖下去。马克思在 1861~1863 年经济学手稿中特别强调,工人"提供出售的唯一商品,就是他的活的、存在于他的活的机体中的劳动能力[Arbeitsvermögen]。('Vermögen'一词在这里决不能理解为'财产',而应当理解为'能力'。)"①

二、以植物的有机组成部分为喻体

马克思曾用"嫩芽"比喻新形成的资本;用"幼枝"比喻马尔克公社中的"相等的利润率",甚至把马尔克公社也比作"原始共产主义直接生出的幼枝";用"外壳"比喻黑格尔的唯心主义哲学体系,用"内核"比喻黑格尔的辩证法;用"果实"来比喻剩余价值;等等。比如,马克思在《资本论》第 3 卷中曾将资本家获得的利润、土地所有者获得的地租和工人获得的工资比作分别从劳动、资本和土地这三棵"长生树"上结的"果实"。他说:"它们好像是一棵长生树上或者不如说三棵长生树上的每年供人食用的果实,它们形成三个阶级即资本家、土地所有者和工人的逐年收入。"②这里马克思当然是以资本家的口吻而言的。文中的"一棵长生树"按照资本家的观点自然是"资本"这棵树,但实际上真正结果实的那一棵树只能是工人的生产性劳动,是工人的劳动创造了在不同阶级之间进行分配的年产品的总价值。但由于资本家说他投入了资本,土地所有者说他投入了土地,资本和土地也被说成了价值的源泉,"一棵树"变成了"三棵树",剩余价值的真正源泉就这样被掩盖了。

---

① 《马克思恩格斯全集》第 32 卷,人民出版社 1998 年版,第 41 页。
② 《马克思恩格斯文集》第 7 卷,人民出版社 2009 年版,第 930 页。

第三节　无机自然喻体

马克思选取的无机自然界的喻体种类也非常多,既有山岳等整体性的客观存在物,也有处于各种形态的具体物质,固态的如煤、尘埃、雪花、土壤、暗礁、化石、岩石、磁石、拦路石、结晶体等,液态的如流水、浪潮、巨流、波浪等,气态的如氧气等;既有自然现象,如影子、夏雨、风暴、暴风雨、疾风怒涛、晴天霹雳等,也有作为现象和物质混合体的火、火焰、烟尘等。

一、以具体的自然物为喻体

马克思在《资本论》(1863~1865年手稿)中曾使用一个非常妙的接喻:将再生产过程比作"无边巨流",将集中在各单个点上时特别令人惊讶的物质财富比作再生产过程这个"无边巨流"中的暂时凝结了的"波浪"。他说:"同再生产过程的无边巨流相比,这种大量集中在各单个点上时特别令人惊讶的物质财富,是微不足道的,而且只可能是微不足道的,因为这种物质财富只是这种再生产过程巨流中的暂时凝结了的波浪。"①马克思这个比喻意在形容处在"停顿状态""中间阶段""流通中"或曰"市场上"的商品虽然形形色色,却不过是再生产过程中微不足道的一部分,就像巨流中的波浪一样微不足道。马克思认为,形形色色的商品的"聚集"只是"假象",是"商品资本在作为商品进入消费或进入再生产以前所处的中间阶段",而且只有在这个阶段上,商品才作为商品而存在。马克思认为,资本主义生产方式是不允许商品真的处于静止状态的。如果真的发生静止,社会的整个再生产过程将会遭到破坏。

二、以自然现象为喻体

马克思在《资本论》第1卷中曾将生产过程比作"疾风怒涛"。他说:"资本家是以商品交换规律作根据的。他和任何别的买者一样,力图从他的商品的使用价值中取得尽量多的利益。但是,突然传来了在疾风怒涛般的生产过程中一直沉默的工人的声音……"②再比如,马克思在《资本论》第1卷中还曾将金融危机比作"暴风雨"。他说:"在每次证券投机中,每个人都知道暴风雨总有一天会到来,但是每个人都希望暴风雨在自己发了大

---

① 《马克思恩格斯全集》第38卷,人民出版社2019年版,第233页。
② 《马克思恩格斯文集》第5卷,人民出版社2009年版,第270页。

财并把钱藏好以后,落到邻人的头上。我死后哪怕洪水滔天!"①

第四节 人造物喻体

人造物喻体是《资本论》比喻中数量最多的类型,涉及日常类、机器类、工程类、战争类、文化类等多种类别,共计100多个喻体。

一、日常类喻体

这类喻体包括:食谱、大锅、稀粥、酵母、钥匙、纸币、金钱、坟墓、丧钟、拐杖、杂拌、镜子、戏票、制服、晴雨表、葡萄酒等。比如,马克思在《资本论》第1卷中曾将工人比作"酵母"。他说:"不是工人把生产资料当做自己生产活动的物质要素来消费,而是生产资料把工人当做自己的生活过程的酵母来消费"②。这个比喻揭露了工人在资本家的工厂中的异化现象:工人被当成了物,当成了工具,不是他们消费生产资料,而是生产资料消费他们。没有工人的活劳动这个"酵母"的加入,资本家的生产资料就永远属于"死的要素",资本就永远不能"发酵",不能"增殖"或"倍增"。所以,把工人的活劳动当作"酵母"是资本主义生产方式的必然要求。当然,"发酵"之后的资本是属于资本家的,就像马克思说的,"这个过程的产品归他所有,正像他的酒窖内处于发酵过程的产品归他所有一样"③。马克思在1857~1858年经济学手稿中就曾提出"酵母"的比喻。但是,与《资本论》第1卷中"酵母"的比喻不同,马克思在手稿中强调的是劳动这个"酵母"的"造形活动"的能动性质,而资本则表现为一种被动的东西。④

二、机器类喻体

这类喻体包括:机器、附件、零件、车轮、辅轮、主动轮、测量器、指示器、吸收器、工作机、自动机、永动机、抽水机、机器体系、传导体、润滑油、安全阀、炼金炉等。比如,马克思在《资本论》第1卷中曾将劳动资料比作"测量器"和"指示器"。他说:"劳动资料不仅是人类劳动力发展的测量器,而且是劳动借以进行的社会关系的指示器"⑤。马克思用了"测量器"和"指示

---

① 《马克思恩格斯文集》第5卷,人民出版社2009年版,第311页。
② 《马克思恩格斯文集》第5卷,人民出版社2009年版,第359页。
③ 《马克思恩格斯文集》第5卷,人民出版社2009年版,第217页。
④ 参见《马克思恩格斯全集》第30卷,人民出版社1995年版,第256页。
⑤ 《马克思恩格斯文集》第5卷,人民出版社2009年版,第210页。

器"两个喻体来比喻劳动资料,意在强调各种经济时代的区别不在于生产什么,而在于怎样生产,用什么劳动资料生产。马克思在《资本论》(1863~1865年手稿)也曾提到这个比喻。他说:"固定资本的发展程度是资本主义生产方式的发展程度的指示器。"①马克思在手稿中是把生产资料或用来购买生产资料的固定资本比作了"指示器"。这两个说法都不如劳动资料更为准确。因为生产资料不仅包括劳动资料,还包括劳动对象,而劳动对象中未经过人类加工的材料比如矿石显然不能指示资本主义生产方式的发展程度。而固定资本是指以厂房、机器、设备和工具等以劳动资料的形式存在的生产资本,是按照生产资本的价值周转方式对劳动资料的一种抽象的表达,因此,以固定资本作指示器显然不如用它所代表的具体内容也就是劳动资料作指示器更为准确。

三、工程类喻体

这类喻体包括:蓄水池、排水渠、引水渠、大厦、上层建筑物等。比如,马克思在《资本论》第1卷中曾将货币贮藏比作"蓄水池""排水渠"和"引水渠"。他说:"货币贮藏的蓄水池,对于流通中的货币来说,既是排水渠,又是引水渠,因此,流通中的货币永远不会溢出它的流通的渠道。"②马克思还曾用"蓄水池"来形容商品流通。他说:"商品……被流通的各种蓄水池——货栈、谷物商、磨坊主等等——所吸收。这些蓄水池既是生产的排水渠,又是消费的引水渠。只要商品处于蓄水池中,它就是**商品**,因而就处于市场上,处于流通中。"③

四、战争类喻体

这类喻体包括:战报、甲胄、火绒、地雷、武器、武库、营垒、黄金枷锁等。比如,马克思在《资本论》第1卷中曾使用"甲胄"和"火绒"组成一个非常精妙的有递进关系的比喻来形容资产阶级政治经济学家的无力的辩护。马克思说:"在这里,他的辩护的甲胄就像松软的火绒一样裂成一片一片的了。"④"在这里"指的是在殖民地强行使劳动者和他们的生产生活资料相脱离的问题上,资产阶级政治经济学家在已经完成资本原始积累的宗主国国内,把以剥削别人劳动为基础的私有制指鹿为马地说成是以劳动者自己

---

① 《马克思恩格斯全集》第38卷,人民出版社2019年版,第335页。
② 《马克思恩格斯文集》第5卷,人民出版社2009年版,第157~158页。
③ 《马克思恩格斯全集》第35卷,人民出版社2013年版,第262页。
④ 《马克思恩格斯文集》第5卷,人民出版社2009年版,第877页。

的劳动为基础的私有制,并且把资本家的剥削也无耻地说成是"劳动";但是在还没有完成资本原始积累的殖民地,他们却不得不公开地揭露这两种私有制之间的对立,赤裸裸地高呼必须消灭以劳动者自己的劳动为基础的私有制,从而为建立资本主义的社会化大生产扫除障碍。这是典型的"双重标准",是资产阶级的一贯做派。这个比喻先将资产阶级政治经济学家的辩护比作"甲胄",再进一步把"甲胄"比喻为"松软的火绒",然后加上"裂成一片一片的"这个比拟描写,形象生动地揭露了资产阶级政治经济学家所作辩护的软弱无力和不攻自破。火绒(Zunder)又译为导火绒、火棉,"是用山毛榉、橡树和其它果树上生出的多孔菌经过特定的处理制成"的易燃物①。火绒在德国作家的作品中经常出现。比如,费尔巴哈曾使用"火绒"来比喻自己的求知欲。② 这些德国作家对"火绒"这个喻体的广泛使用,实际上构成了马克思"火绒"比喻的文化基础。

五、文化类喻体

这类喻体包括:漫画、讽刺画、镶嵌画、田园诗、象形文字、儿童故事、百科全书、图书目录、小学生式的演算。比如,马克思在《资本论》(1863~1865年手稿)中揭露资产阶级庸俗经济学家的肤浅时,曾将英国女作家、马尔萨斯主义的鼓吹者哈丽雅特·马蒂诺(Harriet Martineau)的作品比作"儿童读物"。马克思说:"这是无耻的肤浅的空谈,它不仅从某个**弗·巴师夏**那里,或者从**实用知识促进协会**的经济短评中,或者从某个**马蒂诺**妈妈的儿童读物中,而且甚至从真正的专门作者那里,煞有介事地放出来。"③文中提到的实用知识促进协会是 1827 年在英国成立的旨在通过出版通俗的廉价的读物在广大人民群众中间传播知识的团体,弗雷德里克·巴师夏(F. Bastiat,又译为"弗雷德里克·巴斯夏")是法国资产阶级庸俗经济学家。在更多的时候,马克思是用"儿童故事"或"儿童读物"来比喻全部庸俗经济学。就像有学者所指出的,"在马克思的《资本论》中,读者可以找到'儿童读物'一词,指的就是庸俗经济学"④。马克思在这里将马蒂诺、巴师夏和实用知识

---

① 参见[德]歌德:《歌德诗集》下册,钱春绮译,上海译文出版社 1982 年版,第 399 页,译者注。

② 青年费尔巴哈在听了黑格尔的讲座之后,兴奋地给父亲写信说:"我现在听了黑格尔的几次讲演后,……本来在我身上仅仅像火绒一般微微燃烧着的东西,现在却觉得很快就要燃起熊熊的火焰。"参见[德]路德维希·费尔巴哈:《费尔巴哈哲学著作选集》上卷,荣震华等译,商务印书馆 1984 年版,第 222 页。

③ 《马克思恩格斯全集》第 38 卷,人民出版社 2019 年版,第 84 页。

④ 余斌:《微观经济学批判》,东方出版社 2013 年版,"原版前言"第 1 页。

促进协会相提并论,意在揭露资产阶级庸俗经济学家妄图"证明资本主义生产方式的永恒性或证明**资本**是人类生产本身**不朽的自然要素**"的幻想。他们把资本对劳动过程的占有这种一定历史阶段的产物同劳动过程本身混淆起来,从而把劳动材料和劳动资料看成是天生的资本,把劳动者看成是天生的奴隶,把表现在物中的一定的社会生产关系当作这些物本身的自然属性。马克思认为,按照庸俗经济学家的逻辑,"由于希腊人与罗马人喝酒和吃面包,他们就是参加了圣餐;由于土耳其人天天洗澡,他们就是每天都在洒天主教的圣水",这是"无耻的肤浅的空谈"。①

第五节　人物身份喻体

一、历史人物和派别

这类喻体包括:平达、帖木儿、圣哲罗姆、平等派、昔尼克派、哥特舍德、亨利四世、路易十五、阿里欧斯托、本丢·彼拉多等。比如,马克思在《资本论》第 1 卷中曾用帖木儿帝国的创建者帖木儿来讽喻工厂主。马克思说:"调查委员怀特对此作出回答时,完全不像尤尔、西尼耳等人以及他们的可怜的德国应声虫罗雪尔等人那样,为资本家花费他们的货币时的'节制'、'禁欲'和'节俭'以及他们对人的生命的帖木儿式的'浪费'而大为感动。"②帖木儿自称是成吉思汗的继承者,战争中也沿袭蒙古人的作战方法,攻城之后就进行残忍的屠杀。恩格斯曾在《英国军队在印度》一文中说:"成吉思汗和帖木儿的卡尔梅克寇群,像蝗群一样袭击了许多城市,沿途所遇,无不吞噬一光"③。正因为帖木儿这种对人的生命不知敬畏的"浪费",所以马克思曾用其比喻残酷镇压了巴黎公社的刽子手阿道夫·梯也尔(Adolphe Thiers)。马克思在这里用"帖木儿式的'浪费'"来比喻工厂主对童工的毫无人道的压迫。这些厚颜无耻的工厂主认为,规定童工的"正规吃饭时间"是不可能的,因为熔炉由此失散的一定热量是"纯粹的损失"或"浪费"。在他们看来,浪费童工的生命是无关紧要的,他们"不理会人类在未来将退化并将不免终于灭绝的前途,就像它不理会地球可能和太阳相撞一样",但是,由于给童工固定的吃饭时间让正在运行的熔炉的热量浪费掉却是不能容忍的。他们不关心"生命力的浪费",就像马克思说的,"资本是

---

① 《马克思恩格斯全集》第 38 卷,人民出版社 2019 年版,第 83、84 页。
② 《马克思恩格斯文集》第 5 卷,人民出版社 2009 年版,第 304 页。
③ 《马克思恩格斯全集》第 12 卷,人民出版社 1962 年版,第 528 页。

根本不关心工人的健康和寿命的,除非社会迫使它去关心"①。

二、虚 构 人 物

这类喻体包括文学作品中的人物,如莎士比亚笔下的道勃雷、夏洛克、快嘴桂嫂、福斯塔夫等,歌德笔下的瓦格纳、浮士德、靡非斯托斐勒司等,塞万提斯笔下的唐·吉诃德、马立托奈斯等,荷马笔下的奥德修斯等,狄更斯笔下的比尔·赛克斯,莫里哀笔下的答尔丢夫;还有神话传说中的角色,如柏修斯、丘必特、复仇女神、德奥古利、息息法斯、塞克洛普、福尔图纳特、普罗克拉斯提斯等。比如,马克思在《资本论》第 1 卷中曾用道勃雷(又译为"道格培里")的故事来讽喻那些自以为是的资产阶级庸俗经济学家。他说:"在这里,我们不禁想起善良的道勃雷,他教导巡丁西可尔说:'一个人长得漂亮是环境造成的,会写字念书才是天生的本领。'"②道勃雷是莎士比亚戏剧《无事生非》(又译为《无事烦恼》)中的角色,一个既愚蠢又自负的警吏,说话语无伦次,而且喜欢说反话,是自大而愚蠢的官吏的化身。道勃雷显然把事情弄颠倒了,因为人的相貌是天生的,而人会写字念书才是后天的。那些自命有深刻批判力的资产阶级庸俗经济学家就跟这个小丑道勃雷一样,把事情弄颠倒了。他们说什么价值(交换价值)是物的属性,财富(使用价值)是人的属性。事实恰恰相反,使用价值是物的属性,而不是人的属性;交换价值是人的属性即人们的社会生产关系,而不是物的属性。

三、身份和职业

这类喻体包括:父、母、军、王、儿子、儿女、儿童、先生、太太、丈夫、病人、公民、侍从、奴仆、处女、牧师、皇帝、暴君、教皇、明星、织工、骑士、神学家、小学生、助产婆、老处女、老年人、监护人、剧中人、后备军、现役军、轻步兵、冒险家、魔术师、刽子手、孪生兄弟、工业骑士、双头婴儿、浪漫女郎、能工巧匠、炼金术士、高贵的人、专制君主、哈默伦的捕鼠者、行过内部割礼的犹太人等。

比如,马克思在《资本论》第 1 卷中曾用"平等派""昔尼克派""行过内部割礼的犹太人"等多个身份喻体来形容商品。他说:"商品是天生的平等派和昔尼克派,它随时准备不仅用自己的灵魂而且用自己的肉体去换取任

---

① 《马克思恩格斯文集》第 5 卷,人民出版社 2009 年版,第 311 页。
② 《马克思恩格斯文集》第 5 卷,人民出版社 2009 年版,第 102 页。

何别的商品,哪怕这个商品生得比马立托奈斯还丑。"①文中的"平等派"原指真正平等派,又称掘地派,是 17 世纪英国资产阶级革命时期的激进派,代表城乡贫民阶层的利益,要求消灭土地私有制,宣传原始的平均共产主义思想,并企图通过集体开垦公有土地来实现这种思想。"昔尼克派"(又译为"犬儒学派")是公元前 3 世纪古希腊主张自然主义的哲学学派。文中的"马立托奈斯"(又译为"玛丽托内斯"或"马利登")是塞万提斯的小说《唐·吉诃德》中一家客店里的女佣,她长得令人作呕,但仍被唐·吉诃德当成了想象中的公主。马克思将商品比作"马立托奈斯",意在说明一件商品即使丑得像马立托奈斯一样令人作呕,只要存在对等的价值,就会有人拿别的商品和它交换。在《资本论》第 1 卷中,马克思还曾将商品比作"行过内部割礼的犹太人",也是为了突出商品的天生平等、不计美丑的性质。他说:"资本家知道,一切商品,不管它们多么难看,多么难闻,在信仰上和事实上都是货币,是行过内部割礼的犹太人,并且是把货币变成更多的货币的奇妙手段。"②所谓"行过内部割礼的犹太人"指的是没有经过"外科手术"式的割礼仪式,而是"在精神上接受了割礼、和上帝订立了契约的犹太人,是领会了犹太精神的不折不扣的犹太人"③。马克思将商品比作"行过内部割礼的犹太人",意在表明,不管多么难看、多么难闻的商品,对资本家来说,在信仰上和事实上都是货币,就像通过精神上的割礼和上帝订立了契约的犹太人一样纯洁、高尚。这个比喻的本体是"商品",喻体是"行过内部割礼的犹太人",二者之间的相似点可以从两个方面来理解。首先是纯洁性和有效性。行过内部割礼的犹太人和行过外部割礼的犹太人一样纯洁,都是纯粹的犹太人,都是上帝的子民,他们和上帝订立契约都是有效的、合法的。商品也是一样,不论它是美的还是丑的、香的还是臭的,都能转化为货币,而从货币上看不出它是由什么样的商品转化来的。其次是增殖资本的相似性。也就是说,商品像善于增殖资本的犹太人一样,拥有把货币变成更多的货币的奇妙手段。文中马克思说的"一切商品,不管它们多么难看,多么难闻"的话,源自一个著名的典故——"货币没有臭味"。根据苏埃托尼乌斯《罗马十二帝王传》中的记载,罗马皇帝韦斯帕西安要征收厕所税,他的一个儿子反对这种做法,于是皇帝对他的儿子说了这句著名的话。马克思在《资本论》(1863~1865 年手稿)中也说:"因为货币是商品的转化形

---

① 《马克思恩格斯文集》第 5 卷,人民出版社 2009 年版,第 104 页。
② 《马克思恩格斯文集》第 5 卷,人民出版社 2009 年版,第 180 页。
③ 参见[日]久留间鲛造、宇野弘藏等编:《资本论辞典》,薛敬孝等译,南开大学出版社 1989 年版,第 1164~1165 页。

式,所以人们从货币身上看不出它是从哪里来的,看不出转化为货币的是什么,是良心,贞操,还是马铃薯。"①

第六节 专业术语喻体②

就像大卫·哈维(David Harvey)所说的,"马克思喜欢用科学的比喻和隐喻"③。马克思创作《资本论》的时期正是资本主义国家进行第二次工业革命的时期,科学技术取得重大进展,各种新概念、新技术、新发明层出不穷。马克思在《资本论》及手稿中的很多使用专业术语作喻体的比喻,一定程度上反映了当时科学技术的进展情况。

一、自然科学术语

这类喻体包括数学术语如方程式、螺旋线、曲线、圆圈、0 比 0、根号负二、根号负三、纵横坐标、黄色的对数、数学上的极限等,物理学术语如杠杆、结晶、结晶体、传导体、阿基米德的支点等,物理化学术语如原子、酵母、发酵、炼金术等,生物学医学术语如细胞、蛹化、羽化、胚胎、神经、分娩、生理学、有机体、血液循环、骨骼系统、肌肉系统、脉管系统等,天文学术语如抽象的浑沌、一年的天数等,地质学术语如地质层系等。比如,马克思在《资本论》第 1 卷中曾将资本家所渴望的对工人不费分文的购买比作一个"数学意义上的极限",一个可以逐渐接近、但永远无法达到的极限。虽然无法达到,但可以无限逼近。他说:"工人不费分文是一个数学意义上的极限:虽然可以逐渐接近,但永远无法达到。资本的经常趋势是使工人降到这种不费分文的地步。"④19 世纪初,法国数学家柯西在对牛顿和莱布尼茨微积分理论进行认真研究的基础上,建立了极限理论。马克思借用数学上的"极限"概念来比喻资本家对人力成本无限小、剩余价值无限大的无限渴望,意在揭露资本家千方百计压低工人工资以提高剩余价值率的贪婪。他们恨不得不花一分钱就能让工人为他们献出一切。为了可以逐渐接近在劳动力上"不费分文"这个数学意义上的极限,资本家及其代理人可没少花心思,本

① 《马克思恩格斯全集》第 38 卷,人民出版社 2019 年版,第 17 页。
② 本节的专业术语按照中华人民共和国国家质量监督检验检疫总局、中国国家标准化管理委员会 2009 年 5 月 6 日发布的《中华人民共和国国家标准学科分类与代码》(GB/T 13745~2009)中的学术门类进行划分。
③ [美]大卫·哈维:《马克思与〈资本论〉》,周大昕译,中信出版社 2018 年版,第 68 页。
④ 《马克思恩格斯文集》第 5 卷,人民出版社 2009 年版,第 692 页。

杰明·汤普森（Benjamin Thompson）就是其中的一个。此人曾在英国举办过贫民习艺所，马克思称他是"为了人为地降低劳动能力的价值水平而绞尽脑汁"①的"可笑的慈善家"。马克思还将他的《政治、经济、哲学论文集》比作一本"菜谱"，"其中全是制作各种各样的代用品的方法，用以代替工人日常的昂贵食品"。这个比喻也揭露了资本家试图通过降低工人基本生活需要的无耻手段达到提高剩余价值率的贪婪目的。马克思说："请看这位令人惊异的'哲学家'的一张特别成功的菜单：'大麦 5 磅，玉米 5 磅，青鱼 3 便士，盐 1 便士，醋 1 便士，胡椒和白菜 2 便士，总计 $20\frac{3}{4}$ 便士，可以做成供

64 个人喝的汤，如果粮食的价格中常，汤的费用还可以降低到每人合 $\frac{1}{4}$ 便

士。'"②马克思将这种汤比作歌德《浮士德》一书中所提到的"乞丐汤"。马克思还引用了亚当·斯密的学生弗·摩·伊登（F. M. Eden）对英格兰工人说的一段极度无耻的话："在苏格兰，有许多家庭一连几个月都只吃加盐和水的燕麦面和大麦面，而不吃小麦、黑麦和肉，尽管如此，他们还是生活得很舒适。"③好一个"生活得很舒适"！

二、工程与技术科学术语

上文提到的人造物中的机器类喻体基本上都是工程与技术科学术语，比如用"主动轮"比喻资本家等。除此之外，还有死荷重、上层建筑等。比如，马克思在《〈政治经济学批判〉序言》中提到一个关于"上层建筑"的比喻，这是一个对建构马克思主义理论体系起着基础性作用的经典比喻。马克思在离开德国以后，前往巴黎并开始进行政治经济学的研究。被法国政府驱逐后，他来到布鲁塞尔"继续进行研究"。在关于这次研究结果的论述中，马克思说："生产关系的总和构成社会的经济结构，即有法律的和政治的上层建筑竖立其上并有一定的社会意识形式与之相适应的现实基础。……随着经济基础的变更，全部庞大的上层建筑也或慢或快地发生变

---

① 《马克思恩格斯全集》第 32 卷，人民出版社 1998 年版，第 51 页。
② 《马克思恩格斯文集》第 5 卷，人民出版社 2009 年版，第 694 页。据说拿破仑进攻俄国失败后回国，发现法国已陷入饥荒，于是就按照这个菜谱做了 200 万份汤施舍给穷人，而英国人据此断定拿破仑已到穷途末路，战争不日即可结束，就像司马懿根据诸葛亮的每日进食情况判定后者命不长久一样。参见［德］H.E.雅各布：《了不起的面包》，崔敏、文彤译，广东人民出版社 2022 年版，第 322~333 页。
③ 《马克思恩格斯文集》第 5 卷，人民出版社 2009 年版，第 694 页。

革。"①"上层建筑"（Uberbau）本来是一个建筑和船舶用语，建筑上指的是桥梁等的上部结构和房屋的凸出部分，船舶上指的是"甲板以上各种围蔽建筑物的总称，包括船楼和甲板室"②，都是看得见、摸得着的实体性的东西。恩格斯在给《美国新百科全书》编写的《海军》词条中曾经在本来意义上使用过"上层建筑"的概念。③ 他将"上层建筑"这个建筑和船舶用语借用过来形容思想、观念和政治制度等非实体性的东西。早在 1662 年，威廉·配第（William Petty）在他的《赋税论》一书中就曾用"上层建筑"来设喻了。配第认为，通过等量劳动进行估价"是权衡各种价值，确定各价值等量关系的基础"，但他也承认，"在上层建筑和具体实践中，也是存在着很多变化的，也是错综复杂的"。④ 配第在这里是用"上层建筑"来形容国家为了某种目的对任意两种等量劳动进行估价时的比率进行的规定。比如，1661 年英国为了抑制黄金出口，人为地提高了金币价值，还颁布了禁止车辆镀金的法令，这种法令就属于上层建筑范畴。马克思和恩格斯最早使用"上层建筑"来设喻，是在《德意志意识形态》一书中。他们在论述市民社会和国家的关系时，第一次把在市民社会基础上产生的思想、观念等社会意识比作"上层建筑"。他们说："市民社会这一名称始终标志着直接从生产和交往中发展起来的社会组织，这种社会组织在一切时代都构成国家的基础以及任何其他的观念的上层建筑的基础。"⑤后来在《路易·波拿巴的雾月十八日》一文中，马克思仍然是在这层喻义上使用"上层建筑"这个比喻的。马克思在《〈政治经济学批判〉序言》中再次提到这个比喻，但是喻义有所变化，用来形容的是"法律的和政治的"国家制度。马克思最早是在 1847 年的《"莱茵观察家"的共产主义》一文中提出"上层建筑"的这层喻义的。在该文中，马克思将君主制和王权比作人民肩膀上的"沉重的上层建筑"⑥。在 1848 年的《共产党宣言》中，马克思和恩格斯也是在这层喻义上使用"上层建筑"这个比喻的。在《法兰西内战》一文中，马克思甚至明确说上层建筑形容的就是国家政权。⑦ 由此可见，"上层建筑"这个比喻具有两重含义：一是形容思想、观念等社会意识，二是形容国家的政治法律制度和权力结构等。马克思和恩格斯将"上层建筑"这个建筑和船舶用语借用过来，并且通

① 《马克思恩格斯全集》第 31 卷，人民出版社 1998 年版，第 412~413 页。
② 参见白克敏主编：《航海辞典》，知识出版社 1989 年版，第 572 页。
③ 参见《马克思恩格斯全集》第 14 卷，人民出版社 1964 年版，第 384~386 页。
④ 参见[英]威廉·配第：《赋税论》，邱霞、原磊译，华夏出版社 2017 年版，第 47 页。
⑤ 《马克思恩格斯文集》第 1 卷，人民出版社 2009 年版，第 583 页。
⑥ 《马克思恩格斯全集》第 4 卷，人民出版社 1958 年版，第 220 页。
⑦ 参见《马克思恩格斯文集》第 3 卷，人民出版社 2009 年版，第 218 页。

过高频次的灵活运用,不仅使其喻义越来越丰富,也使其变成了一个广为人知的历史唯物主义的基本范畴。这个比喻让"上层建筑"这个概念本身所代表的非常抽象的内涵变得形象而具体,使历史唯物主义的基本原理在工人中间得到了更广泛的传播。因此,可以毫不夸张地说,这是一个为马克思主义理论体系的建构和传播都立下了汗马功劳的经典比喻。

三、医药科学术语

这类喻体包括药方、热病、狂想病、流行病、解毒剂、兴奋剂、排泄物、灵丹妙药等。比如,马克思在《资本论》第1卷中揭露资本家试图掩盖剩余劳动这个事实的各种借口时,曾使用了一个由四个比喻组成的接喻,将李嘉图经济学说的庸俗化者约·雷·麦克库洛赫(J. R. McCulloch)比作"家庭医生",将麦克库洛赫"为了清除这种生产所具有的矛盾,干脆把这种生产抛弃和否定了"①的庸俗理论比作"药方",将资本主义社会的生产过剩比作"流行病",最后再将麦克库洛赫的"药方"进一步比作"灵丹妙药"②。

四、人文与社会科学术语

这类喻体包括:哲学、以太、中词、宗教、神话、寓言、商品、音符、刑法、盗窃、赃物、判决、基督教、拜物教、神正论、田园诗、装货单、鲁本斯的风格等。比如,马克思在1857~1858年经济学手稿中曾用"神正论"来比喻巴师夏的**《经济的和谐》**一书。他说:"巴师夏先生就是用这种方式拼凑出他的经济学的神正论——《经济的和谐》。"③神正论(Theodicy)又称上帝正义论,简单说,就是为上帝的公正进行辩护的学说,是基督教为了协调上帝的全能全善与现实世界存在的种种罪恶相矛盾而提出的一个理论。《经济的和谐》(又译为《经济和谐论》)是巴师夏于1850年出版的一部经济学著作。巴师夏在该书中力图证明,在资本主义这个自由贸易的社会中,工人和资本家都是自由贸易的平等参加者,各阶级的利益是和谐一致的,因为"自由自在的利益趋于和谐的结合"。巴师夏自称:"一切正当的利益都是和谐的。这就是这本著作的中心思想"。他在书中说,社会主义者只看到社会中的种种对立,"他们之中每个人把他所有的热爱留给他幻想的社会。至于那个我在其中生活的社会,则照他们的心意只有赶快覆灭,以便在它的废墟上建立

① 《马克思恩格斯文集》第8卷,人民出版社2009年版,第92页。
② 参见《马克思恩格斯文集》第5卷,人民出版社2009年版,第224页。
③ 《马克思恩格斯全集》第31卷,人民出版社1998年版,第364页。

新的耶路撒冷"。① 而巴师夏自己则正好相反,他把所有的热情都用来粉饰太平,把充满种种对立的现实社会幻想成上帝的"和谐的杰作",把资本主义描绘成他心中的"耶路撒冷"。马克思将巴师夏的《经济的和谐》比作经济学的"神正论",意在讽刺巴师夏无视阶级差别和阶级对立,非要"在古典经济学家朴素地描绘生产关系的对抗的地方,证明生产关系是和谐的"②,就像费尔巴哈非要在一个分成利益直接对立的阶级的社会里鼓吹爱的宗教一样。不管是巴师夏的经济学的"神正论",还是费尔巴哈的爱的宗教,它们看起来似乎"适用于一切时代、一切民族、一切情况",但正像恩格斯说的,正因为如此,它们"在任何时候和任何地方都是不适用的,而在现实世界面前,是和康德的绝对命令一样软弱无力的"③。马克思认为,巴师夏所谓的"和谐"不是"来自丰富的生动的直观",而是"从贫乏的、紧张的、对立的反思中产生的夸张的产物"。与巴师夏不同的是,当"经济关系在世界市场上表现为**英国式**的关系时",亨利·查尔斯·凯里(Henry Charles Carey)看到了这种经济关系的矛盾,而满脑子充满"和谐"想象的巴师夏却对这些矛盾视而不见。另外,与"像图书目录似的博学多识"的凯里不同,"巴师夏提供的是虚构的历史,他提供的抽象有时采取理性的形式,有时采取假想事变的形式,不过,这些事变在任何时候和任何地方都没有发生过,就像神学家那样,把罪恶有时看作人的本质的规律,有时看作原罪的历史"④。所以,将巴师夏的《经济的和谐》比作经济学的"神正论",并不冤枉他。

第七节 典故传说喻体

中国古人称用典和引用为"事类"。刘勰在《文心雕龙·事类》中说:"事类者,盖文章之外,据事以类义,援古以证今者也。"刘勰强调用典要"用人若己","不啻自其口出",也就是引用典故要像出自自己的说法一样,不使人有所察觉。这一点与亚里士多德的主张不谋而合。亚氏告诫修辞者应该一方面"精心构筑[修辞文本]",另一方面却"不让人注意到[体现在文本里的匠心]";一方面侃侃而谈,另一方面"听起来却毫不造作"。⑤ 马克

---

① 参见[法]弗雷德里克·巴斯夏:《经济和谐论》,唐宗义译,商务印书馆2017年版,第7、1、5页。
② 《马克思恩格斯全集》第30卷,人民出版社1995年版,第4页。
③ 《马克思恩格斯文集》第4卷,人民出版社2009年版,第294页。
④ 《马克思恩格斯全集》第30卷,人民出版社1995年版,第10、11页。
⑤ 参见刘亚猛:《西方修辞学史》,外语教学与研究出版社2018年版,第65页。

思使用典故作喻体,经常是信手拈来,运化无迹,自然而然,毫无矫揉造作之感。

一、历史典故

这类喻体包括:乞丐汤、紫衣黑袍、货币没有臭味、我死后哪怕洪水滔天、阿基米德的支点、巴黎确实值一次弥撒、未来的音乐、把本丢推给彼拉多、一棵树上的两片树叶不相等、梅涅尼·阿格利巴把贵族比作胃等。比如,马克思在《资本论》第 1 卷中曾用"巴黎确实值一次弥撒"这个历史典故来比喻"商品 B 值商品 A",也就是"商品 B 同商品 A 相等是商品 A 自己的价值表现"。他说:"要表达商品 B 同商品 A 相等是商品 A 自己的价值表现,德文'Wertsein'[价值,价值存在]就不如罗曼语的动词 valere, valer, valoir[值]表达得确切。巴黎确实值一次弥撒!"①"巴黎确实值一次弥撒"是法国波旁王朝的创立者亨利四世所说的话。这位致力于"要使每个法国农民的锅里都有一只鸡"的亨利四世,原为胡格诺派信徒,为了继承法国王位,毅然决定改信天主教。弥撒(Missa)是天主教的宗教仪式,亨利四世改宗时自然是免不了做一次弥撒的。但是他认为,为了回到巴黎继承国王之位,做一次弥撒是完全值得的。这就是"巴黎确实值一次弥撒"的来历。有意思的是,虽然在法语和德语中弥撒都是 Messe 这同一个词,但法语中只有天主教的仪式这一层意思,而在德语中,除此之外还有"商品交易会"和"每年一次的年市"等含义。也就是说,在德语中弥撒本身就意味着交易。因此,"巴黎确实值一次弥撒"这句话在德语中更凸显了其交易的性质。文中的"罗曼语"指的是由古罗马拉丁语演变而来的法语、意大利语、西班牙语、葡萄牙语等语种。马克思在这里所说的 valere、valer 和 valoir 分别是意大利语、西班牙语和法语中"价值"一词的动词形式,也就是"值"的意思,含有对比之意。而德语中却没有对应的动词形式。德语中的 Wert 表示看不见摸不着的抽象的"价值",Wertsein 表示"价值存在",也就是抽象价值的客观存在,都是没有对比之意的名词,而动词 werten 表示评价、评估,也没有对比之意。所以,马克思说,"要表达商品 B 同商品 A 相等是商品 A 自己的价值表现",德文不如罗曼语的动词表达得确切。

二、神话传说典故

这类喻体包括:复仇女神;死人抓住活人;炼狱之火;息息法斯式的积累

---

① 《马克思恩格斯文集》第 5 卷,人民出版社 2009 年版,第 67 页。

劳动;为了一碗红豆汤出卖自己的长子继承权;丘必特的脑袋;丘必特转化为牛;牛在打谷的时候,不可笼住它的嘴;福尔图纳特的钱袋;撒巴拉神牛;札格纳特车轮;千年王国;上帝问该隐;普罗克拉斯提斯的床;巴兰和他的驴;柏修斯的隐身帽;海格立斯式的业绩;赫斯贝里德姊妹圣园里的金苹果;美杜莎的头;等等。比如,马克思在《资本论》1867 年第 1 版序言中为了揭示政治经济学研究的阶级性,曾使用了一个"复仇女神"的比喻来形容"自由的科学研究遇到的敌人"。他说:"在政治经济学领域内,自由的科学研究遇到的敌人,不只是它在一切其他领域内遇到的敌人。政治经济学所研究的材料的特殊性质,把人们心中最激烈、最卑鄙、最恶劣的感情,把代表私人利益的复仇女神召唤到战场上来反对自由的科学研究。"①"复仇女神"是古希腊神话中专司复仇的女神。她们在诸神的系列中属于最老的一代神祇,是秩序的维护者。马克思用"复仇女神"来比喻站在私人利益的立场上来反对自由的科学研究的那些敌人心中最激烈、最卑鄙、最恶劣的感情。马克思举例说:"英国高教会派宁愿饶恕对它的三十九条信纲中的三十八条信纲进行的攻击,而不饶恕对它的现金收入的三十九分之一进行的攻击。在今天,同批评传统的财产关系相比,无神论本身是一种很小的过失。"②文中"政治经济学所研究的材料"指的是社会生产关系,也就是人们在社会生产总过程中所形成的生产、分配、交换、消费等方面的经济关系的总和,通俗地讲,就是马克思所说的"财产关系"。这种材料的"特殊性质"指的是阶级性。关于政治经济学研究的阶级性,连资产阶级的经济学家也是承认的。③正是由于政治经济学的阶级性,那些资本主义的卫道士总是从自身利益出发,带着"最激烈、最卑鄙、最恶劣的感情"来反对马克思的自由的科学研究。他们要么是随意扣押或者篡改马克思的稿件,要么就是对马克思的著作保持沉默,要么就是对马克思本人进行无耻的诽谤。虽然马克思对这些诽谤通常是"把它们当作蛛丝一样轻轻拂去",只是在万不得已时才予以回击,但这些"毒蜘蛛"、这些"满头都是污粪"的无耻之徒还是给马克思带来了很大的困扰,就像英国学者柏拉威尔所说的,"马克思越来越感到自己正

---

① 《马克思恩格斯文集》第 5 卷,人民出版社 2009 年版,第 10 页。
② 《马克思恩格斯文集》第 5 卷,人民出版社 2009 年版,第 10 页。
③ 英国著名的现代经济学家凯恩斯在一次题为《我是不是一个自由党员?》的演讲中直言不讳地说:"我应不应当加入工党呢?表面上看起来,它有着较大的吸引力。但仔细考虑一下,这里边也存在着很大困难。首先这是一个阶级党派,而这个阶级并不是我所属的阶级。如果我当真要追求阶级利益,那我就得追求属于我自己那个阶级的利益。"参见[英]凯恩斯:《劝说集》,蔡受百译,商务印书馆 2016 年版,第 267 页。

在费力跋涉一片粪污的泥塘"①。这些无耻之徒虽然"逃脱了但丁在'地狱'里给它'预备下的席位'"②,但是却逃脱不掉马克思在"政治经济学批判"中给他们留下的接受批判的席位。也正是因为如此,马克思才将"科学的入口"比作"地狱的入口",表达了自己面对各种"复仇女神"的重重阻拦和百般刁难,义无反顾地踏入资本主义的地狱中去揭露资本主义生产方式之残酷现实的坚定决心。

三、文 学 典 故

这类喻体出自《荷马史诗》的有:"被杀者的鬼魂向奥德修斯拥去","这里是罗陀斯,就在这里跳跃吧";出自莎士比亚戏剧的有:"一个人长得漂亮是环境造成的,会写字念书才是天生的本领","真爱情的道路决不是平坦的";出自歌德作品的有:"好像害了相思病","他的胸中有两个灵魂,一个要想同另一个分离","浮士德式的冲突"等;出自海涅作品的有:"折磨他们的毒蛇";出自塞万提斯作品的有:"这完全像唐·吉诃德安慰桑乔·藩萨那样:虽然老是挨揍,并不需要勇敢";出自克雷洛夫作品的有:"偷来的孔雀羽毛";等等。比如,马克思在《资本论》第1卷中为了揭露工人"活活累死"的人间惨剧不断在资本家的工厂里上演的事实,使用了《荷马史诗》中"被杀者的鬼魂向奥德赛拥去"的场景来设喻,而且是个"强喻"形式的比喻,意在强调"比被杀者的鬼魂向奥德修斯拥去还要厉害"。马克思说:"一大群不同职业、年龄、性别的各种各样的工人,争先恐后地向我们拥来,简直比被杀者的鬼魂向奥德赛拥去还要厉害。"③"向我们拥来"指的是由于过度劳动而导致的人间惨剧不断地在资本家的工厂里发生,就像《一个人活活累死》这样的新闻报道不断地出现在我们面前一样。"被杀者的鬼魂向奥德修斯拥去"是《荷马史诗·奥德赛》第11卷中描写的奥德修斯在"冥府之旅"中看到的凄惨场景。④ 马克思用"被杀者的鬼魂向奥德修斯拥去"来比喻"一大群不同职业、年龄、性别的各种各样的工人,争先恐后地向我们

① [英]希·萨·柏拉威尔:《马克思和世界文学》,梅绍武等译,生活·读书·新知三联书店1980年版,第359页。

② 《马克思恩格斯全集》第8卷,人民出版社1961年版,第628~629页。

③ 《马克思恩格斯文集》第5卷,人民出版社2009年版,第294页。原本的译文是"向奥德赛拥去",笔者认为这里改成"向奥德修斯拥去"更合适,因为"奥德赛"的意思并不是一个人物的名称,而是"关于奥德修斯的故事",译者可能将奥德赛和奥德修斯混为一谈了。详见本书第七章第二节《资本论》比喻若干译法辨析》之六、"奥德赛"还是"奥德修斯?"。

④ 参见[古希腊]荷马:《荷马史诗·奥德赛》,王焕生译,人民文学出版社1997年版,第201页。

拥来",深刻揭露了资本家对工人的残酷迫害。

四、哲 学 典 故

这类喻体包括:哲人之石、伊壁鸠鲁的神存在于世界的空隙中、黑格尔的"概念"实现由必然到自由的过渡等。比如,马克思在《资本论》第3卷中曾用"伊壁鸠鲁的神生活在世界的空隙中"来比喻"高利贷生活在生产的缝隙中"和"古代商业民族生活在野蛮的生产民族的夹缝中"。古希腊哲学家伊壁鸠鲁(Epicurus)关于世界和神的观点极具特色,颇有些"平行宇宙"的味道。他认为有无数个按照它们本身的自然规律产生和存在的世界,而神则存在于这些世界之外,存在于这些世界之间的空隙中,而且对宇宙的发展和人的生活没有任何影响。费尔巴哈曾在《宗教的本质》一书中使用这个典故来论证他的"神没有立足之地,没有用武之地"的无神论观点①。马克思用"伊壁鸠鲁的神生活在世界的空隙中"来比喻"高利贷生活在生产的缝隙中",意在表明高利贷并不改变生产方式,就像伊壁鸠鲁的神并不对人的世界发生影响一样。马克思说:"高利贷不改变生产方式,而是像寄生虫那样紧紧地吸附在它身上,使它虚弱不堪。""高利贷资本有资本的剥削方式,但没有资本的生产方式。"马克思还说:"高利贷和商业一样,是剥削已有的生产方式,而不是创造这种生产方式,它是从外部同这种生产方式发生关系。高利贷力图直接维持这种生产方式,是为了不断地重新对它进行剥削;高利贷是保守的,只会使这种生产方式处于越来越悲惨的境地。"②马克思在《资本论》第3卷中还曾用"伊壁鸠鲁的神存在于世界的空隙中"来比喻古代商业民族在野蛮的生产民族的夹缝中求生存的状况。他说:"古代的商业民族存在的状况,就像伊壁鸠鲁的神存在于世界的空隙中,或者不如说,像犹太人存在于波兰社会的缝隙中一样。"③马克思在这里说"犹太人存在于波兰社会的缝隙中"反映的是犹太人到处遭驱逐和排挤的遭遇。他们先是被古罗马人赶出巴勒斯坦地区,流散到西欧各国,而在西欧各国又遭到封建主的歧视,他们不能拥有土地,只能从事商业。后来经商致富的犹太人又遭到当地资产阶级的排挤和迫害,被迫流亡东欧,并且逐渐在地广人稀的波兰定居下来,仍然只能从事商业活动。马克思用关于伊壁鸠鲁和犹太人的故事清晰展现了古代商业民族的生存状况。

---

① 参见[德]费尔巴哈:《宗教的本质》,王太庆译,商务印书馆2017年版,第63~64页。
② 《马克思恩格斯文集》第7卷,人民出版社2009年版,第674~675、676、689页。
③ 《马克思恩格斯文集》第7卷,人民出版社2009年版,第368页。

第八节　谚语俗语喻体

一、谚 语 喻 体

亚当·斯密曾说:"一般谚语当中总会包含比喻,至少是一个,包含两个比喻的也为数不少。"①尽管斯密是在贬低修辞和"村谚格言"时说这番话的,但也反映出谚语与比喻密不可分的性质。当然,谚语中虽然"总会包含比喻",但这个比喻的具体含义是什么,还要依赖创作者的实际应用。

马克思在《资本论》及手稿中使用谚语作为喻体的比喻有很多,包括:"手打麻袋,意在驴子";"只听钟声响不知钟声何处来";"所有母牛都是灰色的";"烧公鹅的调料,也是烧母鹅的调料";"瞎眼睛的猪有时也能找到橡实";"所有的猫都是灰色的";"在一无所有的地方,皇帝也会丧失他的权力";"两贼相争,好人得利";"希腊人遇到希腊人就发生激战";等等。比如,马克思在 1857~1858 年经济学手稿中曾用"只听钟声响不知钟声何处来"这句德国谚语,来讽喻法国小资产阶级社会主义者皮埃尔—约瑟夫·蒲鲁东(Pierre-Joseph Proudhon)只看到了生产过剩的存在,却不知道生产过剩的真正原因,也就是"知其然,不知其所以然"。马克思说:"只听钟声响不知钟声何处来的蒲鲁东,把生产过剩的原因说成是'工人不能买回自己的产品'。他的意思是说,产品中加上了利息和利润,或者说,产品的价格超过了产品的实际价值。"②首先,与英国资产阶级庸俗经济学家麦克库洛赫等人企图"从正统的经济学观点来否认一定时期内会发生普遍的生产过剩"的"愚蠢看法"不同,蒲鲁东看到并承认生产过剩的存在,因此,他是"听到了钟声响"。但是,蒲鲁东将生产过剩的原因归结为"工人不能买回自己的产品",也就是归结到简单交换上来,而在没有价值增殖的简单交换中不可能有生产过剩,生产过剩的发生一定是同价值增殖联系在一起的,是同资本主义生产方式联系在一起。这说明,蒲鲁东虽然"听到了钟声响",但却"不知钟声何处来"。

二、俗 语 喻 体

除了谚语,马克思还常用俗语来设喻。这类喻体主要包括:"只见树

---

① ［英］亚当·斯密:《修辞学和文学讲演录》,石小竹译,商务印书馆 2014 年版,第 46 页。
② 《马克思恩格斯全集》第 30 卷,人民出版社 1995 年版,第 408 页。

木,不见森林";"每只鸟都有自己的飞法";"哪个徽章没有反面呢";"无中不能生有";等等。马克思在《资本论》第2卷(第Ⅱ稿)中曾用"每只鸟都有自己的飞法"这句俗语来比喻每个资本家都有自己的活法。马克思在论述流通费用时设计了一场对白,场景是在棉纱交易市场,出场的人物一个是生产棉纱的资本家A,另一个是要买棉纱去织布的资本家B。当交易达成之后,资本家A"脸上顿时露出笑意并显出一付非常狡猾的神态"。他郑重其事地宣称:"我在这笔交易上损失了两小时,只有天晓得这段时间在工厂里会发生什么事情。此外,我在这两小时中花费了我宝贵的精力,特别是我的唇舌。因此你必须在600镑棉纱的价值之外,对我卖东西的这段时间追加报酬。"资本家B"脸上露出魔鬼靡非斯托斐勒司的表情",他嚷道:"追加报酬?我在购买商品时损失的时间和你在出卖商品时损失的时间一样多。如果你不是用滑稽可笑的企图欺骗我,我们五分钟就能达成协议。老实说,为此你必须给我补偿购买时间的损失,应当从600镑中扣除。再说,朋友,我们彼此都很了解。每只鸟都有自己的飞法。虽然你的信仰比你的棉纱更牢固,但是你即使在天堂里也会为你的事业绞脑汁。"①马克思让资本家B所说的话很明显是取材于《浮士德》中魔鬼靡非斯托斐勒司对浮士德的评价。靡非斯托斐勒司说,人这种"世界小神",总是"本性难改"。② 而浮士德作为其中的代表,"野心勃勃,老是驰骛远方,也一半明白到自己的狂妄;他要索取天上最美丽的星辰,又要求地上极端的放浪,不管是在人间或天上,总不能满足他深深激动的心肠"。③ 浮士德对靡非斯托斐勒司说,"你了解我的心情和精神";而靡非斯托斐勒司也对浮士德说,"你对恶魔颇能了解"。④ 这正像资本家B所说的,"我们彼此都很了解",但是又各有各的追求,"每只鸟都有自己的飞法"。马克思设计这场精彩的对白意在表明,资本家和资本家之间的斗智斗勇,是"狡猾和狡猾""海盗和海盗"之间的较量,他们所费的脑筋和口舌,"脑子、肌肉和心灵的各种运动",都是非生产性的,不仅不创造剩余价值,反而增加了交易费用,正所谓"海盗相残,一事无成"。⑤

---

① 《马克思恩格斯全集》第50卷,人民出版社1985年版,第61页。
② [德]歌德:《浮士德》,钱春绮译,上海译文出版社2013年版,第4页。
③ [德]歌德:《浮士德》,董问樵译,复旦大学出版社2001年版,第16~17页。
④ [德]歌德:《浮士德》,钱春绮译,上海译文出版社2013年版,第223、326页。
⑤ 参见《马克思恩格斯全集》第50卷,人民出版社1985年版,第10页。

第九节 原理事理喻体

除了用各种事物作喻体之外,马克思还曾用各种原理和事理来设喻。这类喻体主要用于"理喻"和"讽喻"的用法,也有用于其他形式的比喻的。

一、科学原理类喻体

马克思经常用科学原理来设喻。这类喻体主要包括:"一块磁铁的阳极同阴极分不开";"一物在视神经中留下的光的印象,不是表现为视神经本身的主观兴奋,而是表现为眼睛外面的物的客观形式";"空气形态在科学把空气分解为各种元素之后,仍然作为一种物理的物态继续存在";"房屋倒在人的头上时重力定律强制地为自己开辟道路";"一定的化学过程固然需要蒸馏器及其他容器,但这并不妨碍我们在分析时把蒸馏器本身抽去";"一条直线作为三角形底边或椭圆直径并不改变它本身的性质和长短";"一种杠杆可能比另一种杠杆更好地克服静止的物质的阻力。但是,每种杠杆都是以阻力始终存在这一点为依据的";等等。比如,马克思在《资本论》第1卷中曾用"重力定律"来比喻价值规律,也就是商品的价值由社会必要劳动时间决定这个规律。他说:"在私人劳动产品的偶然的不断变动的交换比例中,生产这些产品的社会必要劳动时间作为起调节作用的自然规律强制地为自己开辟道路,就像房屋倒在人的头上时重力定律强制地为自己开辟道路一样。"①马克思用"房屋倒在人的头上时重力定律强制地为自己开辟道路"来比喻"生产这些产品的社会必要劳动时间作为起调节作用的自然规律强制地为自己开辟道路"。这个比喻很有可能是受了马克思所喜欢的伟大作家莎士比亚的影响。莎士比亚在《特洛伊罗斯与克瑞西达》中借克瑞西达之口说:"时间、武力、死亡,尽你们把我的身体怎样摧残吧,可是我的爱情的基础,是这样坚固,就像吸引万物的地心,永远不会动摇的。"②马克思用重力定律来比喻价值规律,莎士比亚用重力定律来比喻爱情,这种用目力所不能及的科学规律来设喻的现象似乎并不符合中国传统的审美习惯,与中国人所强调的"意象之美"格格不入,但在西方文化中却非常普遍。这可能是中西文化差异的一种反映。

---

① 《马克思恩格斯文集》第5卷,人民出版社2009年版,第92页。
② [英]莎士比亚:《莎士比亚全集》第4卷,朱生豪等译,人民文学出版社1994年版,第328页。

二、日常道理类喻体

这类喻体主要包括:"在科学上没有平坦的大道,只有不畏劳苦沿着陡峭山路攀登的人,才有希望达到光辉的顶点";"穿上镶金边的上衣比不穿这种上衣多一层意义";"给船装货和装货单是两回事";"说人平均活 30 年时已经把洗脸洗澡也考虑在内";"驿站始终客满,但始终都是新的旅客";"血液涌向头部引起中风并不是血液循环的内在因素";"梨树的属性是结梨子";"饥饿总是饥饿,但是用刀叉吃熟肉来解除的饥饿不同于用手、指甲和牙齿啃生肉来解除的饥饿";"一个成人不能再变成儿童,否则就变得稚气了";"颜料和大理石的物理性质没有超出绘画和雕刻的范围";"假如我们想知道什么东西对狗有用,我们就必须探究狗的本性";等等。比如,马克思在《资本论》第 1 卷曾用"假如我们想知道什么东西对狗有用,我们就必须探究狗的本性"这个道理,来比喻"假如我们想知道什么东西对人有'效用',我们就必须探究人的本性及其历史变迁"。马克思这个比喻是为了批判耶利米·边沁(Jeremy Bentham)抽象的人性论和关于"效用原则"的庸俗教条,进而批判其所谓"劳动基金"这个"非常狡猾的手法"。马克思说:"假如我们想知道什么东西对狗有用,我们就必须探究狗的本性。这种本性本身是不能从'效用原则'中虚构出来的。如果我们想把这一原则运用到人身上来,想根据效用原则来评价人的一切行为、运动和关系等等,就首先要研究人的一般本性,然后要研究在每个时代历史地发生了变化的人的本性。但是边沁不管这些。他幼稚而乏味地把现代的市侩,特别是英国的市侩说成是标准人。凡是对这种古怪的标准人和他的世界有用的东西,本身就是有用的。他还用这种尺度来评价过去、现在和将来。"①按照边沁的理论,人性是千古不变的,资产阶级的"效用原则"是千古不变的,用来给工人发工资的所谓"劳动基金"的价值总额是"上帝和自然强行规定的",自然也应该是固定不变的,工人不能指望靠牺牲富人的"收入"和"享乐"来扩大所谓"劳动基金",如此等等。

第十节 事件状态喻体

一、事情类喻体

这里的事情指的是和人有关的事情。事情类喻体和典故类喻体都是用

---

① 《马克思恩格斯文集》第 5 卷,人民出版社 2009 年版,第 704 页。

"事儿"作喻体,不同的是,典故中的"事儿"比较经典,家喻户晓,寓意也相对固定,而事情类喻体中的"事儿"比较日常,寓意也并不固定。马克思使用过的事情类喻体主要包括:"晚秋晴日使人想起春天";"拿一张五镑银行券同地球的直径相比较";"设想能够把一切天主教徒都变成教皇";"废除教皇而保存天主教";"作为圣父同作为圣子的自身区别开来";"基督教没有从天主教的基础上解放出来";"死亡统计表的一方是疾病,另一方是死亡事件,而出生情况却被忘记了";"一个农民把做面包的生面团烧掉";"给机轮上油";"给蒸汽机添煤加水";"到驿站换马";等等。比如,马克思在《资本论》1872年第2版跋中曾用"晚秋晴日使人想起春天"这件很普通的事情来设喻。他说:"这个时期英国的政治经济学文献,使人想起魁奈医生逝世后法国经济学的狂飙时期,但这只是像晚秋晴日使人想起春天一样。"①马克思将"这个时期英国的政治经济学文献"比作"晚秋晴日",意在表明这个时期就像是回光返照,它很快就要结束了,就像晚秋晴日迎来的不是春天而是寒冬一样。马克思将"魁奈医生逝世后法国经济学的狂飙时期"比作"春天",意在强调"狂飙时期"春意盎然的热闹场景。文中的"狂飙时期"指的是法国重农学派的创始人魁奈医生逝世后,法国经济学界掀起的关于魁奈学说的热闹大论争时期。文中提到的"这个时期"指的是英国古典经济学的最后一位代表大卫·李嘉图(David Ricardo)死后,英国经济学经历的一个类似于法国经济学在弗朗斯瓦·魁奈(Francois Quesnay)逝世后所经历的那样一个狂飙时期。但是,随着"资产阶级在法国和英国夺得了政权",资产阶级的政治经济学就开始庸俗化了,"从那时起,阶级斗争在实践方面和理论方面采取了日益鲜明的和带有威胁性的形式。它敲响了科学的资产阶级经济学的丧钟。现在问题不再是这个或那个原理是否正确,而是它对资本有利还是有害,方便还是不方便,违背警章还是不违背警章。无私的研究让位于豢养的文丐的争斗,不偏不倚的科学探讨让位于辩护士的坏心恶意"②。

二、动作过程作喻体

这类喻体主要包括:脱皮、蜕皮、放血、出汗、磨损、发酵、造形活动、燃烧劳动、春蚕吐丝、蜜蜂采蜜、龙虾脱壳、蜗牛爬行、失血而死、马消费草、工人消费食物、蒸汽机消费煤、轮子消费油、猿发展为人、黑格尔的"概念"实现

---

① 《马克思恩格斯文集》第5卷,人民出版社2009年版,第17页。
② 《马克思恩格斯文集》第5卷,人民出版社2009年版,第17页。

由必然到自由的过渡、惊险的跳跃、在温室里成长起来、燃料被投入火中、从不同的人种直接过渡到银行家、从自然直接过渡到蒸汽机、有机体中发生的这种变换、右手拿出左手拿进等。比如，马克思在 1857～1858 年经济学手稿中曾用"燃料被投入火中"这个过程来比喻"商品必须不断地从外面重新投入流通"。他说："商品必须不断地从外面重新投入流通，就像燃料被投入火中一样。否则，流通就会无所作为而消失。"①这个比喻的"喻解"也就是本体和喻体之间的相似性至少有三个：其一，商品先于流通而存在，就像燃料先于火而存在一样；其二，流通必须不断有商品投入才能延续，就像火必须不断有燃料投入才能不灭一样；其三，流通不过是商品交换过程的表面现象，就像火不过是化学燃烧过程的表面现象一样。还比如，马克思在《资本论》第 1 卷中非常形象地将货币比作"汗"，将作为流通手段的货币"不断地沉淀在商品空出来的流通位置上"比作"出汗"，也就是"流通不断地把货币像汗一样渗出来"。②

三、状态或结果作喻体

也就是用某种特定状态和结果来作喻体。这类喻体主要包括：着了魔；鱼在水中；睡眠状态；鱼再一次落网了；小鱼为鲨鱼所吞掉；羊为交易所的狼所吞掉；等等。比如，马克思在《资本论》第 3 卷中曾用"鱼在水中"的状态，来比喻约翰·卡尔·洛贝尔图斯（J. K. Rodbertus）等庸俗经济学家出于阶级偏见对自己理论的荒谬浑然不知。马克思说："他们已经习惯于在这种关系内活动，所以他们一点也不觉得其中有什么别扭的地方。一个完全的矛盾，对他们来说决不是什么神秘的东西。他们对于那些没有内在联系并且孤立地看是荒唐的表现形式感到如此自在，就像鱼在水中一样。"③马克思是在论述洛贝尔图斯想当然地"把货币地租对一定量土地的比率"看作是古典经济学在研究地租增减时的一般前提这个荒谬看法时说这番话的。这个比喻意在讽刺洛贝尔图斯提出了一个自相矛盾的概念，却并不觉得有什么不妥，反而觉得如鱼在水中一样自由。洛贝尔图斯和他的信徒们这些吃惯了折中主义残羹剩汁的庸俗经济学家并不觉得自己的"完全的矛盾"有什么不妥，他们已经久入鲍肆而不闻其臭了，反而觉得如鱼在水中一样自由。这些庸俗经济学家就像恩格斯在《德国状况》一文中所揭示的德国资产阶级那样，他们知道，"德国只不过是一个粪堆。但是他们处在这个粪堆

---

① 《马克思恩格斯全集》第 30 卷，人民出版社 1995 年版，第 210 页。
② 参见《马克思恩格斯文集》第 5 卷，人民出版社 2009 年版，第 134 页。
③ 《马克思恩格斯文集》第 7 卷，人民出版社 2009 年版，第 881 页。

中却很舒服,因为他们本身就是粪,周围的粪使他们感到很温暖"①。马克思认为,庸俗经济学出于为资本主义辩护的目的,对于普通人习以为常的观念,哪怕是荒谬的观念,也要说成是不言自明的,甚至是合情合理的、生来注定的。于是他们把土地这个"没有价值的使用价值"和地租这个"交换价值"设定在一种比例关系上,将自然物和社会关系设定在一种比例关系上,让两个不能通约的量互相保持一种比例,就不足为奇了。马克思不无讽刺地说:"对庸俗经济学家来说,只要他达到了这种不能通约的关系,一切就都清楚了,他就不感到还有进一步深思的必要了。因为,他正好达到了资产阶级观念上的'合理'了。"②只要是能为资本主义制度作辩护,庸俗经济学就不管什么能不能通约的问题了,黑的也要说成白的,荒谬的也要说成合理的。他们就是这样用一个把资本主义看成是最美好世界的白日梦代替了"爱好真理和致力于科学研究的一切必要",谁要是敢把他们吵醒,他们就召唤出"复仇女神"跟他拼命。

---

① 《马克思恩格斯全集》第 2 卷,人民出版社 1957 年版,第 633 页。
② 《马克思恩格斯文集》第 7 卷,人民出版社 2009 年版,第 926 页。

第三章 《资本论》比喻的表现形式

上一章我们以喻体为经、以思想为纬编织了一幅《资本论》比喻的瑰丽画卷。本章我们将以比喻形式为经、以思想内涵为纬,再编织一幅不同的画卷,也就是按照汉语修辞学中比喻形式的划分标准对《资本论》中的大量比喻进行梳理和展示,并在此框架下对其中的典型比喻进行阐释,从而既能使修辞学者理解《资本论》中精彩比喻的深刻内涵,引导他们跳出文学圈子,将修辞学触角更多地向马克思主义经典著作延伸;同时也能使马克思主义理论工作者丰富对《资本论》各种比喻形式的认识,从而更精准地理解马克思的思想,避免出现因对比喻形式的不了解而误解马克思的情况。当然,由于本书所有比喻形式的划分都是针对中文译文进行的,而翻译中不可避免地存在对原文比喻形式的变换,因此本书比喻形式的归类可能会与原文中的比喻形式存在差异。另外,绝大部分的比喻形式都可以划归到三种基本的比喻形式之内,而且有些比喻还可以同时属于多种比喻形式,还有些形式是其他多种形式的组合。所以,本章关于比喻形式的划分,如前所述,只具有相对的意义。但是为了尽可能地展示《资本论》比喻的丰富形式,我们姑且按照汉语修辞学的标准对这些比喻进行分类,并将其像工具书中通行的做法那样并列展示。

第一节 基 本 形 式

一、明 喻

明喻是最常见的一种比喻形式,是比喻的三种基本形式之一。由于本体、喻体、喻词都出现,喻词常用"像、好像、就像、似、似的、式的、般的、如、正如"等具有明显比喻意味的词,故称明喻。比如,马克思在其博士论文中所说的"慈父般的朋友""真理像光一样""这些大部头著作……的外观就像哥特式建筑一样",①恩格斯在《反杜林论》中所说的"人们就像处在蜂群之中那样处在种种假说之中""某物小得像数学上的微分一样""这些神谕式

---

① 《马克思恩格斯全集》第1卷,人民出版社1995年版,第9、110、142页。

的空话",①都是明喻用法。

在《资本论》及手稿中,明喻也是使用总量最多的比喻形式之一。比如,马克思在《资本论》第 1 卷中曾用一个明喻的形式将货币贮藏者比作"息息法斯",将货币贮藏者不断地从事贮藏货币的活动比作"息息法斯式的积累劳动"。他说:"货币的这种量的有限性和质的无限性之间的矛盾,迫使货币贮藏者不断地从事息息法斯式的积累劳动。"②息息法斯(Sisyphus,又译为"西绪福斯"或"西西弗斯")是古希腊神话中的人物。他死后被判服苦役,把巨大的圆石推上山顶,而每当他把石头推到山顶时,众神就使石块滚落到山下,如此不断重复,永无尽期。这种无效、无望、无休止的劳动就是所谓"息息法斯式的工作",是传说中冥界的五大严厉惩罚之一。马克思这个比喻意在表明这种不知劳苦的积累永无止境。他说:"贮藏货币的欲望按其本性是没有止境的。""货币贮藏者为了金偶像而牺牲自己的肉体享受。他虔诚地信奉禁欲的福音书。……勤劳、节俭、吝啬就成了他的主要美德。多卖少买就是他的全部政治经济学。"③

除此之外,马克思在《资本论》及手稿中用"基督徒的羊性"来比喻商品价值,用"重力定律"比喻价值规律,用"鹿渴求清水"比喻有产者渴求货币,用"流水"比喻货币迅速流通和商品形式快速变换的状态,用"晚秋晴日"比喻魁奈逝世后法国经济学的狂飙时期,用"图书目录"比喻凯里其人,用"燃料被投入火中"比喻"商品必须不断地从外面重新投入流通",用"甘草"比喻庸俗经济学家们用来欺骗工人的甜言蜜语,用"蜗牛和它的甲壳"的关系来比喻工人和他的生产资料的关系等比喻,也都是明喻用法。

二、暗　喻

暗喻是比喻的三种基本形式之一,本体、喻体、喻词都出现,其典型格式为"甲是乙"。喻词常用"是、变成、成了、成为、化作"等,有时也用破折号、冒号或逗号来代替。马克思在其博士论文中所说的"这些体系是理解希腊哲学的真正历史的钥匙""愚昧和迷信也就是狄坦神族",在《第六届莱茵省议会的辩论(第一篇论文)》中所说的"法典就是人民自由的圣经"④,在《1848 年至 1850 年的法兰西阶级斗争》一书中所说的"农民的所有权是资

①　《马克思恩格斯选集》第 3 卷,人民出版社 2012 年版,第 464、431、437 页。
②　《马克思恩格斯文集》第 5 卷,人民出版社 2009 年版,第 156 页。
③　《马克思恩格斯文集》第 5 卷,人民出版社 2009 年版,第 156、157 页。
④　《马克思恩格斯全集》第 1 卷,人民出版社 1995 年版,第 11、57、176 页。

本迄今为止用来支配农民的一种符咒""革命是历史的火车头"①等等,都是经典的暗喻用法。

暗喻是《资本论》及手稿中使用数量最多的比喻形式之一。这些暗喻有的是用来解释概念,有的是用来提出论断。比如,马克思在 1861～1863 年经济学手稿中曾将印刷术比作对精神发展创造必要前提的"最强大的杠杆",就是用暗喻作出的重要论断,以强调印刷术对社会进步的重大推动作用。② 马克思在经济学手稿中论述资本主义生产方式对自然力和科学的广泛应用时,详细分析了机器的产生和发展过程以及它对社会关系产生的重大影响,指出科学的应用、机器的发明必然引起生产方式的改变,从而引起生产关系和社会关系的改变,最终会引起工人生活方式的改变。马克思认为,火药、指南针、印刷术等发明为瓦解封建制度起到了革命的作用,也为机器大生产创造了条件,做好了准备,"是资产阶级发展的必要前提"③。马克思还称这些发明为手工业时期的"最伟大的发明"。特别是对于印刷术的发明,马克思对其进行了比其他发明更多的评价,说它不仅"变成新教的工具",还是"科学复兴的手段"和"对精神发展创造必要前提的最强大的杠杆"④。

除此之外,马克思在《资本论》及手稿中将商品比作"细胞",将商品崇拜比作"拜物教",将劳动比作"造形的火",将工人比作"酵母",将约翰·瓦茨(John Watts)的《工会和罢工。机器和合作社》一书比作"臭水坑",将威廉·尤尔特·格莱斯顿(W. E. Gladstone)的演说比作"平达式的赞歌",将暴力比作"助产婆",将工人阶级的觉悟比作为资本主义生产方式送葬的"丧钟",将土地所有者比作"无用的赘疣",将竞争和信用比作资本积累的"最强大的杠杆"等比喻,也都是经典的暗喻用法。

三、借　喻

借喻也是比喻的三种基本形式之一。这是一种本体、喻词都不出现,直接用喻体代替本体的一种比喻形式。借喻的本体和喻体的关系较明喻、暗喻更为密切。喻体代表什么本体,要结合特定语境加以体会。比如,马克思在《约翰·罗素勋爵》一文中说:"人民从经验中知道,辉格党人答应给面

---

① 《马克思恩格斯文集》第 2 卷,人民出版社 2009 年版,第 160、161 页。
② 参见《马克思恩格斯全集》第 37 卷,人民出版社 2019 年版,第 50 页。
③ 见《马克思恩格斯文集》第 10 卷,人民出版社 2009 年版,第 200 页。
④ 《马克思恩格斯文集》第 8 卷,人民出版社 2009 年版,第 338 页。

包,而拿出来的却是石头。"①这里的"石头"就是借喻的用法,结合语境我们知道,这个"石头"是用来比喻辉格党人将人民对美好生活的愿望"化为乌有"的骗人把戏。

《资本论》及手稿中使用的借喻数量非常多,仅次于暗喻和明喻。比如,马克思在《资本论》第1卷中曾将货币比作物的"神经"。他说:"随着商品生产的进一步发展,每一个商品生产者都必须握有这个物的神经,这个'社会的抵押品'。"②这个比喻意在表明:由于货币作为商品流通手段的重要职能,每一个商品生产者自然而然就产生了"求金欲"和"贮藏货币的欲望"。马克思还引用哥伦布1503年寄自牙买加的信中的话说:"金真是一个奇妙的东西!谁有了它,谁就成为他想要的一切东西的主人。有了金,甚至可以使灵魂升入天堂。"③除此之外,马克思将社会从一个发展阶段迈向另一个发展阶段比作"分娩",将商品转化为货币的过程比作"蛹化",将货币转化为资本的过程比作"羽化",将梯也尔为所有权所作的乏味的辩护比作"儿童故事",将反对自由的科学研究的阶级敌人比作"复仇女神",将折磨工人的资本家比作"毒蛇",将资本比作"摩洛赫",将过分乐观的、极其美好的笔调比作"玫瑰色",将国家制度和意识形态比作"上层建筑",将亚当·斯密的论证手法比作"从本丢推给彼拉多",将马蒂诺的庸俗经济学比作"儿童读物"等,也都是经典的借喻用法。

第二节　变　化　形　式

除了明喻、暗喻、借喻这三种比喻的基本形式之外,《资本论》及手稿中还使用了一些变化形式的比喻,如补喻、倒喻、否喻、扩喻、缩喻和引喻等。

一、补　喻

补喻是本体在前,喻体在后,先用陈述性文字说明本体,后用喻体进行

① 《马克思恩格斯全集》第11卷,人民出版社1962年版,第449页。
② 《马克思恩格斯文集》第5卷,人民出版社2009年版,第154页。文中"货币是一种抵押品"这个论断是英国经济学家约翰·贝勒斯(John Bellers)在《论贫民、工业、贸易、殖民地和道德堕落》一书中提出来的。贝勒斯强调劳动对财富形成的意义,曾提出过"穷人的劳动,就是富人的富源","劳动对于身体健康犹如吃饭对于生命那样必要","筋肉的劳动,是原始的神的制度——生命的灯,依劳动而加油,思想就是将油点用"等深刻论断,马克思称其为"政治经济学史上一个真正非凡的人物"。
③ 《马克思恩格斯文集》第5卷,人民出版社2009年版,第155页。

补充说明的一种比喻形式。① 补喻中的本体和喻体都以独立的句子形式出现，中间用分号或句号分开，一般不用比喻词来连接。因此，补喻实际上是一种省略形式的暗喻。比如，马克思为了捍卫出版自由，曾在《第六届莱茵省议会的辩论（第一篇论文）》中使用了一个关于"玫瑰花"的补喻。他说："不容忍自由报刊上那些令人不快的东西，也就不可能利用它的长处。不要玫瑰的刺，就采不了玫瑰花！"②这个补喻共两句话，第一句是本体，第二句是喻体，中间用句号隔开。这个补喻形象地揭露了普鲁士书报检查制度的荒谬。

马克思在《资本论》及手稿中曾经使用多个补喻，比如，马克思在《资本论》第 1 卷中说："只是过了几个世纪以后，'自由'工人由于资本主义生产方式的发展，才自愿地，也就是说，才在社会条件的逼迫下，按照自己的日常生活资料的价格出卖自己一生的全部能动时间，出卖自己的劳动能力本身，为了一碗红豆汤出卖自己的长子继承权。"③"为了一碗红豆汤出卖自己的长子继承权"出自《圣经》，讲的是以撒的儿子以扫为了一碗红豆汤将自己的长子继承权出让给弟弟雅各的故事。④ 马克思在《资本论》第 1 卷"工作日"这一章里，将工人"出卖自己的劳动能力本身"比作"为了一碗红豆汤出卖自己的长子继承权"，意在强调工人出卖自己的劳动能力并非自愿，而是"在社会条件的逼迫下"为了生存不得已而为之。资本家肆无忌惮地增加工人的劳动时间，工人则陷入了任由资本家宰割的悲惨境地。马克思在1857~1858 年经济学手稿"资本章"中就曾使用过这个比喻。⑤ 与"工作日"章的设喻目的不同，手稿"资本章"的这个比喻意在强调"工人通过这种交换不可能致富"，只会越来越穷。工人放弃"长子继承权"就等于"放弃一切劳动成果"，就意味着"劳动和劳动产品所有权的分离，劳动和财富的分离"。马克思在 1861~1863 年经济学手稿中论述价格和价值的不一致时也曾提到这个比喻。他说："虚假的誓言可以有价格，虽然它并没有任何价值。……一切东西**可以**用一切东西来交换，长子继承权可以用一碗红豆汤来交换。"⑥这个比喻用法和前两个不同，不再用"为了一碗红豆汤出卖自己的长子继承权"来比喻工人为了生存出卖自己的劳动力，而是用来比喻"虚

① 参见谭学纯等编著：《汉语修辞格大辞典》，上海辞书出版社 2010 年版，第 18 页。
② 《马克思恩格斯全集》第 1 卷，人民出版社 1995 年版，第 179 页。
③ 《马克思恩格斯文集》第 5 卷，人民出版社 2009 年版，第 312~313 页。
④ 参见石坚等主编：《圣经文学文化词典》，四川大学出版社 2003 年版，第 379 页。
⑤ 参见《马克思恩格斯全集》第 30 卷，人民出版社 1995 年版，第 266 页。
⑥ 《马克思恩格斯全集》第 37 卷，人民出版社 2019 年版，第 306 页。

假的誓言"等毫无价值的东西也可以和货真价实的东西来交换。虽然马克思更换了比喻的本体,但这几个比喻的喻义都是为了强调交换的不等值性。

马克思的补喻用法中的喻体基本上都是各类典故。上文中提到的补喻是个《圣经》典故,除此之外,本书其他地方提到的"死人抓住活人"也是个《圣经》典故,"巴黎确实值一次弥撒"则是个关于亨利四世的历史典故,"这里是罗陀斯"是《伊索寓言》中的文学典故,"他的胸中有两个灵魂"是歌德《浮士德》中的文学典故,等等。

二、倒　　喻

倒喻又称逆喻,是本体与喻体位置颠倒,先出现喻体、后出现本体的比喻形式。① 这种颠倒只是对明喻和暗喻而言,对于借喻来说无所谓颠倒,因为借喻的本体本来就不出现。另外,倒喻只是颠倒了本体和喻体出现的顺序,并不改变这个比喻原来所属的基本形式。也就是说,倒喻必然同时是明喻或暗喻。比如,马克思在《战争问题。——议会动态。——印度》一文中说:"像把骨头扔给狗一样,俄国把许多照会扔给了西方外交家,唯一的目的就是让他们作无害的消遣,而保证自己进一步赢得时间。"②这个倒喻本身就是个明喻。

马克思在《资本论》及手稿中也曾使用多个倒喻。比如,马克思在1857~1858年经济学手稿中为了揭露货币的拜物教性质,曾用"上帝"比喻货币。他说:"正如在上帝面前人人平等一样,在货币面前不存在'不能估价、不能抵押或转让的','处于人类商业之外的','谁也不能占有的','神圣的'和'宗教的东西'。"③这就是一个典型的倒喻用法。"上帝面前人人平等"是16世纪德国宗教改革运动的发起人马丁·路德提出的用来反对罗马天主教会的一个著名口号,也是新兴资产阶级用来反对封建等级制度的一面旗帜。马克思用上帝比喻货币,意在表明货币俨然成了"商品中的上帝",也成了人类顶礼膜拜的对象,甚至连中世纪的罗马教会也成了"货币的主要布道者"。这个比喻的相似点至少有以下三个方面:首先是形式上的平等性相似。"货币面前人人平等",就像"上帝面前人人平等"一样,是一种形式上的平等。马克思揭示说,货币是一般等价物,是一般购买力,货币可买万物,"任何东西都是可以让渡的"。正因为如此,货币成了商品世界中的"统治者和上帝",代表商品的"天上的存在",具有"哲人之石"一

---

① 参见谭学纯等编著:《汉语修辞格大辞典》,上海辞书出版社2010年版,第36页。
② 《马克思恩格斯全集》第12卷,人民出版社1998年版,第236页。
③ 《马克思恩格斯全集》第31卷,人民出版社1998年版,第252页。

般的魔力。其次,这种平等的虚假性质相似。所谓"上帝面前人人平等",不过是新兴资产阶级反对封建制度的一个口号而已,是统治阶级用来麻痹人民的一个工具而已。而实际上,这种超阶级的平等从来就不存在,就像费尔巴哈所说的,"异教徒和基督徒在上帝面前的平等,乃是空谈"①。何况上帝本身,按照尼采的说法,不过是一个"用来反对'生命'的概念"②而已。同样,"货币面前人人平等"也只是一种资本主义生产方式下的虚假现象,它用形式上的平等掩盖了事实上的不平等,掩盖了剩余价值的产生和劳动的异化,掩盖了资本对劳动、资本家对工人的奴役关系,掩盖了阶级对立。实际上,作为资本的货币本质上就是以物为媒介并在物的掩盖下的奴役关系,就像宗教不过是以神为媒介并在神的掩盖下的奴役关系一样。最后,二者的积极意义相似。两种平等虽然都是形式上的虚假的平等,但也不是完全没有积极意义。"上帝面前人人平等"冲破了封建等级制度的牢笼,为资本主义的发展奠定了思想基础,在一定程度上促进了人的思想解放。同样,"货币面前人人平等"消融了等级特权,消除了人身依附,使阶级关系变得日趋简单,从而也为最终消灭阶级奠定了基础。

除此之外,马克思将物质基础比作"社会组织的骨骼",将巴师夏的《经济的和谐》比作"神正论",将"避免把货币花在医生或律师的服务上"比作"避开瘟疫",将资本流通比作"血液循环",等等,都是倒喻用法。

三、否　喻

否喻是对喻体的否定而构成的一种比喻形式,又称反喻、非喻。③ 否喻的本体和喻体之间是一种否定关系。否喻常用的比喻词有"非""匪""不若""不像""不是""不应当成为"等。否喻可以同时是明喻或者暗喻。以"不像""不若"等为比喻词的否喻,表明它是一个明喻的否定形式。比如,马克思在《〈科隆日报〉第179号的社论》中说:"哲学家并不像蘑菇那样是从地里冒出来的,他们是自己的时代、自己的人民的产物。"④这个比喻就是对"哲学家像蘑菇"这个明喻的否定。以"不是""不再是"或"不应当成为"等为比喻词的否喻,表明它是一个暗喻的否定形式。比如,马克思在《普鲁士现状。——普鲁士、法国和意大利》一文中说:"意大利南部的革命战争,

① ［德］费尔巴哈:《基督教的本质》,荣震华译,商务印书馆2017年版,第321页。
② ［德］尼采:《看哪这人》,张念东、凌素心译,中央编译出版社2000年版,第110页。
③ 参见谭学纯等编著:《汉语修辞格大辞典》,上海辞书出版社2010年版,第90页。
④ 《马克思恩格斯全集》第1卷,人民出版社1995年版,第219页。

在土伊勒里宫看来,不是偶然滚下来的一次雪崩"①。这个比喻就是对"意大利南部的革命战争是偶然滚下来的一次雪崩"这个暗喻的否定。

马克思在《资本论》及手稿中也曾使用多个否喻用法。比如,马克思在《资本论》(1863～1865年手稿)中说:"这个简单的手法并不是魔术,但是它构成了庸俗经济学的全部智慧。"②"庸俗经济学"这个概念是马克思在1861～1863年的经济学手稿中首次提出来的,是与"古典政治经济学"相对立的一个概念,是资产阶级经济学继古典政治经济学之后的一种新的表现形式。恩格斯曾经说,马克思"极其恰当地称之为'**庸俗经济学**'的经济学"是"与它的古典的先驱者(到李嘉图和西斯蒙第止)对立起来"③的经济学。资产阶级古典政治经济学向资产阶级庸俗经济学的蜕变是社会主要矛盾由工业资产阶级和土地贵族之间的矛盾向资产阶级和无产阶级之间的矛盾转化在经济学上的理论表现。庸俗经济学的方法论是折中主义的,出发点和最终目的是通过调和阶级矛盾维护资产阶级的统治地位。其旨趣已经不再是对"资产阶级生产关系的内部联系"进行科学的研究,而是"在表面的联系内兜圈子",玩弄把戏,粉饰太平,掩盖资本主义的剥削关系。当然,古典政治经济学也有其庸俗性,只是其庸俗性并不是主要方面。而对庸俗经济学来说,庸俗性是其主要方面,科学性是次要方面。文中"这个简单的手法"指的是庸俗经济学家将货币到资本转化中的第一个阶段即劳动能力的买卖过程孤立起来,以证明"资本家和工人之间的关系无非是商品占有者之间为了他们彼此的利益和通过自由契约来互相交换货币和商品的关系"④的手法。我们知道,资本家要赚钱就需要把他们手中的货币转化为资本,转化为可以增殖的货币。因此,资本家就要通过开办工厂等"劳动"来实现自己的目的,他们除了需要购买厂房、机器、原材料等劳动材料和劳动资料以外,还需要购买劳动力。马克思认为,从货币到资本的转化分为两个独立的、属于完全不同领域的、彼此分离的过程。劳动力的买卖就是货币要转化为资本的第一个过程,这是一个等价交换过程,也就是工人挣的工资等于劳动力的价值。但问题的关键在于第二个过程,也就是劳动力的使用过程。这个过程与第一个过程是彼此分离的,就像我们从超市里买一袋切片面包,结账之后交易就结束了,买回来之后我们是一天吃一片还是一天吃两片,与面包的买卖过程已经没有关系了。但是,工人的劳动能力这种特殊的

---

①　《马克思恩格斯全集》第15卷,人民出版社1963年版,第197页。
②　《马克思恩格斯全集》第38卷,人民出版社2019年版,第88页。
③　《马克思恩格斯全集》第21卷,人民出版社2003年版,第305页。
④　《马克思恩格斯全集》第38卷,人民出版社2019年版,第88页。

商品并不是面包,它是一种能够生产剩余价值的商品。因此,劳动能力的使用不同于面包的使用,它除了自身的生命力的消耗之外(工资仅仅是对这种消耗的补偿),除了把凝结在劳动材料中的全部物化劳动和凝结在劳动资料中的部分物化劳动转移到新产品中去,还给这些产品加上了工人的活劳动,从而使资本家购买劳动资料和劳动材料的货币增殖了。对于增加的部分,资本家是无偿占有的,这中间没有交换,更谈不上等价交换了。资本家及其代言人庸俗经济学家自然是要想尽一切办法将第二个过程抹杀掉,以掩盖剥削的真相。马克思认为,庸俗经济学家的这种简单粗暴的伎俩连魔术都算不上,意在讽刺其所用手法的低劣。马克思在1861~1863年经济学手稿中就已经指出,对第二个过程也就是生产过程来说,第一个过程也就是"资本家和工人**单纯作为商品占有者**相互对立、作为买者和卖者彼此发生关系的那种最初的、形式上的交易"已经是过去的阶段了,而"一切庸俗经济学家,例如巴师夏,都只停留在这种最初的、形式上的交易上,其目的正是要用欺骗手法摆脱独特的[资本主义]关系"。① 只是当时马克思并没有使用"魔术"的比喻而已。

除了"不是魔术"这个比喻外,马克思在《资本论》及手稿中提出的"不是快嘴桂嫂""不是德奥古利""不是塞克洛普""不是百眼巨人"等比喻也都是经典的否喻用法。

四、扩 喻

扩喻是在喻体前后增加说明性文字,对喻体作进一步解释说明的一种比喻形式。② 如果不加说明,只看喻体,往往不能很好地理解比喻的含义。比如,战国时期告子所说的"性犹湍水也,决诸东方则东流,决诸西方则西流"③,就是这样一个比喻。告子将人性比作"湍水",但如果这个比喻仅止于"湍水",读者将不能正确理解其含义,或许会有人认为,告子是想说人性像"湍水"一样激烈和不可遏制。告子在"湍水"这个喻体后面加了"决诸东方则东流,决诸西方则西流"进行说明,我们才明白,原来告子是想说"性无善,无不善也"或曰"性可以为善,可以为不善"。

马克思在《资本论》及手稿中也曾使用过很多扩喻形式的比喻。比如,马克思在《资本论》第1卷中揭露资本的贪婪本性时曾说:"资本是死劳动,它像吸血鬼一样,只有吮吸活劳动才有生命,吮吸的活劳动越多,它的生命

---

① 《马克思恩格斯文集》第8卷,人民出版社2009年版,第412页。
② 参见谭学纯等编著:《汉语修辞格大辞典》,上海辞书出版社2010年版,第149页。
③ 《孟子·告子上》。

就越旺盛。"①在这个比喻中,马克思先是将资本比作"吸血鬼",然后对这个比喻进行了进一步的解释,说这个吸血鬼"只有吮吸活劳动才有生命,吮吸的活劳动越多,它的生命就越旺盛"。这个比喻形象地揭示了资本和资本家的贪婪。马克思认为,资本家作为人格化的资本,他的灵魂就是资本的灵魂,而资本只有一种生活本能,这就是增殖自身,创造剩余价值,用自己的不变部分即生产资料吮吸尽可能多的剩余劳动。马克思在《资本论》第1卷第五章"劳动过程和价值增殖过程"中就曾经将资本比作"有灵性的怪物"②。在这里,这个"有灵性的怪物"的形象更加具体化了,成了一个贪婪的、不知疲倦的"吸血鬼"。工人"'只要还有一块肉、一根筋、一滴血可供榨取',吸血鬼就决不罢休"③。这个比喻把资本比作"吸血鬼"的同时,也就把活劳动比作了"血液"。马克思在《资本论》第2卷(第Ⅱ稿)中也说:"资本主义生产过程同时是剥削劳动力的过程。……活劳动变为死劳动的血液。"④不仅如此,马克思还将劳动对象比作资本这个"吸血鬼"吮吸活劳动这个"血液"的"传导体",我们不妨将其理解为"吸管"。他说:"原料,总的来说劳动对象,只是用来**吸收**他人的劳动,劳动工具只是用做这个**吸收过程**的传导者,传导体。"⑤

除此之外,马克思将工人比作"在市场上出卖了自己的皮",将资本家所渴望的对工人不费分文的购买比作一个"数学意义上的极限",将劳动比作使资本发酵的"酵母",将货币贮藏比作"蓄水池",将资本主义生产比作"基督教",将资本比作"有机体"等比喻,也都是这样的扩喻用法。

五、缩　喻

缩喻是喻词不出现、本体和喻体以修饰或并列的形式出现的一种比喻形式,又称略喻、同位喻。⑥缩喻是一种十分常见的比喻形式,日常生活中比较常见的缩喻有:"人潮""理智的堤坝""痛苦的深渊""失望的阴云""改革的大潮"等。马克思和恩格斯都曾使用过非常多的缩喻,比如,"民主招牌""革命的洪流""资本的炼金炉""共产主义的幽灵""免职的达摩克里斯剑""资本主义制度的卡夫丁峡谷"等。同时,缩喻也是一种很容易被误解

---

① 《马克思恩格斯文集》第5卷,人民出版社2009年版,第269页。
② 参见《马克思恩格斯文集》第5卷,人民出版社2009年版,第227页。
③ 《马克思恩格斯文集》第5卷,人民出版社2009年版,第227、349页。
④ 《马克思恩格斯全集》第50卷,人民出版社1985年版,第25~26页。
⑤ 《马克思恩格斯全集》第38卷,人民出版社2019年版,第93页。
⑥ 参见谭学纯等编著:《汉语修辞格大辞典》,上海辞书出版社2010年版,第221页。

的比喻形式。比如,前文提到,有的马克思主义研究者认为马克思所说的"资本主义制度的卡夫丁峡谷"中的"卡夫丁峡谷"指的不可能是"资本主义制度",否则就是犯了"明显的同语反复的语法错误",这就是由于不熟悉"缩喻"这种比喻形式导致的对马克思的误读。

缩喻中的喻体可以在本体之前,也可以在本体之后,以在本体之后出现的缩喻居多。马克思在《资本论》及手稿中使用的缩喻中,"铁的必然性"是一个喻体在本体之前的缩喻用法,而"旧社会的胎胞""血和火的文字""高利贷的蜘蛛网"等都是喻体在本体之后的缩喻用法。比如,马克思在《资本论》第1卷中曾使用一个缩喻将资本比作"札格纳特车轮"。他说:"这些手段使工人的劳动条件变得恶劣,使工人在劳动过程中屈服于最卑鄙的可恶的专制,把工人的生活时间转化为劳动时间,并且把工人的妻子儿女都抛到资本的札格纳特车轮下。"①"札格纳特"(又译为"札格尔那特")是印度教的主神之一毗湿奴的化身。崇拜札格纳特的教派的特点是宗教仪式十分豪华,充满极端的宗教狂热,这种狂热表现为教徒的自我折磨和自我残害。黑格尔曾经在《历史哲学》一书中记载过这种狂热场面。② 马克思这个比喻意在揭露资本对工人的压榨就像装有毗湿奴神像的札格纳特车对信教群众的碾压一样,资本对工人的控制就像毗湿奴神对信教群众的控制一样。

六、引　喻

引喻与补喻正好相反,是喻体在前、本体在后,以喻体引出本体,二者之间形成并列平行关系的一种比喻形式。③ 本体和喻体通常是两个句子,且中间不用比喻词。比如,马克思在《脱离派的朋友们在下院。——美国的封锁被承认》一文中说:"Parturiunt montes! 从议会开幕的时候起,脱离派的英国朋友们就威胁着要就美国封锁问题提出'质询'。质询终于以十分平常的动议的形式在下院提出来了,……但是,甚至这样一项普通的动议也没有经过分组表决的手续就被否决了。"④这段话就是一个引喻,喻体就是第一句"大山分娩,生出个耗子"这个伊索寓言中的故事,马克思用其讽

---

① 《马克思恩格斯文集》第5卷,人民出版社2009年版,第743页。
② 黑格尔说:"在孟加拉湾上的奥理萨地方那个著名的札格尔那特庙中,举行一次宗教盛会,到会的有好几万印度人,毗湿奴的神像高高地供在一辆车里,大约有五百人推着车走,更有许多人自投在车轮前面而被辗成片段。整个海滩上就满布着这样自己牺牲自己的人的躯体。"参见[德]黑格尔:《历史哲学》,王造时译,上海书店出版社2006年版,第138~139页。
③ 参见谭学纯等编著:《汉语修辞格大辞典》,上海辞书出版社2010年版,第275页。
④ 《马克思恩格斯全集》第15卷,人民出版社1963年版,第509页。

喻"脱离派的英国朋友们"的一事无成,他们呻吟了半天,连只耗子也没生出来。

马克思在《资本论》及手稿中也曾使用多个引喻。同补喻一样,马克思所设引喻的喻体通常也是典故或谚语。比如,马克思1857~1858年经济学手稿曾用一句谚语设置引喻来讥讽蒲鲁东主义者达里蒙的形而上学的抽象方法。他说:"烧公鹅的调料,也是烧母鹅的调料。对五个月的连续对比得出的实际情况,同达里蒙先生对头尾两个月所作的对比得出的实际情况,是同样可信的。"①这个比喻的喻体"烧公鹅的调料,也是烧母鹅的调料"是一句英语谚语,意思是"不偏不倚,一视同仁"②。马克思用这句谚语来比喻达里蒙对"银行的金属储备"和"银行贴现的证券"所进行的"五个月的连续对比"和"头尾两个月所作的对比"使用的是同样的方法,得出的是"同样可信"的结论,就像用苹果酱不论是烧公鹅还是烧母鹅都会烧出同样的味道一样。当然,达里蒙的方法是"抽象"的、"孤立"的、"失去了任何意义"的方法,因此他所得出的结论也不过是"失去了任何意义"的"同义反复"而已。

用来作为引喻的喻体的也可能是一句讲道理的话,这样的引喻同时也是下文将要提到的另一种比喻形式——理喻。比如,马克思在1861~1863年经济学手稿中用"驿站总是客满,但始终都是不同的旅客"来比喻"市场始终充斥着商品,但始终是新的商品"。他说:"驿站总是客满,但始终都是不同的旅客。同样的商品(同一种商品)不断地在生产领域中被更新,出现在市场上并被消费掉。"③这个比喻既是一个引喻,也是一个理喻。这个比喻很容易理解,我们在日常生活中也会经常感受到。比如我们去超市采购,会发现每次去的时候货架上总是布满着琳琅满目的商品,似乎这些商品一直待在那里从来没有动过似的。其实,我们每次看到的都是不同批次的商品,就像古希腊哲学家赫拉克里特(Heraclitus)所说的,踏进同一条河流的人遇到的是不同的水流。④ 我们也可以说,两次踏进同一个超市的人,遇到的是不同批次的商品。正如河流里的水"分散又结合""接近又分离"一样,超市里的商品也是进进出出,并不常驻。马克思说:"**商品的停顿**……只是它生命过程中的一个很短暂的时刻。这种'财物世界','实物世界'的固定的、独立的存在只是一种表面现象。……如果中间阶段延长,以致新商品从

---

① 《马克思恩格斯全集》第30卷,人民出版社1995年版,第64页。
② 艾朝阳编著:《英语谚语词典》,湖南大学出版社2002年版,第467页。
③ 《马克思恩格斯全集》第35卷,人民出版社2013年版,第260页。
④ 参见汪子嵩等:《希腊哲学史》第1卷,人民出版社2014年版,第372页。

生产领域出来时,市场还是被旧商品占据着,那么就会产生停滞、阻塞;出现市场商品充斥,商品贬值;出现**生产过剩**。"①

第三节　特　别　形　式

所谓"特别形式"指的是比喻的三种基本形式中一些比较特殊的用法,这些用法既不是变化而来,也不是组合而来,而是由于使用了一些特别的喻体或者附加了一些特别的内容而来。比如,"讽喻"是由于使用故事这种特别的喻体来设喻而得名,"假喻"是因为在假设复句中使用比喻而得名,"较喻"是因为在比喻中添加了比较的成分而得名,"理喻"是由于使用道理这种特别的喻体来设喻而得名,"曲喻"是因为需要转几个弯才能理解而得名,等等。

一、讽　　喻

讽喻是把意思寄托在故事中或借用故事达到启发、教育、诱导、讽刺、谴责等目的的比喻形式,也叫事喻。② 用来进行讽喻的故事通常是寓言、童话、谚语、历史典故等,也可以是作者自编的故事。亚当·斯密认为,讽喻在所有修辞手法当中是"最为谑浪不羁的一种"③。值得一提的是,在英语中讽喻和寓言是一个词,即 allegory,这个单词来源于希腊文,由 allo(其他的事儿)和 agoria(谈话,演讲)组成,意思就是关于其他事儿的谈话,因此每一则寓言本身就是一个以此说彼的讽喻。"铁肩担道义,辣手著文章"④的马克思在对资产阶级社会和资产阶级思想家们进行无情批判的一生中,曾经使用了大量的讽喻,它们就像炮弹一样砸在敌人的头上,总是让敌人又怕又恨。比如,马克思在《莱亚德的提案。——围绕十小时工作日法案的斗争》一文中说:"如果议会阻止厂主让他的工人每天工作 12 小时、16 小时甚至更多的时间,那么,——《泰晤士报》说,——'英国就不再是一个让自由人生活的地方了'。这就像南卡罗来纳的某绅士一样,这位绅士由于当众鞭打他从大西洋彼岸带来的黑人而被告到伦敦地方法官那里并被判了罪,他

---

① 《马克思恩格斯全集》第 35 卷,人民出版社 2013 年版,第 259~260 页。
② 参见尉迟华等编著:《新编增广修辞格例话》,清华大学出版社 2011 年版,第 30 页。
③ 参见[英]亚当·斯密:《修辞学和文学讲演录》,石小竹译,商务印书馆 2014 年版,第 72 页。
④ 此联原是明代著名谏臣杨继盛所做,后来李大钊给朋友写对联时将句中的"辣手"改成了"妙手"。不论"辣手"还是"妙手",用来形容马克思的写作风格都是合适的,但"辣手"的特点似乎更鲜明一些。

不禁暴跳如雷地大叫:'这里不许人鞭打自己的黑奴,难道能说是自由的国家吗?'"①这是通过一个美国"绅士"在英国的真实故事来讽喻《泰晤士报》关于"自由国家"的胡说八道。

马克思在《资本论》及手稿中也使用了大量的讽喻。比如,在《资本论》第1卷中,马克思曾用"杀人犯比尔·赛克斯的道理"来讽喻资产阶级经济学家为机器的惨无人道的资本主义应用所作的辩护。他说:"在他们看来,机器使用工人和工人使用机器是一回事。所以,谁要是揭露机器的资本主义应用的真相,谁就是根本不愿意有机器的应用,就是社会进步的敌人!这完全是著名的杀人犯比尔·赛克斯的道理"②。比尔·赛克斯是狄更斯的小说《雾都孤儿》中的一个杀人越货的强盗,他在杀人之后为自己辩护说:"陪审官先生们,这些行商确定是被杀死了。但这不是我的罪过,这是刀的罪过。难道我们因为这种短暂的不便就该禁止用刀吗?请你们想一想!没有刀,哪里有农业和手工业?刀在外科手术上不是很能为人造福,在解剖方面不是给人带来知识吗?此外,在备办喜筵时,刀不是一位称心的助手吗?如果你们禁止用刀,那就等于把我们拖回到野蛮时代的深渊。"③资产阶级经济学家为机器的惨无人道的资本主义应用所作的辩护,就像比尔·赛克斯为自己的杀人罪行的荒谬辩护一样,在他们看来,"机器使用工人和工人使用机器是一回事",而实际上,"机器本身减轻劳动,而它的资本主义应用提高劳动强度","机器本身是人对自然力的胜利,而它的资本主义应用使人受自然力奴役","机器本身增加生产者的财富,而它的资本主义应用使生产者变成需要救济的贫民"。前者是工人使用机器,后者是机器使用工人,二者有着本质的区别。但是,掩耳盗铃的资产阶级经济学家无视这些矛盾和差别。有时,他们也承认"机器的资本主义应用中也出现短暂的不便",但是他们为自己辩护说,"哪个徽章没有反面呢?"在他们看来,"机器除了资本主义的利用以外不可能有别的利用。……谁要是揭露机器的资本主义应用的真相,……就是社会进步的敌人!"④所以,马克思称他们的逻

---

① 《马克思恩格斯全集》第12卷,人民出版社1998年版,第211页。
② 《马克思恩格斯文集》第5卷,人民出版社2009年版,第508~509页。
③ 这段话转引自《马克思恩格斯文集》第5卷,人民出版社2009年版,第509页。笔者在狄更斯的《雾都孤儿》一书中并没有找到马克思引用的这段话。按照弗朗西斯·惠恩的说法,比尔·赛克斯在《雾都孤儿》(*Oliver Twist*)中确实没说这样的话,"这是马克思反讽式的外推法"。应该说,这个"反讽式的外推法"是符合小说中比尔·赛克斯这个人物角色的性格的。参见[英]弗朗西斯·惠恩:《马克思〈资本论〉传》,陈越译,中央编译出版社2009年版,第116页。
④ 《马克思恩格斯文集》第5卷,人民出版社2009年版,第508~509页。

辑是杀人犯的逻辑。马克思的这个讽喻跟孟子用"罪兵"讽喻"罪岁"的比喻有异曲同工之妙。①

除此之外,《资本论》及手稿中还有很多经典的讽喻用法。在这些讽喻当中,"道勃雷式的经济学家""虽然老是挨揍,并不需要勇敢"等比喻都是用文学典故来设喻的讽喻;"我死后哪怕洪水滔天"是用历史典故来设喻的讽喻;"偷来的孔雀羽毛"是用寓言故事来设喻的讽喻;而"鸟只好不要巢了""废除教皇而保存天主教"则是用虚构的故事情节来设喻的讽喻;等等。

二、假 喻

假喻是在假设复句中所设的比喻,有学者将其总结为一种特别的比喻形式。② 因为这种比喻只是因为出现在了一种特殊的句式中而命名,因此这种比喻形式并不改变原本比喻的性质,也就是说,假喻同时也是明喻或暗喻,而以暗喻的形式居多,比如"假如我是一只鸟""假如我是一棵树""如果我能变成一颗星星"等,都是在假设复句中用到的暗喻。

马克思在《资本论》及手稿中使用假喻的数量不多,仅在1857～1858年经济学手稿中使用了一个。他说:"如果时间就是金钱,那么从资本的角度来看,这指的只是他人的劳动时间,用最准确的语言来说,这种时间当然是资本的金钱。"③"时间就是金钱"这句著名的格言是美国传奇人物本杰明·富兰克林(Benjamin Franklin)在1748年给一个年轻商人的忠告。富兰克林的教诲最初被当作"假想的美国佬信仰声明"遭到了冷嘲热讽,但是,马克斯·韦伯(Max Weber)认为,这句格言是"以典型方式体现出来的资本主义精神"④。鲁迅先生根据这句话提出了一个"时间就是性命"的新命题。他说:"美国人说,时间就是金钱;但我想:时间就是性命。无端空耗别人的时间,其实是无异于谋财害命的。"⑤"时间就是金钱"这句话本身就是一个暗喻形式的比喻。马克思在这里用假设的方式重提这个比喻,并不是要重复这句抽象的"真理",而是意在从资本的角度赋予其新的、具体的内涵和它之所以成立的条件。首先,马克思认为,这个命题有一定的真理性。

---

① 孟子曾告诫梁惠王,把饥民饿死怪罪到年成不好上,就像杀人犯不怪罪自己反而怪罪刀子一样,是"失道寡助"的行为。参见刘俊田等译注:《四书全译》,贵州人民出版社1988年版,第345页。

② 参见朱钦舜:《中外名家各类比喻赏析辞典》,上海大学出版社2016年版,第181页。

③ 《马克思恩格斯全集》第31卷,人民出版社1998年版,第23页。

④ [德]马克斯·韦伯:《新教伦理与资本主义精神》,阎克文译,上海人民出版社2018年版,第219页。

⑤ 鲁迅:《鲁迅全集》第6卷,人民文学出版社2005年版,第99页。

马克思在 1861～1863 年经济学手稿中评论英国政论家查·温·迪尔克（Charles W. Dilke）的匿名小册子《根据政治经济学原理得出的国民困难的原因及其解决办法》时，就曾说这本小册子中的"**财富就是可以自由支配的时间**"这个命题"不失为精妙之论"。但是，马克思也强调，这个命题的真理性是有条件的。马克思认为，只有"所有的人都将有**可以自由支配的时间**，发展自己的自由时间"的时候，可以自由支配的时间才是真正的财富。① 而在资本主义生产方式下，只有工人的劳动时间（包括必要劳动时间和剩余劳动时间）才是金钱（工人的工资和剩余价值）；而资本家的时间是非生产性的，是非劳动时间，并不创造价值，他们所说的金钱不过是工人创造的剩余价值，他们对"时间就是金钱"的热烈的信仰反映的是他们对剩余价值的狂热的追求。所以，马克思才会说"这种时间当然是资本的金钱"。马克思还说："**现今财富的基础是盗窃他人的劳动时间**"②。资本家为了榨取更多的剩余价值，想尽一切办法缩短必要劳动时间、工人的休息时间和资本的流通时间，增加工人的剩余劳动时间，甚至不惜以牺牲工人的生命为代价，就像马克思所说的，"生产力获得最高度的发展，同时现存财富得到最大程度的扩大，而与此相应的是，资本贬值，工人退化，工人的生命力被最大限度地消耗"③。从这个角度来讲，时间——确实就像鲁迅先生所说的那样——就是性命，是工人的性命；而资本家以"等价交换"的虚假形式无偿占有工人的剩余劳动时间，也确实就像鲁迅先生所说的那样，"是无异于谋财害命的"。

三、较　喻

较喻又称权衡性比喻，是本体和喻体在程度上相互比较的比喻形式。④此类比喻的喻体和本体之间不但有相似之处，而且有相互比较的意思。较喻有强喻、弱喻、等喻三类。这三种形式的较喻，马克思和恩格斯都曾使用过。比如，马克思在《资本论》第 1 卷中说："使相对过剩人口或产业后备军同积累的规模和能力始终保持平衡的规律把工人钉在资本上，比赫斐斯塔司的楔子把普罗米修斯钉在岩石上钉得还要牢。"⑤这是一个本体比喻体程度强的强喻。再比如，马克思在《工资、价格和利润》一文中说："一个人如

①　参见《马克思恩格斯全集》第 35 卷，人民出版社 2013 年版，第 229 页。
②　《马克思恩格斯全集》第 31 卷，人民出版社 1998 年版，第 23、101 页。
③　《马克思恩格斯全集》第 31 卷，人民出版社 1998 年版，第 150 页。
④　参见谭学纯等编著：《汉语修辞格大辞典》，上海辞书出版社 2010 年版，第 129 页。
⑤　《马克思恩格斯文集》第 5 卷，人民出版社 2009 年版，第 743 页。

果没有自己处置的自由时间,一生中除睡眠饮食等纯生理上必需的间断以外,都是替资本家服务,那么,他就还不如一头役畜。"①这是一个本体比喻体程度弱的弱喻。还比如,马克思在《马志尼和拿破仑》一文中说:"与此相较,孟德斯鸠关于罗马盛衰的论述差不多就像是小学生的作业。"②这是一个本体和喻体程度相当或相近的等喻。

马克思在《资本论》及手稿中使用的较喻,除了"比赫斐斯塔司的楔子把普罗米修斯钉在岩石上钉得还要牢"这个比喻之外,比较典型的当属"最残酷的地狱"的比喻。马克思在《资本论》第1卷中说:"如果但丁还在,他会发现,他所想象的最残酷的地狱也赶不上这种制造业中的情景。"③马克思用一个较喻形式的比喻,将资本家的工厂比作但丁·阿利吉耶里(Dante Alighieri)笔下的"地狱",而且比这个"地狱"还要残酷,这是一个本体比喻体的残酷程度还要强的强喻。但丁在《神曲·地狱篇》中描写了他游历地狱时看到的场景,这些场景不过是当时意大利丑恶现实的反映。他想象中的地狱位于耶路撒冷的地下,"是一个巨大无比的深渊,从地面通到地心,形状像圆形剧场或上宽下窄的漏斗"④。但丁以亚里士多德的思想作为理论根据,将罪分为无节制、暴力、欺诈三种,其中较轻的是无节制罪,最重的罪是"背叛"。但丁在《神曲》中描写的是想象中的地狱,而马克思在《资本论》中解剖的则是资本主义社会这个"人间地狱",这是一个"类似于但丁笔下的地狱的世俗形态"⑤,而且比但丁想象的地狱更加残酷。马克思和恩格斯分别在《资本论》和《英国工人阶级状况》中,不带"玫瑰色"当然也不带"煤灰色"地对资本主义工厂这个现实中的"地狱"进行了客观的揭露。马克思认为,资本主义制造业中的情景远远"超过了我们的小说家的最可怕的幻想"⑥。这是因为但丁所处的时代还是以农奴制为基础的,因而还有那么一丁点人身依附的温情的封建社会,而资本主义社会无情地撕下了这层面纱,把人与人之间的关系变成了纯粹的、没有一点温情可言的金钱关系。但是,我们也应该看到,正如但丁的地狱之旅的尽头是天堂一样,马克思所揭示的人间"地狱"的尽头是资本主义的必然灭亡和共产主义的必然到来。

---

① 《马克思恩格斯文集》第3卷,人民出版社2009年版,第70页。
② 《马克思恩格斯全集》第12卷,人民出版社1962年版,第450页。
③ 《马克思恩格斯文集》第5卷,人民出版社2009年版,第286页。
④ [意]但丁:《神曲·地狱篇》,田德旺译,人民文学出版社2002年版,"译本序"第17页。
⑤ [英]弗朗西斯·惠恩:《马克思〈资本论〉传》,陈越译,中央编译出版社2009年版,第111页。
⑥ 《马克思恩格斯文集》第5卷,人民出版社2009年版,第535页。

四、理　喻

　　理喻是一种以理设喻、以喻说理的比喻形式。① 理喻将"理"附在对"物"的联想上,通过生动、含蓄的笔墨,达到化繁为简、化抽象道理为可感体验的目的。比如,马克思在《第六届莱茵省议会的辩论(第一篇论文)》中说:"自由的每一特定领域就是特定领域的自由,同样,每一特定的生活方式就是特定自然的生活方式。要狮子遵循水螅的生命规律,这难道不是反常的要求吗?"②这个比喻就是一个理喻,用"要狮子遵循水螅的生命规律是反常的要求"这个道理,来比喻普鲁士书报检查制度的辩护人将新闻出版自由归结为行业自由、并用行业自由来要求新闻出版自由是"反常的要求"。

　　马克思在《资本论》中所设的最经典的理喻莫过于"在科学上没有平坦的大道,只有不畏劳苦沿着陡峭山路攀登的人,才有希望达到光辉的顶点"③这个比喻了。除此之外,还有其他一些经典的理喻用法。比如,马克思在《资本论》(1863~1865年手稿)中曾用关于椅子和宝座的道理来设喻。他说:"装有四条腿和天鹅绒罩布的一把椅子在一定情况下可以代表**宝座**,但这把椅子,这个用来坐的东西,并不因为其使用价值的性质就是宝座。"④椅子是"用来坐的东西","用来坐"就是它的使用价值,但它并不因为这种使用价值就是宝座,因为成为宝座还需要一定的社会历史条件,也就是说,椅子并不天然就是宝座。宝座是权力的象征,是优越地位的象征,就像马克思在《宣战。——关于东方问题的历史》一文中所说的,僧侣们"争夺的表面上的对象是出自伯利恒岩穴的一个星状物、一块绣帷、一个圣殿的钥匙、一个祭坛、一个陵墓、一个宝座、一个圣枕——一句话,任何一种可笑的优越地位!"⑤作为优越地位的象征的宝座代表的是一种社会关系,是椅子的"身外之物",而非椅子的自然属性。马克思用"能坐的椅子并不因为它能坐就天生是宝座"这个简单的道理,来比喻劳动并不因为它从属于资本就会改变劳动的一般性质,就像椅子不因为在一定情况下代表宝座就会改变其"用来坐"的使用价值一样;"货币在转化为资本的同时转化为劳动过程的因素,从而必然采取劳动材料和劳动资料的形式,但是劳动材料和劳动资料

---

　　① 参见尉迟华等编著:《新编增广修辞格例话》,清华大学出版社2011年版,第33页。
　　② 《马克思恩格斯全集》第1卷,人民出版社1995年版,第190页。
　　③ 《马克思恩格斯文集》第5卷,人民出版社2009年版,第24页。
　　④ 《马克思恩格斯全集》第38卷,人民出版社2019年版,第82页。
　　⑤ 《马克思恩格斯全集》第13卷,人民出版社1998年版,第186页。

并不因此就天生地成为**资本**"①,就像椅子并不因为在一定情况下代表宝座就天生是宝座一样。马克思这个比喻意在批判资产阶级庸俗经济学家把资本主义生产方式看成是永恒的生产方式的谬论。他们把劳动的物的条件看成是天生的资本,把工人看成是天生的受奴役的对象,把表现在物中的一定的社会生产关系当作这些物本身的物质自然属性,把资本的存在看成是人类生产的永恒的自然规律。马克思认为,这是一种"幻想",是一种在庸俗经济学家看来可以"证明资本主义生产方式的永恒性或证明**资本**是人类生产本身**不朽的自然要素**的非常方便的方法"②,是一种"颠倒"的方法。马克思在《资本论》第 1 卷中所说的"黑人就是黑人。只有在一定的关系下,他才成为**奴隶**"③表达的也是这个意思。他还说:"纺纱机是纺棉花的机器。只有在一定的关系下,它才成为资本。脱离了这种关系,它也就不是资本了,就像黄金本身并不是货币,砂糖并不是砂糖的价格一样⋯⋯ 资本是一种社会生产关系。它是一种历史的生产关系。"④庸俗经济学家的简单粗暴的逻辑,用黑格尔的话说就是"逻辑修养的缺乏"的表现。黑格尔认为,"所有事物都有自己的实体本性,它构成所有事物的固定不变的基础"。椅子的"实体本性"是椅子成为宝座的基础,黄金的"实体本性"是黄金成为货币的基础,但不能因此将这种"实体本性"混同于"外在关系"。他说:"如果'黄金是昂贵的'和'黄金是金属'这样的判断被认为处于同一阶段,则必须把这种看法称为对逻辑修养的缺乏。说黄金是昂贵的,这涉及黄金与我们的偏好和需要、获得黄金的费用等等的外在关系,即使改变或取消这种外在关系,黄金也依然是黄金。与此相反,金属性则构成黄金的实体本性,没有这种本性,黄金以及一切属于黄金的其他性质或关于黄金所能陈述的东西都无法存在。"⑤一方面,椅子没有椅子的自然属性、"实体本性"或曰使用价值,则椅子不能称其为椅子,更不可能变成宝座;另一方面,也绝不能因为椅子本身具有的自然属性、"实体本性"或曰使用价值就将其等同于宝座,不能像热衷于搞折中主义的庸俗经济学家那样将椅子的"实体本性"和"外在关系"混为一谈。

---

① 《马克思恩格斯全集》第 49 卷,人民出版社 1982 年版,第 55 页。
② 《马克思恩格斯全集》第 38 卷,人民出版社 2019 年版,第 83 页。
③ 《马克思恩格斯文集》第 1 卷,人民出版社 2009 年版,第 723 页。
④ 《马克思恩格斯文集》第 5 卷,人民出版社 2009 年版,第 878 页。
⑤ [德]黑格尔:《哲学全书·第一部分·逻辑学》,梁志学译,人民出版社 2017 年版,第 305 页。

五、曲　　喻

曲喻是一种隐晦曲折的比喻形式,作者运用联想表情达意,读者仔细玩味才能体会奥妙。① 曲喻之所以曲折,是因为作者往往在比喻中嵌入了典故或者隐藏了推理的前提,读者需要将嵌入的典故挖掘出来或者将省略的推理补充完整才能理解比喻的喻义。比如,马克思在《路易·波拿巴的雾月十八日》一文中说:"这次大选把第二个波拿巴推上西奈山,并不是为了让他去接受法律,而是为了让他去颁布法律。"② 这句话就是一个曲喻用法。据《圣经》传说,摩西是在西奈山上聆受了耶和华的"十诫"。马克思用这个典故曲折地把拿破仑的侄子路易·拿破仑·波拿巴(Louis Napolon Bonaparte)也就是后来的拿破仑第三比作了"摩西",把总统宝座比作了"西奈山"。这个比喻意在表明,摩西上西奈山是为了接受戒律,而波拿巴登上总统宝座可不是为了接受什么戒律,他要给别人颁布戒律,他要做人间的上帝!

此外,也有学者将那些使用"联想到""想象成""使人想起"等词语充当喻词的比喻也划入此类。③ 马克思也有很多这样的用法。比如,马克思在《资本论》第 1 卷中用"各种个体软弱的、经常受到追捕的动物"来比喻"把自己的需要缩小到这样不可想象的程度和把自己的生活条件限制到这样的最低限度"的工人时,就使用了这样一个曲喻。他说:"资本主义社会的这个规律,在野蛮人中间,或者甚至在文明的移民中间,听起来会是荒谬的。它使人想起各种个体软弱的、经常受到追捕的动物的大量再生产。"马克思认为,工人阶级"不仅出生和死亡的数量,而且家庭人口的绝对量都同工资的水平,即各类工人所支配的生活资料量成反比"④ 的规律不仅导致工人大量"未老先衰"和早亡,也导致工人的大量的人口再生产,就像人们常说的"越穷越生",或者如亚当·斯密所说的"贫困似乎还有利于生育"⑤。马克思将这种状况比作"各种个体软弱的、经常受到追捕的动物的大量再生产",这是由于资本主义制度把工人的人口再生产的条件降到了最低,降到了同动植物一样的程度,甚至还不如动物和植物,就像马克思说的,"没有任何一种动物能够把自己的需要缩小到这样不可想象的程度和把自己的

---

① 参见尉迟华等编著:《新编增广修辞格例话》,清华大学出版社 2011 年版,第 24 页。
② 《马克思恩格斯文集》第 2 卷,人民出版社 2009 年版,第 573 页。
③ 参见朱钦舜:《中外名家各类比喻赏析辞典》,上海大学出版社 2016 年版,第 554 页。
④ 《马克思恩格斯文集》第 5 卷,人民出版社 2009 年版,第 741 页。
⑤ [英]亚当·斯密:《国富论》上册,郭大力、王亚南译,商务印书馆 2014 年版,第 73 页。

生活条件限制到这样的最低限度"①。马克思在 1861~1863 年经济学手稿中就曾经指出:"贫苦人的再生产比劳动者在其自然条件下要快,因为他的再生产条件是无限小的。赤贫的人们**生殖得很快**,完全象在动物界一样:种类越小,它再生产的量就越大。"②马克思这个比喻,揭露了资本家对工人的残酷的压榨。这些贪婪的资本家及其代言人视工人的生命如草芥,甚至还无耻地把工人的悲惨命运说成是"上帝特别英明的安排"③。他们的这种为资本主义剥削制度辩护的谬论,恰恰将工人和资本家不可调和的阶级矛盾暴露了出来。

第四节 组 合 形 式

除了比喻的基本形式、变化形式和特别形式之外,马克思在《资本论》及手稿中还将这些比喻形式组合起来使用,提出了很多组合形式的比喻,如合喻、接喻、类喻、连喻、双喻、约喻和择喻等。

一、合 喻

合喻是在同一语境下接连使用多种不同形式的比喻的一种修辞手法。④ 比如,马克思在《比利时的屠杀》一文中说:"这个厚颜无耻的侏儒政府刚从血海中沐浴出来,就又不顾一切地钻进嘲笑的泥潭中了。"⑤这段话包含两种比喻形式,是缩喻("侏儒政府""血海"和"嘲笑的泥潭")和借喻("沐浴")的合用。

马克思在《资本论》及手稿中使用了多个合喻。比如,上文提到的"商品是天生的平等派和昔尼克派,它随时准备不仅用自己的灵魂而且用自己的肉体去换取任何别的商品,哪怕这个商品生得比马立托奈斯还丑"⑥这段话,其中提到了"平等派""昔尼克派"和"马立托奈斯"三个喻体,涉及扩

① 《马克思恩格斯全集》第 38 卷,人民出版社 2019 年版,第 11~12 页。
② 《马克思恩格斯全集》第 48 卷,人民出版社 1985 年版,第 490 页。
③ 马克思在脚注中引用了很多辩护士的荒谬言论。比如,意大利经济学家加利阿尼说:"上帝安排好了,让从事最有益的职业的人生得绰绰有余。"英国法学家赛米尔·兰格也说:"如果世界上所有的人都生活在舒适安乐的环境中,那么世界上很快就会荒无人烟。"言外之意就是工人应该永世生活在贫苦当中,才能保证资本家"生活在舒适安乐的环境中"。参见《马克思恩格斯文集》第 5 卷,人民出版社 2009 年版,第 741 页。
④ 参见尉迟华等编著:《新编增广修辞格例话》,清华大学出版社 2011 年版,第 41 页。
⑤ 《马克思恩格斯全集》第 16 卷,人民出版社 1964 年版,第 399 页。
⑥ 《马克思恩格斯文集》第 5 卷,人民出版社 2009 年版,第 104 页。

喻、双喻、暗喻和较喻四种比喻形式,是多种比喻形式的合用。整体看,这是一个扩喻,马克思将商品比作天生的"平等派"和"昔尼克派",因为"它随时准备不仅用自己的灵魂而且用自己的肉体去换取任何别的商品,哪怕这个商品生得比马立托奈斯还丑"。这个扩喻的主体部分有两个喻体,即"平等派"和"昔尼克派",关系词是"是",因此这个扩喻的主体部分也是一个由两个暗喻构成的双喻。在这个扩喻的解释说明部分,马克思又用一个较喻将商品比作了"马立托奈斯",意在强调商品天生平等、不计较美丑的性质,因为它缺乏"感知商品体的具体属性的能力"。另外,马克思关于"资本先生和土地太太……在兴妖作怪"的比喻也是一个合喻,是缩喻和借喻的合用。除此之外,马克思在《资本论》手稿中还曾使用了很多合喻。

二、接　喻

接喻是几个比喻连用、后一个喻体在前一个喻体基础上产生并具有承接关系的一种比喻形式,又称联喻、贯喻、叉喻、派生喻、承接性比喻等。①比如,马克思在《历史法学派的哲学宣言》一文中说:"随着时间的推移和文化的发展,历史学派的这棵**原生的谱系树**已被**神秘的烟雾**所遮盖;……无数**学术**果实都从这棵树上被摇落下来,晒干,并且被加以夸大地存放在宽阔的德国学术库房中。"②马克思在这段话中先是用一个缩喻将"历史学派"比作"原生的谱系树",然后在这个比喻的基础上又派生出"果实"和存放果实的"库房"两个比喻,从而构成了一组有承接关系的接喻。

马克思在《资本论》及手稿中也使用了大量的接喻,除了暗喻、明喻和借喻这三种基本的比喻形式,接喻的使用数量仅次于讽喻和缩喻。比如,马克思在《资本论》第1卷中曾使用了一个由"商品之神"和"神圣的银行"组成的接喻。他说:"大家知道,福基斯人抢劫德尔斐神庙的财宝曾在希腊史上起了什么作用。众所周知,古代人把神庙看做商品之神的住所。神庙是'神圣的银行'。"③这个接喻由两个比喻组成。第一个是缩喻,将商品比作"神";第二个是暗喻,将神庙比作"神圣的银行"。马克思说的"福基斯人抢劫德尔斐神庙的财宝"一事指的是第一次伯罗奔尼撒战争期间的"第二次神圣战争"。在雅典人的支持下,福基斯人控制了德尔斐神庙,抢劫了神庙中的财宝。于是德尔斐人请斯巴达人前来帮助他们抵抗福基斯人。斯巴达人打着恢复神庙独立的旗号,发动了"第二次神圣战争",并趁机控制了神

---

① 参见谭学纯等编著:《汉语修辞格大辞典》,上海辞书出版社2010年版,第132页。
② 《马克思恩格斯全集》第1卷,人民出版社1995年版,第238页。
③ 《马克思恩格斯文集》第5卷,人民出版社2009年版,第155页。

庙。修昔的底斯(Thukydides,又译为"修昔底德")在《伯罗奔尼撒战争史》
一书中详细记述了这场战争。①为什么不论是福基斯人、雅典人,还是斯巴
达人,都要争夺神庙的控制权呢?这是因为控制了神庙就等于拿到了进入
宝库的钥匙。正如马克思所说,"人们为之奋斗的一切,都同他们的利益有
关"②。孟氧揭示说:"希腊的庙宇,在当时握有广大地产,经营巨大农场、开
设陶窑、打铁店等,并有自己的奴隶和佃户。此外,在建设城市分配土地时,
往往划出一段充作庙产。……有些庙宇还享有铸币权。"③由此可见,马克
思将神庙比作"神圣的银行"是非常贴切的。

三、类　　喻

类喻是几个同类的本体和几个同类的喻体分别配合,通过几个喻体之
间的关系来衡量主体之间关系的比喻形式。④比如,我们常说的"如果说祖
国的版图是一只雄鸡,那么北京就是雄鸡的心脏"这句话就是一个类喻。
再比如,费尔巴哈说"事实之于理性,宛如拳头之于眼睛"这句话也是一个
类喻,用来强调"事实是感性暴力",不管看见没看见、愿意不愿意,都必须
相信。⑤还比如,马克思在《路易·波拿巴的雾月十八日》一文中揭露法国
小农恶劣的生存条件时曾说:"窗户之于住房,正如五官之于脑袋一样。"⑥
这句话也是个类喻,这个类喻将窗户比作"五官",将住房比作"脑袋",形象
地凸显了窗户的重要性。

马克思在《资本论》(1863～1865年手稿)中曾使用一个类喻将简单再
生产比作"圆圈",将规模扩大的再生产比作"螺旋形"。他说:"如果说既定
规模的再生产,简单再生产,表现为圆圈,那么积累或规模扩大的再生产,正
像西斯蒙第正确地指出的那样,表现为螺旋形。"⑦正像马克思所指出的那
样,这个关于"圆圈"和"螺旋形"的比喻借自瑞士经济学家西斯蒙第
(Sismondi)的说法。西斯蒙第认为,"国民财富的发展过程是一条循环往复
的路线",而扩大的再生产是"螺旋形"的,其前提则是上一年的一部分收入

---

① 参见[古希腊]修昔底德:《伯罗奔尼撒战争史》,谢德风译,商务印书馆2018年版,第
88页。
② 《马克思恩格斯全集》第1卷,人民出版社1995年版,第187页。
③ 孟氧:《〈资本论〉历史典据注释》,中国人民大学出版社2004年版,第190页。
④ 参见尉迟华等编著:《新编增广修辞格例话》,清华大学出版社2011年版,第39页。
⑤ 参见[德]路德维希·费尔巴哈:《费尔巴哈哲学著作选集》下卷,荣震华等译,商务印书馆
1984年版,第245页。
⑥ 《马克思恩格斯文集》第2卷,人民出版社2009年版,第570页。
⑦ 《马克思恩格斯全集》第38卷,人民出版社2019年版,第415页。

转变为资本。① 马克思在《资本论》第 1 卷中也曾提到这个比喻及其出处。他说:"具体说来,积累就是资本以不断扩大的规模进行的再生产。简单再生产的循环改变了,按照西斯蒙第的说法,变成螺旋形了。"② 马克思在1857~1858 年手稿和 1861~1863 年手稿中多次提到这个比喻。这个关于"圆圈"和"螺旋形"的比喻不仅是政治经济学中的经典比喻,也是黑格尔哲学和马克思主义哲学中的经典比喻。所不同的是,在政治经济学中,"圆圈"和"螺旋形"是用来比喻资本流通过程的,而在黑格尔哲学中则是用来比喻概念演化过程的,在马克思主义哲学中则是用来比喻人的认识过程和社会发展过程的。

四、连　喻

连喻是接连使用同一形式的比喻,几个喻体分别描写不同本体的一种比喻形式。③ 比如,毛泽东在《纪念巴黎公社的重要意义》一文中说:"巴黎公社是开的光明的花,俄国革命是结的幸福的果"④。这句话就是由两个暗喻组成的连喻,两个暗语的喻体"花"和"果",分别描述"巴黎公社"和"俄国革命"这两个不同的本体。

连喻中的"不同本体"可以是不同的主体,也可以是同一主体的不同部位、不同特征或不同状态。比如,《世说新语·容止》中"面如凝脂,眼如点漆"这个连喻描写的是"杜弘治"这同一个主体的不同部位,而"飘如浮云,矫若惊龙"这个连喻则是描写"王羲之书法"这同一个主体的不同特征。同样,《红楼梦》中"一双丹凤三角眼,两弯柳叶吊梢眉"这个连喻描写的是"王熙凤"这同一个主体的不同部位,而"俏丽若三春之桃,清素若九秋之菊"这个连喻描写的则是"王熙凤"这同一个主体的不同方面的特征。连喻跟接喻和进喻非常相似,都是由几个比喻组合而成,它们之间的区别在于:组成连喻的几个比喻之间是并列关系,而组成接喻的几个比喻之间是承接关系或包含关系,而组成进喻的几个比喻则是递进关系。

马克思在《资本论》中使用了两个连喻,除了用"小学生般肤浅的和牧师般拿腔做调"来比喻马尔萨斯之外,还有用"抽水机"和"磁石"来比喻资本和土地这个连喻。马克思在《资本论》第 3 卷中说:"对资本家来说,资本

① 参见[瑞士]西斯蒙第:《政治经济学新原理》,何钦译,商务印书馆 2017 年版,第 76、80、430 页。
② 《马克思恩格斯文集》第 5 卷,人民出版社 2009 年版,第 671 页。
③ 参见谭学纯等编著:《汉语修辞格大辞典》,上海辞书出版社 2010 年版,第 153 页。
④ 《毛泽东文集》第一卷,人民出版社 1993 年版,第 34 页。

是一台汲取剩余劳动的永久的抽水机;对土地所有者来说,土地是一块永久的磁石,它会把资本所汲取的剩余价值的一部分吸引过来"①。马克思将资本比作"抽水机",将土地比作"磁石",意在表明它们对剩余价值的贪婪渴求。马克思特别强调,不管是资本这个"抽水机",还是土地这块"磁石",它们汲取的不是别的,都是工人创造的剩余价值。

五、双　　喻

双喻是用两个喻体来形容同一个本体的一种比喻形式。② 比如,在《评普鲁士最近的书报检查令》一文中,马克思针对普鲁士当权者对著作者提出的所谓"谦逊"的要求,针锋相对地指出:"谦逊是使我寸步难行的绊脚石。**它就是规定在探讨时要对得出结论感到恐惧**,它是一种对付真理的预防剂。"③这句话就是一个双喻。马克思用"绊脚石"和"预防剂"两个喻体来形容所谓的"谦逊",揭露了"谦逊"只不过是普鲁士当权者出于"对得出结论"的恐惧而对著作者的纯粹多余的规定。

除了本书其他地方提到的"测量器和指示器""给蒸汽机添煤加水和给机轮上油""流通车轮和永动机"等双喻外,马克思在1857～1858年经济学手稿中使用的"普照的光"和"特殊的以太"的比喻也是一个经典的双喻。他说:"这是一种普照的光,它掩盖了一切其他色彩,改变着它们的特点。这是一种特殊的以太,它决定着它里面显露出来的一切存在的比重。"文中的"这"指的是在一切社会形式中都存在的那种"决定其他一切生产的地位和影响。因而它的关系也决定其他一切关系的地位和影响"的那种占主导地位的生产,马克思将其比作"普照的光"和"特殊的以太",意在强调这种生产和生产关系对其他生产和生产关系的决定性影响。马克思认为,"不懂资本便不能懂地租。不懂地租却完全可以懂资本。资本是资产阶级社会的支配一切的经济权力"。也就是说,资本的生产就是资本主义社会的"普照的光"和"特殊的以太"。马克思由此得出结论,他的政治经济学批判的谋篇布局必须先考察资本,然后再考察土地所有制以及二者之间的相互关系,而不是"按它们在历史上起决定作用的先后次序来排列"。④

---

① 《马克思恩格斯文集》第7卷,人民出版社2009年版,第931页。
② 参见朱钦舜:《中外名家各类比喻赏析辞典》,上海大学出版社2016年版,第561页。
③ 《马克思恩格斯全集》第1卷,人民出版社1995年版,第110页。
④ 《马克思恩格斯全集》第30卷,人民出版社1995年版,第48、49页。

六、约　喻

约喻是两个以上的本体共用一个喻体的一种比喻形式,这与双喻和博喻用两个或多个喻体形容一个本体正好相反。① 比如,马克思在其博士论文的献词中所说的"精神和自然就是您所信赖的伟大神医"②这句话就是一个约喻,"精神"和"自然"这两个本体共用"伟大神医"这一个喻体。再比如,马克思在《约翰·罗素勋爵》一文中说:"约翰·罗素勋爵的一生是建立在利用骗人的幌子上的。对他来说,议会改革是一种骗人的幌子,信仰自由是一种骗人的幌子,贸易自由也是一种骗人的幌子。"③这段话也是一个约喻,"议会改革""信仰自由"和"贸易自由"三个本体共用"骗人的幌子"这一个喻体。还比如,恩格斯在《自然辩证法》中说,"路德不但清扫了教会这个奥吉亚斯的牛圈,而且也清扫了德国语言这个奥吉亚斯的牛圈,创造了现代德国散文"④。这也是一个约喻,"教会"和"德国语言"这两个本体共用"奥吉亚斯的牛圈"这一个喻体。

马克思在《资本论》及手稿中也曾使用几个约喻,比如,在1857～1858年经济学手稿中,马克思曾使用一个关于"儿童"的约喻。他说:"有粗野的儿童和早熟的儿童。古代民族中有许多是属于这一类的。希腊人是正常的儿童。"马克思将包括古希腊人在内的所有古代民族都比作了"儿童",意思是说他们都处在人类发展的"童年时代",而且各有各的特点,有正常的,也有粗野的和早熟的。马克思认为,古希腊人属于正常的儿童,属于"发展得最完美的"儿童,因为"他们的艺术对我们所产生的魅力,同这种艺术在其中生长的那个不发达的社会阶段并不矛盾。这种艺术倒是这个社会阶段的结果,并且是同这种艺术在其中产生而且只能在其中产生的那些未成熟的社会条件永远不能复返这一点分不开的"⑤。德国诗人约翰·克里斯托弗·弗里德里希·冯·席勒(Johann Christoph Friedrich von Schiller)曾感慨说,在古希腊人那里,"文化没有蜕化到使自然因而遭受遗弃的地步"⑥。法国著名文艺理论家和史学家伊波利特·阿道尔夫·丹纳(Hippolyte Adolphe Taine)在《艺术哲学》一书中也曾对希腊人的天性进行过生动的描述。⑦ 关

① 参见谭学纯等编著:《汉语修辞格大辞典》,上海辞书出版社2010年版,第280页。
② 《马克思恩格斯全集》第1卷,人民出版社1995年版,第9页。
③ 《马克思恩格斯全集》第11卷,人民出版社1962年版,第432页。
④ 《马克思恩格斯文集》第9卷,人民出版社2009年版,第409页。
⑤ 《马克思恩格斯全集》第30卷,人民出版社1995年版,第53页。
⑥ [德]席勒:《席勒文集》第6卷,张玉书等译,人民文学出版社2015年版,第94～95页。
⑦ 参见[法]丹纳:《艺术哲学》,傅雷译,商务印书馆2018年版,第282～283页。

于"正常的儿童"这个比喻,柏拉威尔曾评论说,我们不应该"把马克思在这里作的比喻看得太死"。虽然把辉煌灿烂时期的希腊人说成"正常的儿童"似乎是低估了这一复杂、成熟的民族,但"从马克思另外的文章里可以看出,他对希腊人的这些特点是知道得很清楚的"①。对于文中提到的"早熟的儿童",柏拉威尔认为马克思指的可能是古代民族中的犹太人。他提出的证据是,海涅在马克思写《〈政治经济学批判〉导言》前三年发表的《自白》中就曾提出"希腊人只不过是年轻人,而犹太人却是成年人"的说法。海涅在《自白》中曾将希腊人和犹太人看作是非此即彼的两类"相对立的"人,认为"所有的人不是犹太人就是希腊人",希腊人是"具有充满生之欢乐的、因发展而自豪的、注重现实的人",而犹太人则是"具有禁欲的、敌视形象的、嗜好理智化的本能的人"。后来,海涅坦言自己曾对犹太人一向不够尊敬,并说"这一定又是来源于我那希腊式的禀性,它厌恶犹太教的苦行主义。后来,我对希腊的偏爱减少。我现在看到,希腊人不过是漂亮的少年,而犹太人始终是堂堂男子汉,是伟大、坚强不屈的男子汉,不仅过去,而且直至今天都如此,虽然他们一千八百年来受尽迫害和苦难。我从此学会更加尊重他们。"②海涅这种对犹太人认识上的转变无疑是和他与马克思的交往有关,他在马克思这个"伟大、坚强不屈的"犹太人朋友身上重新认识了犹太人。邓晓芒认为,马克思关于"粗野的儿童""早熟的儿童""正常的儿童"的划分"已经超出了对社会形态的'奴隶社会'、'封建社会'、'资本主义社会'的划分,而上升为一种文化上的区分"③。

除了这些比喻之外,马克思用"$\sqrt{-3}$"来比喻"作为土地的(年)价格的地租"和"作为资本的价格的利息",用"杠杆"比喻竞争和信用,用"怪物"比喻资本主义生产中的生产过剩、人口过剩和消费过剩等比喻,也都是约喻用法。

七、择 喻

择喻是肯定和否定并用、排除某一喻体而选择另一喻体的一种比喻形式。④ 择喻常见的表达形式为"不是……而是……"。比如,鲁迅在《未有天才之前》一文中写道:"这样的风气的民众是灰尘,不是泥土,在他这里长

① 参见[英]希·萨·柏拉威尔:《马克思和世界文学》,梅绍武等译,生活·读书·新知三联书店1980年版,第388页。
② [德]海涅:《海涅全集》第12卷,田守玉等译,河北教育出版社2003年版,第13、181页。
③ 邓晓芒:《西方美学史纲》,商务印书馆2018年版,第16页。
④ 参见谭学纯等编著:《汉语修辞格大辞典》,上海辞书出版社2010年版,第282页。

不出好花和乔木来!"①这句话就是一个择喻,这个择喻排除了"泥土"这个喻体,选择了"灰尘"这个喻体。马克思在《资本论》及手稿中共使用了两个择喻。这两个择喻各有特点,非常具有代表性,第一个是先否定后肯定,第二个是先肯定后否定。

首先是"不是结晶体,而是有机体"的比喻。马克思在《资本论》1867年第1版序言中说:"现在的社会不是坚实的结晶体,而是一个能够变化并且经常处于变化过程中的有机体。"②这是一个否定和肯定并用、先否定后肯定的择喻,先是将现在的社会否定地比喻为"结晶体",然后是肯定地比喻为"有机体",意在揭示现在的社会不是坚实不变的,而是变动不居的,劳资关系的变革是社会历史发展的必然要求,"不是用紫衣黑袍遮掩得了的"。这里的"紫衣黑袍"是借代的用法。"紫衣"指的是天主教的红教袍,"黑袍"指的是基督教的黑教袍,"紫衣黑袍"借指得到基督教支持的俾斯麦反对天主教和天主教中央党的"文化斗争"。马克思认为,这场德国历史上王权与教权之间的斗争掩盖不了劳资关系的变革,掩盖不了资本和劳动之间的阶级斗争。

其次为"是螺旋线,而不是简单的圆圈"的比喻。马克思在1857~1858年经济学手稿中论述资本同交换价值和流通的关系时说:"设定为商品和货币的统一体的交换价值,就是**资本**,而这种设定过程本身,是资本的流通。(不过这种流通是螺旋线,是不断扩展的曲线,而不是简单的圆圈。)"③后来,在1861~1863年手稿中,马克思保留了这个比喻和择喻的比喻形式。他说,在资本进行再生产时所经历的周期中,"资本不是进行简单再生产,而是进行扩大再生产,不是画一个圆圈,而是画一个螺旋形"④。马克思认为,资本的前提是交换价值,而交换价值是商品和货币的统一体并且通过这两种特殊形式来表现自己,而这种表现则是以流通为前提的。马克思认为,流通有"简单的圆圈"式的流通,也有"螺旋线"式的流通。什么是"简单的圆圈"呢?马克思说,生产者和消费者之间进行的"资产阶级生活的日常交易"就是一种"简单的圆圈"。在简单流通的"圆圈"中,"对于单个商品来说,只要它作为使用价值找到自己的买主,被消费掉,过程就结束了"⑤。马克思称这种"日常交易"是"在资产阶级世界的表面上发生的",以"纯粹的

① 鲁迅:《鲁迅全集》第一卷,人民文学出版社2005年版,第176页。
② 《马克思恩格斯文集》第5卷,人民出版社2009年版,第10~13页。
③ 《马克思恩格斯全集》第30卷,人民出版社1995年版,第223页。
④ 《马克思恩格斯全集》第34卷,人民出版社2008年版,第594页。
⑤ 《马克思恩格斯全集》第30卷,人民出版社1995年版,第270页。

形式"进行的运动。但是,在资本流通中就不一样了,资本家购买生产资料不是为了满足自己的需要,不是为了所购商品的使用价值,而是为了给其他人生产使用价值,他是"为卖而买",他的"为卖而买"是为了资本的增殖,他的购买的行为并不是一个简单的、完成了的圆圈,而是一个新的圆圈的开始。资本的"不断要超出自己的量的界限的欲望"迫使它要在无止境的流通过程中并且通过流通保存自己,增殖自己,使自己永存,它自己的生命力正在于此。就像马克思说的:"它只有**不断地自行倍增**,才能**保持**自己成为不同于使用价值的自为的交换价值。"①所以,资本的流通就表现为"螺旋线",表现为"不断扩展的曲线",而不是"简单的圆圈"。

第五节 联 用 形 式

这里的"联用形式"指的是比喻和其他修辞手法联用而构成的比喻形式,比如,"博喻"是比喻和排比的联用,"诘喻"是比喻和诘问的联用,"进喻"是比喻和递进的联用,"拟喻"是比喻和比拟的联用,"拈喻"是比喻和拈连的联用,等等。

一、博 喻

博喻是用三个或更多的喻体来形容一个本体的修辞方式,又称排喻、多喻、莎士比亚式的比喻。修辞学界通常将双喻也归入博喻之列,但也有学者指出了其中存在的问题,并建议将双喻从博喻中剥离出来。② 的确,"双"还算不上"博",何况博喻可以看成是比喻和排比的联用,而双喻还构不成排比。因此之故,本书将双喻单独拿出来列入比喻的组合形式而非联用形式之中。

马克思曾经使用很多气势磅礴的博喻。比如,他在《第六届莱茵省议会的辩论(第一篇论文)》中说:"自由报刊是人民精神的洞察一切的慧眼,……是把个人同国家和世界联结起来的有声的纽带,……是人民用来观察自己的一面精神上的镜子"③。在这个博喻中,马克思连续用了"慧眼""纽带""镜子"等多个喻体来形容自由报刊对人民和国家的重要意义,充分体现了马克思的人民立场。再比如,马克思在《法国的 CRÉDIT MOBILIER(第二篇论文)》中说:"圣西门成了巴黎交易所的庇护天使,欺诈

---

① 《马克思恩格斯全集》第 30 卷,人民出版社 1995 年版,第 204、228 页。
② 参见朱钦舜:《中外名家各类比喻赏析辞典》,上海大学出版社 2016 年版,第 21、561 页。
③ 《马克思恩格斯全集》第 1 卷,人民出版社 1995 年版,第 179 页。

行为的先知,普遍营私舞弊的救世主!"①在这个博喻中,马克思用"庇护天使""先知"和"救世主"三个喻体,深刻揭示了昂利·圣西门(Henri Saint-Simon)的学说被窃国大盗路易·波拿巴进行歪曲利用的命运。

马克思在《资本论》及手稿中也使用了几个博喻。比如,他在1857~1858年经济学手稿中说:"布阿吉尔贝尔抱怨说,货币是万物的刽子手,是把一切都当作供自己享用的祭品的摩洛赫,是商品的暴君。"②这个博喻用"刽子手""摩洛赫"和"暴君"这三个喻体来比喻"货币"这一个本体,生动揭露了货币专横贪婪的性质。这个博喻是马克思对法国资产阶级古典经济学的鼻祖布阿吉尔贝尔(Boisguillebert)关于货币的众多比喻的一个归纳汇总。布阿吉尔贝尔曾经在《论财富、货币和赋税的性质》一文的不同部分将货币分别比作"暴君""刽子手""吸血鬼"和"神"。关于"暴君"的比喻,布阿吉尔贝尔是通过一个"择喻"的形式表达出来的。在他看来,金银不应该是奴役人的专横的"暴君",而应该成为人们进行商业交易的"奴仆"。他说:"将金银当作财富和幸福生活的唯一的源泉是一个严重错误的学说,……金银只是商业交易的仆役和奴隶,而不是商业交易专横的暴君。"③马克思和恩格斯赞同布阿吉尔贝尔关于货币不应是"暴君"而应为"奴仆"的观点,但是在他们看来,货币充当"暴君"是资本主义生产方式的必然结果,同样,货币从"魔鬼"变为"奴仆"也是共产主义运动的必然结果。这个转变是一个历史过程,而不是作一个应然判断就能解决的。就像恩格斯在《社会主义从空想到科学的发展》一书中所揭示的那样,生产资料和生活资料的资本属性的必然性使私人占有制条件下的社会化大生产变成了一种"魔鬼似的统治者",只有理解了魔鬼的本性,魔鬼的魔力被社会公开地和直接地占有,被联合起来的生产者所掌握,被生产者完全自觉地运用,这个"魔鬼似的统治者"才会变成"顺从的奴仆"。④ 关于"摩洛赫"的说法,在布阿吉尔贝尔的著作里是以一种间接的方式表达出来的。他说:"对于神明,人们一般地会用各种各样的物品致祭:对于有些神,人们宰杀牲口供献,对于另一些神,他们用酒和果品供献,而最愚昧的做法,甚至宰杀不幸的人作为祭品。但是金钱这个神所要用作牺牲的却更为残酷;……从人类的受害情况来说,一切的天灾,在它们最集中、最暴烈的情况下所毁灭的生命财

---

① 《马克思恩格斯全集》第12卷,人民出版社1962年版,第31页。

② 《马克思恩格斯全集》第30卷,人民出版社1995年版,第150页。

③ [法]布阿吉尔贝尔:《布阿吉尔贝尔选集》,伍纯武、梁守锵译,商务印书馆2011年版,第133页。

④ 《马克思恩格斯选集》第3卷,人民出版社2012年版,第667页。

产，也没有这个金钱偶像所造成的牺牲那么多。"①布阿吉尔贝尔虽然没有道明这个"神"就是凶神"摩洛赫"，但是通过他对金钱这个残酷的、暴烈的、贪得无厌的"神"的生动描述，"摩洛赫"的形象已经跃然纸上了。虽然布阿吉尔贝尔揭露了货币的各种"恶"，但他却承认商品生产和商品交换的必要性，这充分暴露了他对货币与商品的产生和消亡的历史必然性缺乏深刻的认识，于是很自然地就得出了用纸币"代替金钱和履行金钱的一切职能"的空想。布阿吉尔贝尔这种"废除货币保留商品生产和商品交换"的错误观点，被后来的法国小资产阶级思想家蒲鲁东继承和发展，以至于马克思将这种企图"保留教皇而废除天主教"的小资产阶级的幻想称为"蒲鲁东式的……民族遗传病"②。

二、诘　喻

诘喻是反问与比喻兼用，以反问句形式来表现内容的一种比喻形式。③诘喻从表现内容来看是比喻，从句子类型看是反问。比如，马克思在《反对俄国的兵力》一文中说："能否提供一幅描绘拿破仑第一派去反对俄国的各国军队的更完美的讽刺画呢？"④这就是一个以反问句形式来表现内容的诘喻，马克思在这个诘喻中把克里木战争中英法纠集的一些反俄杂牌军的构成情况比作了一幅"完美的讽刺画"，意在强调盟军的战斗力仅从人员构成看就难如人意，它活脱脱就是一副当年拿破仑第一反对俄国的讽刺画，而且没有比这个讽刺画更"完美"的了。

马克思在《资本论》及手稿中只使用了两个诘喻用法，除了下文提到的"不就是说像绵羊一样吗"之外，还有一个"温和的监狱"的诘喻用法。马克思在《资本论》第 1 卷中说："傅立叶称工厂为'温和的监狱'难道不对吗？"⑤傅立叶认为，资产阶级文明就是"复活的奴隶制"，雇佣劳动就是奴隶劳动，工厂就是"温和的苦役场所"。⑥ 马克思用诘喻的形式对其进行了

---

① ［法］布阿吉尔贝尔：《布阿吉尔贝尔选集》，伍纯武、梁守锵译，商务印书馆 2011 年版，第 166 页。
② 《马克思恩格斯全集》第 31 卷，人民出版社 1998 年版，第 449 页。
③ 参见谭学纯等编著：《汉语修辞格大辞典》，上海辞书出版社 2010 年版，第 134 页。
④ 《马克思恩格斯全集》第 11 卷，人民出版社 1962 年版，第 545 页。
⑤ 《马克思恩格斯文集》第 5 卷，人民出版社 2009 年版，第 491~492 页。
⑥ 参见《三大空想社会主义者选集总序》，载［法］傅立叶：《傅立叶选集》第 1 卷，赵俊欣等译，商务印书馆 2017 年版。

肯定。① 恩格斯在《英国工人阶级状况》一书中也曾揭露过这个"温和的监狱"中的悲惨状况。他说:"资产阶级用来束缚无产阶级的奴隶制的锁链,无论在哪里也不像在工厂制度上这样原形毕露。在这里,法律上和事实上的一切自由都不见了。……在这里,厂主是绝对的立法者。他随心所欲地颁布工厂规则;他爱怎样就怎样修改和补充自己的法规;即使他在这个法规中加上最荒谬的东西,法院还是对工人说:……你们既然自愿地订了这个契约,那你们就得履行它。""而这些工人却注定了从9岁起无论精神上或肉体上都要在棍子下面生活一直到死。"②这样的工厂难道不是比"监狱"更糟糕吗?

三、进　喻

进喻是几个比喻连用、前后在意义上有递进关系的一种比喻形式,可看作比喻与递进的兼用。③ 比如,马克思在《第六届莱茵省议会的辩论(第一篇论文)》中说:"书报检查制度甚至还不是一个按照病情使用不同内服药物的高明医生。它只是一个乡下的外科郎中,治疗一切病症都用那唯一的万能工具——剪子。它甚至还不是一个想使我康复的外科郎中,它是一个施行外科手术的唯美主义者;我身上的东西只要它不喜欢的,它就认为是多余的,它认为不顺眼的地方,就都除去。它是一个江湖医生,为了不看见疹子,就使疹子憋在体内,至于疹子是否将伤害体内纤弱的器官,他是毫不在意的。"④这个比喻就是一个非常精彩的层层递进的进喻,无情地揭露了书报检查制度对新闻出版自由的戕害。

马克思在《资本论》及手稿中也曾使用多个进喻。比如,马克思在1857~1858年经济学手稿中说:"货币从它表现为单纯流通手段这样一种奴仆形象,一跃而成为商品世界中的统治者和上帝。"⑤这个进喻先是将货币比作"奴仆",进而又比作"统治者和上帝",意在表明货币的不同规定性对货币地位的影响。马克思在1857~1858年经济学手稿"货币"章中分析了货币的三种规定:价值尺度、流通手段和作为货币的货币("不变的等价物""财富")。马克思认为,货币的流通手段的规定也就是"转瞬即逝的交

---

① 马克思在1861~1863年经济学手稿中批判英国庸俗经济学家安德鲁·尤尔时就曾提到傅立叶的这个比喻。参见《马克思恩格斯全集》第37卷,人民出版社2019年版,第166页。
② 参见《马克思恩格斯全集》第37卷,人民出版社2019年版,第156,157页。
③ 参见谭学纯等编著:《汉语修辞格大辞典》,上海辞书出版社2010年版,第140页。
④ 《马克思恩格斯全集》第1卷,人民出版社1995年版,第177~178页。
⑤ 《马克思恩格斯全集》第30卷,人民出版社1995年版,第173页。

换手段"的规定使货币表现为"奴仆"的形象。比如，一个饥渴的货币所有
者想吃西瓜就得花钱买，他兜里的货币就是满足他的生理需要的奴仆。而
货币作为目的本身的规定使其表现为"统治者和上帝"的形象。比如，守财
奴欧也妮·葛朗台就是以积累货币为目的，他积累这种能买万物的货币并
不是为了消费，而是为了享受拥有这种能买万物的货币的乐趣。货币能让
他产生一种被人奉为上帝的满足感。而实际上，在守财奴幻想成为上帝的
时候，他已经成了货币的奴仆，而货币则成了他的上帝和统治者。在这个上
帝和统治者面前，他可以牺牲一切，包括儿女的幸福。但是，我们也应该看
到，货币贮藏者之所以要积累货币，前提是因为货币能买万物，可以储存，可
以在任何时候拿出来去买自己想要的一切，不管这些货币是自己挣来的，还
是偷来的、抢来的、捡来的，抑或是在墙壁里、树洞里、海底里搜寻到的。马
克思认为，"充分发展的货币的**第三种规定**，以前两种规定为前提，并且是
它们的统一"，加上货币本身是一种"特殊的物体或实体，即金和银"，这一
点赋予货币以独立性，使它能够离开流通，能够从货币形式变为奢侈品、金
银饰品的形式，或者作为贮藏货币积累起来，而且可以在任何时候"换取任
何需要的对象"，因此"商品只是一些偶然的存在物"，而货币则是"万物的
结晶"。马克思说："货币是商品中的上帝。……货币代表商品的天上的存
在，而商品代表货币的人间的存在。"①有意思的是，恩格斯在《社会主义从
空想到科学的发展》一书中曾使用了一个与马克思这个进喻递进顺序相反
的进喻，也就是先将社会力量比作魔鬼似的"统治者"，进而再比作顺从的
"奴仆"。他说："社会力量完全像自然力一样，在我们还没有认识和考虑到
它们的时候，起着盲目的、强制的和破坏的作用。……但是，它的本性一旦
被理解，它就会在联合起来的生产者手中从魔鬼似的统治者变成顺从的
奴仆。"②

四、拟　喻

拟喻是比喻与比拟合用且有承接关系的一种比喻形式。③ 拟喻比较常
见的形式是先喻后拟，比如马克思在《〈科隆日报〉第 179 号的社论》中曾设
了一个将旧哲学比作"巫师"的拟喻："哲学，从其体系的发展来看，不是通
俗易懂的；它在自身内部进行的隐秘活动在普通人看来是一种超出常规的、
不切实际的行为；就像一个巫师，煞有介事地念着咒语，谁也不懂得他在念

① 《马克思恩格斯全集》第 30 卷，人民出版社 1995 年版，第 169、171、173 页。
② 《马克思恩格斯文集》第 3 卷，人民出版社 2009 年版，第 560 页。
③ 参见谭学纯等编著：《汉语修辞格大辞典》，上海辞书出版社 2010 年版，第 167 页。

叨什么。"①这个比喻先将旧哲学喻为巫师,然后再进行比拟,也就是"煞有介事地念着咒语,谁也不懂得他在念叨什么",形象生动地揭露了旧哲学脱离实践的抽象性质。也有的拟喻是先拟后喻,比如恩格斯在《暴力在历史中的作用》一文中说:"资产阶级悔罪认过,毫无怨言地忍受着百般踢打,把这看成是对它过去的革命贪欲的惩罚,它现在慢慢学会这样考虑,而后来它也这样宣布了:我们毕竟是狗啊!"②这个比喻就是先把德国怯懦的资产阶级比拟成狗,按照狗来描写,最后喻体"狗"才出现。还有的拟喻是喻在拟中,也就是喻体在比拟中间出现。比如恩格斯在《从巴黎到伯尔尼》一文中说:"巴黎已经死了,而这个美丽的死人愈是美丽,就愈显得可怕。"③恩格斯将六月起义失败之后冷清的、死寂的、可怕的巴黎比作一个"美丽的死人",这个比喻前后都有比拟,是一个喻在拟中的拟喻。

　　马克思在《资本论》和手稿中也曾使用了几个拟喻,都非常精彩。比如,马克思在《资本论》第1卷中说:"流通不断地把货币像汗一样渗出来。"这是一个先喻后拟的拟喻,先将货币比作"汗",然后用"汗不断地渗出来"比拟作为流通手段的货币"不断地沉淀在商品空出来的流通位置上"。马克思还特别强调,必须摒弃一种"最愚蠢不过的教条",即"商品流通必然造成买和卖的平衡,因为每一次卖同时就是买,反过来也是一样"。这个教条抹杀了直接的产品交换即物物交换与以货币为媒介的商品流通之间的本质区别,抹杀了"商品内在的使用价值和价值的对立,私人劳动同时必须表现为直接社会劳动的对立,特殊的具体的劳动同时只是当做抽象的一般的劳动的对立,物的人格化和人格的物化的对立",④进而也就抹杀了经济危机的可能性。

五、拈　喻

　　拈喻是比喻和拈连联用的一种比喻形式,其基本表现形式是先出现比喻,而后将比喻中的某个词拈来连到下句。⑤ 比如,恩格斯在《国民院》一文中说:"埃歇尔先生不知疲倦的手就像抽水机一样,从这新颖而令人信服的思想中,滔滔不绝地抽出了一大堆庄严的豪言壮语。"⑥这句话先用一个明

---

①　《马克思恩格斯全集》第 1 卷,人民出版社 1995 年版,第 219 页。
②　《马克思恩格斯全集》第 21 卷,人民出版社 1965 年版,第 483 页。
③　《马克思恩格斯全集》第 5 卷,人民出版社 1958 年版,第 553 页。
④　《马克思恩格斯文集》第 5 卷,人民出版社 2009 年版,第 134、135 页。
⑤　参见谭学纯等编著:《汉语修辞格大辞典》,上海辞书出版社 2010 年版,第 172 页。
⑥　《马克思恩格斯全集》第 6 卷,人民出版社 1961 年版,第 110 页。

喻将埃歇尔演讲时的手比作"抽水机",然后在这个明喻后面加了一个拈连的动作,也就是"抽出了一大堆庄严的豪言壮语",这就构成了一个拈喻的用法,从而把埃歇尔滔滔不绝的演讲形容得更加具体生动。①

　　《资本论》第 1 卷中也曾提出一个拈喻用法。马克思说:"卖和买的同一性包含着这样的意思:如果商品被投入流通的炼金炉,没有炼出货币,没有被商品占有者卖掉,也就是没有被货币占有者买去,商品就会变成无用的东西。"②马克思将商品流通比作"炼金炉",它要"炼出货币"。这段话意在揭示买卖双方互为媒介、互相依存的同一性。马克思在《〈政治经济学批判〉导言》中曾经提出了三种意义的同一性,这里"炼金炉"的比喻说的就是第二种同一性,即:"每一方表现为对方的手段;以对方为中介;这表现为它们的相互依存;……表现为互不可缺,但又各自处于对方之外。"③

---

① 当然,恩格斯这段话在原文中只使用了 pumpte 一个单词就将"用抽水机抽"的意思表达出来了,并不存在拈连的现象。因此这个拈喻的比喻形式实际上是翻译家们根据汉语的表达习惯翻译出来的,但意思是完全一样的。参见 *Marx‐Engels‐Gesamtausgabe* (*MEGA²*) , Abt. Ⅰ , Bd. 8, Berlin:Dietz Verlag, 2020, S. 230。

② 《马克思恩格斯文集》第 5 卷,人民出版社 2009 年版,第 135 页。

③ 《马克思恩格斯文集》第 8 卷,人民出版社 2009 年版,第 17 页。

第四章 《资本论》比喻和理论阐释

埃里克·查尔斯·斯坦哈特(Eric Charles Steinhart)曾说,"隐喻经常被用于理论的介绍","隐喻通常作为解释功能而被提出"。① 事实的确如此。不论是在自然科学还是哲学社会科学中,比喻都经常被用来阐释某种现象、某个概念或理论。比如,英国著名物理学家、原子核物理学之父欧内斯特·卢瑟福(E. Rutherford)在描述 α 粒子大角散射实验结果时曾说:"其难以置信的程度就像用一发 15 英寸的炮弹射击一张卫生纸,炮弹反弹回来并击中炮手。"②英国植物学家罗伯特·布朗(Robert Brown)在描述悬浮在水中的植物孢子的疾速而又不规则的运动(布朗运动)时曾将其比作意大利南部的一种舞蹈——塔朗特舞。另外,化学中的"分子监护人"(molecular chaperones)的比喻,③经济学中"看不见的手"的比喻,管理学中彼得的"木桶原理"和"梯子定律"的比喻等,都是用比喻来解释抽象的概念或理论。正如约瑟夫·熊彼特(Joseph Schumpeter)所说:"学生们碰到一个问题时,要了解其中的经济学内容不如了解一个实物的类比来得容易;所以教书时常常要用这些比喻。"④为了便于工人阶级理解革命的理论,马克思也经常使用比喻来解释概念、提出论断和阐释理论。

第一节 解 释 概 念

马克思经常用比喻来解释一些抽象的概念,比如,他在《〈科隆日报〉第 179 号的社论》中说"无知是一个魔鬼"⑤,在《帕麦斯顿勋爵》一文中说"礼貌是魔鬼用来换取被愚弄者的鲜血的小钱"⑥,等等。这些解释或深刻,或幽默,颇有些"魔鬼辞典"的味道。马克思在《资本论》及手稿中

---

① [美]埃里克·查尔斯·斯坦哈特:《隐喻的逻辑:可能世界之可类比部分》,兰忠平译,商务印书馆 2019 年版,第 57、292 页。
② [美]S.钱德拉塞卡:《莎士比亚、牛顿和贝多芬:不同的创造模式》,杨建邺等译,湖南科学技术出版社 2012 年版,第 3 页。
③ 参见安军:《科学隐喻的元理论研究》,科学出版社 2017 年版,第 39 页。
④ [美]约瑟夫·熊彼特:《经济分析史》第 1 卷,朱泱等译,商务印书馆 2017 年版,第 40 页。
⑤ 《马克思恩格斯全集》第 1 卷,人民出版社 1995 年版,第 228 页。
⑥ 《马克思恩格斯全集》第 12 卷,人民出版社 1998 年版,第 400 页。

也有很多类似的解释。

一、用"基督徒的羊性"解释商品价值

一个商品的价值固然抽象,但它总要表现出来,这就需要另一件商品作为镜子将第一件商品的价值反映出来。为了说明这个问题,马克思在《资本论》第1卷中曾用"基督徒的羊性"来比喻商品的价值,用"基督徒的羊性通过他和上帝的羔羊相等表现出来"来比喻"麻布的价值存在通过它和上衣相等表现出来"。他说:"作为使用价值,麻布是在感觉上与上衣不同的物;作为价值,它却是'与上衣等同的东西',因而看起来就像上衣。麻布就这样取得了与它的自然形式不同的价值形式。它的价值存在通过它和上衣相等表现出来,正像基督徒的羊性通过他和上帝的羔羊相等表现出来一样。"①"上帝的羔羊"指的是上帝的儿子耶稣,据说他性情温顺如羔羊,所以基督徒被要求向耶稣看齐,都去做上帝的羔羊。"基督徒的羊性"指的是对上帝的恭顺的信仰。上帝面前,人人平等,都是羔羊。马克思这个比喻意在表明:麻布的价值通过它将要成为的上衣的价值反映出来,就像基督徒的羊性通过他所效仿的耶稣基督反映出来一样;"商品B的物体成了反映商品A的价值的镜子",就像耶稣基督成了反映基督徒的羊性的镜子一样;商品无论使用价值的差异多么巨大,它们在抽象的人类劳动面前都是无差异的,就像基督徒无论社会身份的差异有多么巨大,但是在上帝面前都是平等的一样。

二、用"快嘴桂嫂"解释商品的价值对象性

马克思在《资本论》第1卷中为了表明价值对象性的不可捉摸的抽象性质,使用了一个关于"快嘴桂嫂"的否喻形式的比喻。他说:"商品的价值对象性不同于快嘴桂嫂,你不知道对它怎么办。同商品体的可感觉的粗糙的对象性正好相反,在商品体的价值对象性中连一个自然物质原子也没有。"②快嘴桂嫂(Dame Quickly,又译为"郭克里寡妇")是莎士比亚的历史剧《亨利四世》《亨利五世》和《温莎的风流娘儿们》中都有出场的人物,她是"野猪头"酒店的老板娘,外表看起来她是一个不会抽象思维的快嘴婆娘。在《亨利四世》第三幕第三场中,快嘴桂嫂同福斯塔夫发生了争吵,后者骂她"是一个水獭",说她"既不是鱼,又不是肉,是一件不可捉摸的东

① 《马克思恩格斯文集》第5卷,人民出版社2009年版,第66页。

② 《马克思恩格斯文集》第5卷,人民出版社2009年版,第61页。

西"。快嘴桂嫂反驳说:"你这样说我,真太冤枉人啦,你们谁都知道我是个老老实实的女人,从来不会藏头盖脸的,你这恶棍!"①马克思说"商品的价值对象性不同于快嘴桂嫂",意在表明价值对象性的不可捉摸的抽象性质,也就是说,商品体作为价值物是不可捉摸的,商品的价值只能在商品交换中以交换价值的形式表现出来。这里需要注意"对象"和"对象性"、"使用价值的对象性"和"价值的对象性"之间的区别。"对象性"指的是与人的主体性相对应的客体性,也就是处于人的主体之外的存在物的独立性和客观现实性。"对象性"虽然具有"对象"的性质,但却不是"对象"。按照马克思的比喻用法,"对象"是"结晶"之物,是可以明确把握之物;而"对象性"只是一种"胶凝状态",是不可明确把握的"幽灵般的"存在。商品的"使用价值对象性"指的是与人的具体劳动相结合的自然物的独立性,指自然物里包含的人的具体劳动的客观物化性,是看得见摸得到的"粗糙的对象性"。但是,作为商品体中所包含的人类抽象劳动的独立性和客观物化性的"价值对象性"却是看不见摸不着的,只能进行抽象的把握。因为商品的价值是凝结在商品体中的人类抽象劳动,它虽然把商品体作为自己的物质承担者,但它本身是纯粹的社会关系。虽然福斯塔夫说快嘴桂嫂"是一件不可捉摸的东西",但她毕竟是一个活生生的可以感知的存在物,就像她自己说的,她"从来不会藏头盖脸的",但价值对象性也就是价值的现实存在才真正是不可捉摸的,所以马克思称之为"幽灵般的对象性",是"无差别的人类劳动的单纯凝结,即不管以哪种形式进行的人类劳动力耗费的单纯凝结"②。马克思认为,关于商品价值的部分是《资本论》最难懂的部分。他在 1857~1858 年的手稿中也说:"价值这个经济学概念在古代人那里没有出现过。……价值概念完全属于现代经济学,因为它是资本本身的和以资本为基础的生产的最抽象的表现。价值概念泄露了资本的秘密。"③价值概念虽然抽象,但是它对揭露资本的秘密、揭示资产阶级经济学的种种弊端起着无可替代的作用。就像阿尔都塞在《读〈资本论〉》一书中所说的,"马克思明确认为是他的发现以及他的全部经济分析的基础的那些概念,例如价值和剩余价值的概念,……在实质上却是非经济的、'哲学的'和'形而上学'的概念……经济学家所指责的马克思理论上的缺陷和弱点恰恰是马克思的力量所在。同时,也正是这一点构成了马克思同他的批评者以及某些

---

① [英]莎士比亚:《莎士比亚全集》第 3 卷,朱生豪等译,人民文学出版社 1994 年版,第 178 页。

② 《马克思恩格斯选集》第 2 卷,人民出版社 2012 年版,第 98~99 页。

③ 《马克思恩格斯全集》第 31 卷,人民出版社 1998 年版,第 180 页。

最亲近的拥护者的根本区别"①。在毛泽东读过的《辩证法唯物论教程》中,作者为了说明感性认识与理性认识的关系,引用了马克思这个关于"快嘴桂嫂"的比喻,并且介绍了马克思这个比喻意在形象地说明商品的价值对象性是不易把握的高度抽象的东西。毛泽东在此处作了一个批注:"概念比感觉更为深刻,是进一步的东西,例如商品与价值。"②没有价值这个"更为深刻"的概念,就无法从资产阶级政治经济学的框框里走出来。在马克思看来,这也是资产阶级政治经济学不能有更大作为的原因之一。

三、用"秋波"解释商品价格

马克思曾幽默地将商品的价格比作商品向货币送去的"秋波"。他说:"货币把一切价格倒过来读,从而把自己反映在一切商品体上,即为货币本身变成商品而献身的材料上。同时,价格,即商品向货币送去的秋波,表明货币的转化能力的限度,即表明货币本身的量。"③这个比喻意在表明,商品要转化为货币,也就是商品要把自己卖出去,把自己从想象中的"金"变成实实在在的坚硬的"金",首先必须要让自己有用,也就是让自己对货币占有者来说"是使用价值",其次价格必须"诱人"才能帮助商品尽快地"蛹化"为货币,也就是吸引货币持有者献出自己的货币。这个比喻,就像胡培兆和孙连成两位先生所说的,"把商品急于出卖的热情和被动局面表现得很生动,完全人格化了"④。

四、用"春蚕吐丝"解释非生产劳动

马克思在 1861~1863 年经济学手稿中曾使用一个"春蚕吐丝"的比喻。他说:"弥尔顿出于同春蚕吐丝一样的原因而创作《失乐园》。那是**他的**天性的表现。"⑤这个比喻意在形容英国作家弥尔顿不可遏制的创作冲动,揭示"非生产劳动"的性质。这个比喻属于较喻中的等喻,表示弥尔顿的创作冲动和春蚕吐丝的劲头程度相当,都出于内在"必要"而发,而且一发就不可收拾。马克思用"春蚕吐丝"来比喻弥尔顿创作《失乐园》的不可遏制的内在冲动,其意有三。一是为了揭示弥尔顿的创作不是以挣钱为目的的

① ［法］路易·阿尔都塞、艾蒂安·巴里巴尔:《读〈资本论〉》,李其庆、冯文光译,中央编译出版社 2001 年版,第 86~87 页。
② 中共中央文献研究室编:《毛泽东哲学批注集》,中央文献出版社 1988 年版,第 27 页。
③ 《马克思恩格斯文集》第 5 卷,人民出版社 2009 年版,第 131 页。
④ 参见胡培兆、孙连成:《〈资本论〉研究之研究》,四川人民出版社 1985 年版,第 14 页。
⑤ 《马克思恩格斯全集》第 37 卷,人民出版社 2019 年版,第 332 页。

"生产劳动",而是"出于同春蚕吐丝一样的原因"而进行的"非生产劳动";二是为了揭露那些故意混淆"生产劳动"和"非生产劳动"的本质区别以掩盖剥削真相的庸俗经济学家;三是对那些以挣钱为目的而写作的庸俗经济学家进行辛辣的嘲讽。马克思曾说:"作者当然必须挣钱才能生活,写作,但是他决不应该为了挣钱而生活,写作。"①弥尔顿就是这样一位不是"为了挣钱而生活,写作"的作者。

五、用"造形的火"解释劳动

马克思在 1857~1858 年经济学手稿中将劳动比作"造形的火"。他说:"劳动是活的、造形的火;是物的易逝性,物的暂时性,这种易逝性和暂时性表现为这些物通过活的时间而被赋予形式。在简单生产过程中——撇开价值增殖过程不谈——物的形式的易逝性被用来造成物的有用性。"②这个比喻可能是受了黑格尔的影响。黑格尔在《法哲学原理:或自然法和国家学纲要》一书中也曾提到劳动的"造形"作用。所谓"造形",套用古希腊的哲学术语,就是赋予"质料"以"形式"。在黑格尔看来,劳动是人的自我确证的中心方式,是实现主客观统一的推动力。他说:"劳动通过各色各样的过程,加工于自然界所直接提供的物资,使合乎这些殊多的目的。这种造形加工使手段具有价值和实用。"③虽然黑格尔所谓的劳动指的主要是一种抽象的精神劳动,是绝对精神的自我运动,但是黑格尔的劳动观强调了劳动的超越性和创造性,高扬了人这个劳动主体的地位,比起"以劳动为原则的""表面上承认人,其实是彻底实现对人的否定"的"国民经济学"来说,是一个了不起的进步。马克思认为,黑格尔"抓住了**劳动**的本质,把对象性的人、现实的因而是真正的人理解为**人自己的劳动**的结果",而且他"紧紧抓住人的**异化**不放",④从而使他的劳动观极具批判性。马克思在论述劳动对资本的发酵作用时,也曾提到劳动的"造形"作用,并且认为劳动就是"造形活动",是使资本发酵的"酵母"。他说:"劳动是酵母,它被投入资本,使资本发酵。一方面,资本借以存在的对象性必须被加工,即被劳动消费;另一方面,作为单纯形式的劳动,其纯粹主体性必须被扬弃,而且劳动必须被对象化在资本

---

① 《马克思恩格斯全集》第 1 卷,人民出版社 1995 年版,第 192 页。
② 《马克思恩格斯全集》第 30 卷,人民出版社 1995 年版,第 329 页。
③ [德]黑格尔:《法哲学原理:或自然法和国家学纲要》,范扬、张企泰译,商务印书馆 2017 年版,第 238 页。
④ 参见《马克思恩格斯文集》第 1 卷,人民出版社 2009 年版,第 179、205、204 页。

的物质中。"①马克思这段话的黑格尔式的表述方式,似乎表明,这里正是马克思所说的"有些地方我甚至卖弄起黑格尔特有的表达方式"中的地方之一。马克思继承了黑格尔的劳动辩证法,将劳动看成是物的易逝性和暂时性的表现,这些物不断地通过工人的活的劳动而不断地被否定和否定之否定,从而获得新的存在形式。在这个过程中,"原料不再保持自己的自然形状和自然特性",②而且不断丧失其形状和特性。相比黑格尔的"劳动造形说",马克思更进一步,用一个比喻将劳动比作活的、造形的"火"。这个比喻意在通过强调工人的活劳动对生产资料这种固化劳动的"造形"作用——比如把作为生产资料的铁矿石冶炼成钢材,再将钢材加工成作为消费品的汽车——来强调"劳动是积极的、创造性的活动"。必须指出的是,马克思在《资本论》及手稿中的劳动的"造形活动"这个对象化过程同时也是劳动的异化过程,劳动的"造形活动"在"赋予死劳动以活的灵魂"的同时,也将使劳动丧失自己的灵魂,成为异化的劳动,结果"一方面把已创造的财富变成了他人的财富,另一方面只是把活劳动能力的贫穷留给自己"。③ 在资本主义生产方式中,劳动是受资本统治的,生产逻辑是被资本逻辑统摄的,作为劳动者的人不过是资本增殖的工具而已。那种无视劳动的异化,只看到劳动是造形之火而将劳动过度美化甚至将其看成是一种"快乐"的观点,是对马克思的严重误读,是一种倒退到黑格尔"只看到劳动的积极的方面"而看不到"它的消极的方面"的观点。④

六、用"地质层系"解释经济社会形态

马克思在 1861~1863 年经济学手稿中曾用"地质层系"来比喻经济社会形态。他说:"正像各种不同的地质层系相继更迭一样,在各种不同的经济的社会形态的形成上,不应该相信各个时期是突然出现的,相互截然分开的。"⑤马克思在这里提到了一个非常重要的概念,即"经济的社会形态"(der konomischen Gesellschaftsformationen)。这个概念又译为"经济的社会形态"或"社会的经济形态",简称"社会形态"或"经济形态",是马克思用来表示社会发展阶段的概念。这里的"经济"或"经济的"只是一种透视社会形态的视角,并不表示除了"经济社会形态"或"经济的社会形态"之外还

---

① 参见《马克思恩格斯全集》第 30 卷,人民出版社 1995 年版,第 256 页。
② 《马克思恩格斯选集》第 2 卷,人民出版社 2012 年版,第 94、690 页。
③ 《马克思恩格斯全集》第 30 卷,人民出版社 1995 年版,第 453 页。
④ 参见《马克思恩格斯文集》第 1 卷,人民出版社 2009 年版,第 205 页。
⑤ 《马克思恩格斯全集》第 37 卷,人民出版社 2019 年版,第 99 页。

有一种"非经济的社会形态"。文中的"地质层系"的德文是 der geologischen Formationen，是一个形容词＋名词结构的短语，由 geologisch（地质的）和 Formation（层系结构、岩层、地层）构成。其中的 Formation 一词除了是一个地质学术语外，还有"形成、构成、组成"之意。而"社会形态"的德文 Gesellschaftsformationen 是一个复合词，由 Gesellschaft（社会）和 Formation（构成）复合而成。马克思构造"社会形态"（Gesellschaftsformationen）一词，显然是受了"地质层系"（der geologischen Formationen）这个词组的启发。①这个比喻意在强调任何一个经济社会形态都不是空穴来风，都不是突然出现的、与其他经济社会形态截然分开的，而是历史的产物。具体来说，马克思在这里是要揭示历史上的工场手工业阶段为机器大工业时代的到来创造了前提条件。马克思在 1881 年《给维·伊·查苏利奇的复信》中也用这个关于"地质层系"的比喻来说明俄国农村公社的时代类型。他在复信的初稿中写道，"正像在地质的层系构造中一样，在历史的形态中，也有原生类型、次生类型、再次生类型等一系列的类型"。在复信的第二稿中，马克思再次提到了这个比喻并对其进行了完善。他说："地球的太古结构或原生结构是由一系列不同年代的叠复的地层组成的。古代社会形态也是这样，表现为一系列不同的、标志着依次更迭的时代的类型。俄国农村公社属于这一链条中最近的类型。"②马克思这个比喻体现了一种"历史感"，是对唯物史观和历史辩证法的生动表述。在马克思看来，"资本关系是在经济社会形态的这样一个历史阶段上发展起来的，这个阶段已经是一系列以前的发展的结果。作为经济社会形态的这样一个历史阶段的出发点的那种劳动生产率水平并不是自然的某种产物，而是历史的产物"③。马克思在《资本论》第 1 卷第 1 版序言中也说："我的观点是把经济的社会形态的发展理解为一种自然史的过程。不管个人在主观上怎样超脱各种关系，他在社会意义上总是这些关系的产物。"④马克思在 1861～1863 年经济学手稿中评论英国古典政治经济学的最后代表理查·琼斯（Richard Jones）时，曾对琼斯关于资本的"正确的历史的理解"给予了高度的评价，认为琼斯看到了资本主义生产方式的"可废止性"，也就是"纯粹历史的暂时的必然性"，而"没有

---

① 正因为如此，曾有学者提出 Gesellschaftsformationen 一词应该翻译成"社会层"。参见刘召峰：《社会形态、经济的社会形态、社会形式——马克思社会形态理论的核心概念考辨》，《浙江大学学报》（人文社会科学版）2020 年第 4 期。
② 《马克思恩格斯全集》第 25 卷，人民出版社 2001 年版，第 467～468、472～473 页。
③ 《马克思恩格斯全集》第 32 卷，人民出版社 1998 年版，第 285 页。
④ 《马克思恩格斯文集》第 5 卷，人民出版社 2009 年版，第 10 页。

把资本的关系看做永恒的关系"。①

第二节 提 出 论 断

通过比喻提出论断主要是通过暗喻这种比喻形式来实现的。马克思和恩格斯的很多重要论断都是通过暗喻的形式表述的,比如,"报刊是历史的人民精神的英勇喉舌""法典就是人民自由的圣经"②**"革命是历史的火车头"**③"普选制是测量工人阶级成熟性的标尺"④,等等。马克思在《资本论》中也曾使用比喻提出过很多重要论断。

一、暴力是每一个孕育着新社会的旧社会的助产婆

马克思说:"暴力是每一个孕育着新社会的旧社会的助产婆。暴力本身就是一种经济力。"⑤这里所说的"暴力"不是日常生活中的暴力,而是阶级斗争中的暴力,是"集中的、有组织的社会暴力",具体到《资本论》中,指的是资产阶级利用国家权力剥夺农民土地,使其成为"自由的"雇佣工人的暴力,是利用工厂制度迫使这些"自由人""自愿出卖劳动力"的暴力,是利用殖民制度、国债制度、现代税收制度和保护关税制度等各种手段最大程度榨取剩余价值的暴力。马克思将这种暴力比作"助产婆",其意有二:首先是强调暴力在推动历史前进方面的客观的积极作用,这里指的当然是暴力在"促进从封建生产方式向资本主义生产方式的转化过程"中的作用。其次是强调暴力的客观作用是为了揭露资产阶级庸俗经济学家粉饰资本原始积累过程的企图。这些经济学家颠倒黑白,把资本原始积累的"血与火"的暴力掠夺过程美化成田园诗般的没有任何暴力的过程。马克思不仅还原了历史的真相,也实事求是地指出了暴力的历史作用。这种对待科学研究的真诚态度,是那些受资产阶级立场束缚的献媚者永远无法企及的。

这个比喻的本体是暴力,喻体是"助产婆",比喻词是"是",本体和喻体的相似点至少有以下两个方面。首先,暴力和助产婆都有"接生"的积极作用。助产婆帮助新生命顺利出生,减少孕妇分娩的痛苦和风险。而暴力也能帮助新的社会形态这个"胎儿"从旧社会的"胞衣"里顺利降生,加速社会

---

① 《马克思恩格斯全集》第36卷,人民出版社2015年版,第310页。
② 《马克思恩格斯全集》第1卷,人民出版社1995年版,第155、176页。
③ 《马克思恩格斯文集》第2卷,人民出版社2009年版,第161页。
④ 《马克思恩格斯文集》第4卷,人民出版社2009年版,第193页。
⑤ 《马克思恩格斯文集》第5卷,人民出版社2009年版,第861页。

形态的转化进程,"缩短和减轻分娩的痛苦"。其次,暴力和助产婆都需要在客观条件具备的情况下才能有效发挥"接生"作用。助产婆只能顺利接生那躁动于母腹中的已经成熟了的胎儿,对于尚未成熟的胎儿,她也是无能为力的,更不要说凭空制造出一个了。同样,暴力也只能等新的更高的生产关系在旧社会的胎胞里成熟以后才能发挥"接生"的作用。暴力只能在时机已经成熟,在新旧社会形态的"临界点"上,在"一切决定性的'关键'时期"①,才能发挥革命的"接生"作用。否则,就像马克思说的,"无论哪一个社会形态,在它所能容纳的全部生产力发挥出来以前,是决不会灭亡的;而新的更高的生产关系,在它的物质存在条件在旧社会的胎胞里成熟以前,是决不会出现的"②。马克思在生前亲自校订和修改的最后一个版本的《资本论》,也就是法文版《资本论》中,将"暴力是每一个孕育着新社会的旧社会的助产婆"这句话改成了"暴力是每一个临产的旧社会的助产婆"③。从"孕育着新社会的"到"临产的"这个改动,充分表明了马克思对暴力作用的条件性的强调。

二、资本家是社会机制中的主动轮

马克思在《资本论》第 1 卷中曾将资本家比作"主动轮"。他说:"在货币贮藏者那里表现为个人的狂热的事情,在资本家那里却表现为社会机制的作用,而资本家不过是这个社会机制中的一个主动轮罢了。"④马克思将资本家比作社会机制中的一个"主动轮",意在强调:资本家虽然和货币储藏者一样也有致富欲,但是他的致富欲的满足不是靠个人的储藏行为,而是靠社会化大生产的机制;而资本家只有在这种社会化大生产的机制中,在满足致富欲的同时也促进生产力的巨大发展,才有其"历史存在权"。马克思在 1857~1858 年经济学手稿中还曾将货币比作"主动轮"⑤。这两个比喻是内在一致的,因为资本家就是货币资本的人格化,是人格化的"主动轮"。马克思这个比喻突出了资本家和货币贮藏者之间的根本区别。货币贮藏者对货币仅仅表现为"个人的狂热",他们只是"贮藏"和收取利息,对社会化大生产机制的形成没有较大影响,在其中发挥的作用也不够"主动"。而资本家则不同,他们不仅对货币本身表现为"个人的狂热",更重要的是,他们

---

① 《马克思恩格斯文集》第 9 卷,人民出版社 2009 年版,第 362 页。
② 《马克思恩格斯全集》第 31 卷,人民出版社 1998 年版,第 413 页。
③ 《马克思恩格斯全集》第 43 卷,人民出版社 2016 年版,第 814 页。
④ 《马克思恩格斯文集》第 5 卷,人民出版社 2009 年版,第 683 页。
⑤ 参见《马克思恩格斯全集》第 30 卷,人民出版社 1995 年版,第 176 页。

要利用社会机制的作用使货币作为资本而增殖,他们就是在这个过程中确立了资本主义生产方式,并且在其中扮演了社会机制的"主动轮"的角色,极大地促进了生产力的发展。

三、人体解剖对于猴体解剖是一把钥匙

马克思在 1857~1858 年经济学手稿中曾将人体解剖比作一把打开猴体之谜的"钥匙"。他说:"人体解剖对于猴体解剖是一把钥匙。反过来说,低等动物身上表露的高等动物的征兆,只有在高等动物本身已被认识之后才能理解。因此,资产阶级经济为古代经济等等提供了钥匙。"①马克思用"人体解剖对于猴体解剖是一把钥匙"进行类比论证,并得出了资产阶级经济是古代经济的"钥匙"的结论,也就是通过资产阶级社会这个"最发达的和最多样性的历史的生产组织",可以"透视一切已经覆灭的社会形式的结构和生产关系",就像通过人体解剖可以透视猴体解剖一样。这个类比的本体和类体都是一个暗喻,喻体都是"钥匙",由此构成了两个本体共一喻体的约喻。马克思这个比喻可能是受了费尔巴哈"现在是过去的锁钥"②这个比喻的启发,而其中包含的思想可能在马克思创作《1844 年经济学哲学手稿》时大量摘录弗里德里希·威廉·舒尔茨(F. W. Schulz)《生产运动》一书的过程中就产生了。③

马克思认为,"资产阶级社会是最发达的和最多样性的历史的生产组织",所以,"那些表现它的各种关系的范畴以及对于它的结构的理解,同时也能使我们透视一切已经覆灭的社会形式的结构和生产关系。资产阶级社会借这些社会形式的残片和因素建立起来,其中一部分是还未克服的遗物,继续在这里存留着,一部分原来只是征兆的东西,发展到具有充分意义"。④在已经覆灭的社会中"一部分原来只是征兆的东西"只有在"发展到具有充分意义",也就是在具备了"能够进行自我批判"的资产阶级社会的历史条

---

① 《马克思恩格斯全集》第 30 卷,人民出版社 1995 年版,第 47 页。
② 费尔巴哈在《宗教本质讲演录》第 11 讲中说:"我不是像历史家一样,根据过去来推论现在;我却是根据现在去推论过去。我认为现在是过去的锁钥,而过去并不是现在的锁钥,……我总是只拿现在的观点去测度、判断并认识过去的。"参见[德]路德维希·费尔巴哈:《费尔巴哈哲学著作选集》下卷,荣震华等译,商务印书馆 1984 年版,第 590 页。
③ 舒尔茨在《生产运动》中说过:"对出于当前性质的社会状况的更仔细的观察,为我们提供了关于人类生活的过去的更多说明。"张一兵先生认为,这句话与马克思"人体解剖对于猴体解剖是一把钥匙"这个比喻"有相近的构境意向"。参见[德]舒尔茨:《生产运动》,李乾坤译,南京大学出版社 2019 年版,第 10 页;张一兵:《回到马克思——经济学语境中的哲学话语》,江苏人民出版社 2020 年版,第 434 页。
④ 《马克思恩格斯选集》第 2 卷,人民出版社 2012 年版,第 705 页。

件下才能被理解,正如"低等动物身上表露的高等动物的征兆,只有在高等动物本身已被认识之后才能理解"一样。马克思还强调说,虽然资产阶级经济为古代经济等等提供了钥匙,但是,决不能像庸俗经济学家那些把二者等同起来,抹杀一切历史差别,把一切社会形式都看成资产阶级社会形式。

第三节　阐　释　理　论

很多学者认为,比喻性的语言并不适合用来阐释纯粹的理论,也有学者借此非难《资本论》,质疑其理论的严谨性。但是,正如上文所说,比喻不管是在自然科学还是社会科学理论的阐释中都是不可避免的,一味回避比喻不仅没有必要,也几乎是不可能的。另外,马克思并非一个纯粹的学者,更是一个革命者;《资本论》也并非单纯的学术著作,更是工人阶级的精神武器。因此,要马克思在《资本论》中不使用比喻,不仅对马克思这个"追求非常精致的形象表达"①的人来说是一种过分的要求,对掌握群众来说也是极为不利的。当然,比喻性语言难免会导致理解上的歧义和偏差,但只要我们不是机械地、断章取义地去理解,而是结合上下文的逻辑、作者的立场和态度等方面,是能够准确把握作者的思想内涵的。值得一提的是,由于主题所限,本书并非要系统阐释《资本论》的全部理论内容(已有大量书籍很好地完成了这个任务,本书无须再进行这方面的重复劳动),而是仅仅通过马克思所使用的比喻来阐释其所反映出来的理论内容。这一点想必读者是能够理解的。

一、用比喻阐释劳动价值理论

1. 用"来生""音符""肉体""灵魂"阐释劳动的二重性

马克思在《政治经济学批判》中揭示商品的二重性以及商品和货币之间的内在联系时曾使用了一个合喻予以说明。他说:"这些商品在自己的价格上都把金当作自己的来生来追求,同时又表示出金应该奏出什么样的音符,才能使它们的肉体即使用价值跳到货币那边,使它们的灵魂即交换价值跳进金本身。"②这个合喻由四个比喻组成。第一个比喻是暗喻,将金比作商品的"来生",意在揭示商品"此生"的目的是换回货币(金)。文中的"这些商品"指的是除了金银这种作为一般等价物的特殊商品外的其他商

---

① 《马克思恩格斯全集》第40卷,人民出版社1982年版,第913页,注释1。
② 《马克思恩格斯全集》第31卷,人民出版社1998年版,第487页。

品,它们之所以把金当作自己的"来生"来追求,是因为金"能够直接表现为一切其他商品的使用价值",也就是黄金可买一切。第二个比喻是借喻,将商品的价格比作金奏出的"音符"。贴在商品上的价格标签是否有吸引力,就像金奏出的"音符"是否动人一样,这决定着商品能够顺利进入"来生",顺利实现从商品到货币的"惊险的跳跃"。第三个比喻是倒喻也是暗喻,将使用价值比作商品的"肉体",它跳到货币那边指的是跳到货币所有者(买家)那边,从而把买家手里的货币换回来。第四个比喻是倒喻也是暗喻,将交换价值比作商品的"灵魂",它跳到金本身指的是商品用自己的"肉体"赎回了自己的"灵魂",完成了自己的使命,使作为流通手段的货币重新成为了作为"自为存在的价值"或"致富欲望的唯一对象"的货币本身。马克思这一组比喻形象地揭示了商品的二重性,以及商品和货币之间的内在联系。马克思认为,商品具有二重性,商品是使用价值和交换价值的对立统一体,是肉体(使用价值)和灵魂(交换价值)的对立统一体。而商品的二重性根源于劳动的二重性,马克思认为,这是理解政治经济学的枢纽。他还说,"劳动或是表现为使用价值或是表现为交换价值这种**劳动的二重性**(这是对事实的**全部**理解的基础)",而"经济学家们毫无例外地都忽略了这样一个简单的事实:既然商品是二重物——使用价值和交换价值,那么,体现在商品中的劳动也必然具有二重性,而像斯密、李嘉图等人那样只是单纯地分析劳动本身,就必然处处都碰到不能解释的现象。实际上,对问题的批判性理解的全部秘密就在于此"①。马克思正是从分析商品和劳动的二重性开始,逐步揭开了资本主义生产方式背后的秘密。

2. 用"锁链"和"镶嵌画"阐释价值形式

马克思在《资本论》第1卷中论述"总和的或扩大的价值形式的缺点"时,曾使用了一个进喻形式的比喻。他说:"这条锁链形成一幅由互不关联的而且种类不同的价值表现拼成的五光十色的镶嵌画。"②这个进喻的本体是永无止境的"价值表现系列",是一系列特殊表现形式的总和。比如,20码麻布=1件上衣,20码麻布=10磅茶叶,等等。马克思先将这个系列比作一条"锁链",进而再比作一幅"镶嵌画"。这个比喻意在揭示商品世界中的相对价值形式的缺陷。马克思认为,相对价值形式具有两个缺陷:一个是"未完成",另一个是"不关联"。这个"从锁链到镶嵌画"的进喻就是为了说明第二个缺陷。马克思认为,人类劳动在这些特殊表现形式的总和中只

---

① 《马克思恩格斯文集》第 10 卷,人民出版社 2009 年版,第 268、276 页。
② 《马克思恩格斯文集》第 5 卷,人民出版社 2009 年版,第 80 页。

获得了"总和的表现形式",但是还没有获得"统一的表现形式"。而这个"统一的表现形式"就是"一般价值形式"。只有获得了这种"一般价值形式"的商品才能成为"一般等价物"。

3. 用"拜物教"阐释商品的性质

马克思在《资本论》第1卷中论述"商品的拜物教性质及其秘密"时曾使用了一个著名的比喻——"拜物教"。他说:"要找一个比喻,我们就得逃到宗教世界的幻境中去。在那里,人脑的产物表现为赋有生命的、彼此发生关系并同人发生关系的独立存在的东西。在商品世界里,人手的产物也是这样。我把这叫做拜物教。"[①]"拜物教"的德文是 Fetischismus。该词有两层含义:一是拜物教或称物神崇拜;二是心理学上的恋物癖。第一层含义是把某种物当作神来崇拜,将物或对物的想象置于人的地位之上,反映的是人的主体性尚未凸显的蒙昧状态。第二层含义指的是把人的附属物如衣服、鞋子等当作人本身来迷恋,甚至将附属物置于人之上,而把人本身当成无足轻重的附属物。这两层含义说的其实都是一种"歧变"、一种"颠倒"。在这种"歧变"和"颠倒"中,人被置于物的统治之下。马克思这个比喻是在"拜物教"的第一层含义上来使用这个比喻的。具体来说,这个比喻是将商品世界比作了"宗教世界",将作为"人手的产物"的商品比作了作为"人脑的产物"的"神"。马克思认为,商品的本质并不是物品,而是被物的外壳掩盖着的人与人之间的交换关系,但它又以使用价值为依托,因而总是对象化到具体的物品上,并赋予这些物品以特有的社会的经济的性质,因此商品就表现为一种自然的、似乎是由这些物的物质本性所产生的神秘性质,"充满形而上学的微妙和神学的怪诞"。马克思说:"劳动产品一旦作为商品来生产,就带上拜物教性质"。[②] 在这种情况下,商品作为在场的主角,而生产商品的人则被遮蔽了。马克思还认为,商品的拜物教性质是一定历史阶段的产物。劳动产品本身并不神秘,自从劳动创造了人,人也就开始创造劳动产品。在前资本主义社会中,劳动产品并不具有拜物教的性质,但是进入资本主义社会,劳动产品就带上了拜物教的性质,这是由于劳动产品是作为商品来生产的,是同商品生产和生产商品的雇佣劳动所特有的社会性质分不开的。一旦这种生产过程摆脱了资本主义生产方式的束缚,也就是"作为自由联合的人的产物,处于人的有意识有计划的控制之下的时候",劳动产品

---

① 《马克思恩格斯文集》第5卷,人民出版社2009年版,第90页。文中"比喻"一词的德文原文是"Analogie",英文译文是"Analogy",都是"类比"的意思,但这个类比也的确是一个比喻。详见本书第七章第一节《资本论》比喻若干解读辩正"。
② 《马克思恩格斯文集》第5卷,人民出版社2009年版,第88、90页。

"才会把自己的神秘的纱幕揭掉"。但是,马克思认为,"这需要有一定的社会物质基础或一系列物质生存条件,而这些条件本身又是长期的、痛苦的发展史的自然产物"。①

4. 用"龙虾脱壳""真爱情的道路"等比喻阐释商品到货币的转化

为了揭示商品到货币的转化之困难,马克思在《资本论》第1卷中曾用"黑格尔的'概念'实现由必然到自由的过渡""龙虾脱壳"和"教父圣哲罗姆解脱原罪"三件难事来设喻。他说:"商品要实际上起交换价值的作用,就必须抛弃自己的自然形体,从只是想象的金转化为实在的金,诚然,商品实现这种变体,同黑格尔的'概念'实现由必然到自由的过渡相比,同龙虾脱壳相比,同教父圣哲罗姆解脱原罪相比,是'更为困难的'。"②这个博喻由三个强喻形式的较喻组成。本体只有一个——"商品实现这种变体",也就是从商品到货币这个"惊险的跳跃","从只是想象的金转化为实在的金"。三个喻体分别是"黑格尔的'概念'实现由必然到自由的过渡""龙虾脱壳"和"教父圣哲罗姆解脱原罪"。本体比三个喻体的程度还要强,也就是"更为困难"。确实,这三个喻体所说的事情都不是容易的事儿。首先,黑格尔的"概念"实现由必然到自由的过渡是经历了"一番寒彻骨"的。对此,恩格斯曾经言简意赅地说道:"黑格尔的体系包括了以前任何体系所不可比拟的广大领域","在黑格尔那里,辩证法是概念的自我发展。……它通过在《逻辑学》中详细探讨过的并且完全包含在它自身中的一切预备阶段而向自身发展;然后它使自己'外化',转化为自然界,它在自然界中并没有意识到它自己,而是采取自然必然性的形式,经过新的发展,最后在人身上重新达到自我意识;这个自我意识,在历史中又从粗糙的形式中挣脱出来,直到绝对概念终于在黑格尔哲学中又完全地达到自身为止"。③ 在黑格尔那里,不仅"概念"的演进经历了漫长的迂回曲折的道路,连黑格尔本人构建他的这个"概念"演进的体系也经过了漫长的构思和反复的创作,从1800年到1817年大约经历了17年的时间,才最终完成了他的《哲学全书》。其次,龙虾脱壳也不是一件轻松的事儿。龙虾在成长的过程中会多次脱壳,每次脱壳都需要消耗大量的能量,而且很容易被病毒入侵导致死亡。所以,龙虾脱壳也是一次事关生死的"惊险的跳跃"。恩格斯在《1891年社会民主党纲领草案批判》一文中论述暴力在无产阶级革命中的地位时

---

① 《马克思恩格斯文集》第5卷,人民出版社2009年版,第97页。

② 《马克思恩格斯文集》第5卷,人民出版社2009年版,第123~124页。

③ 《马克思恩格斯文集》第4卷,人民出版社2009年版,第272、297页。

曾指出,在"政府几乎有无上的权力"的德国,必须用暴力来炸毁"那还是半专制制度的、而且是混乱得不可言状的政治制度的桎梏",才能迎来新社会,就像龙虾必须"挣破自己的旧壳",才能"从它的旧社会制度中破壳而出"一样。① 这个比喻也表明,龙虾脱壳并不是一件容易的事儿。最后,教父圣哲罗姆解脱原罪这事儿就更难了。圣哲罗姆(St. Jerome)是早期西方基督教会四大神学权威之一,既是出色的翻译家,又是颇有卓见的翻译理论家。圣哲罗姆曾一度痴迷西塞罗等"异教徒"作家的作品不能自拔,并因此深深自责,把这种"精神欲念"看成是自己的原罪之一。马克思在脚注中说:"圣哲罗姆在青年时代很费力地克制自己的物质欲念,他在沙漠中同美女的形象的斗争表明了这一点。在老年时代,他也很费力地克制自己的精神欲念。例如他说:'我自信在精神上处于世界审判者之前。'一个声音问道:'你是谁?''我是一个基督徒。'世界审判者大发雷霆:'你撒谎,你只是一个西塞罗信徒!'"②圣哲罗姆的故事很容易让人想起那个被王阳明棒喝的和尚,他手里敲着木鱼,嘴里念着经文,心里却一直想着自己的老娘。③ 圣哲罗姆终其一生都无法完全摆脱西塞罗等人的影响,可见教父圣哲罗姆解脱原罪这事儿有多难了。

为了更生动地揭示商品到货币的转化之困难,马克思还曾使用"真爱情的道路决不是平坦的"这句台词来设喻。他在《资本论》第1卷中说:"商品爱货币,但是'真爱情的道路决不是平坦的'。"④文中的引文出自莎士比亚的著名喜剧《仲夏夜之梦》第一幕第一场。⑤ 马克思用其比喻"W—G"(从商品到货币)这个"商品的第一形态变化或卖"也不是一帆风顺的。⑥ 他还说:"商品价值从商品体跳到金体上……是商品的惊险的跳跃。这个跳跃如果不成功,摔坏的不是商品,但一定是商品占有者。"⑦"惊险

① 参见《马克思恩格斯文集》第4卷,人民出版社2009年版,第414页。
② 《马克思恩格斯文集》第5卷,人民出版社2009年版,第123页。
③ 参见[日]冈田武彦:《王阳明大传》上册,杨田等译,重庆出版社2015年版,第150~151页。
④ 《马克思恩格斯文集》第5卷,人民出版社2009年版,第129页。
⑤ 参见[英]莎士比亚:《莎士比亚全集》第1卷,朱生豪等译,人民文学出版社1994年版,第670~671页。
⑥ 有学者认为,马克思引用这句话是为了说明"商品和货币的结合也必须经历一个复杂的过程才能实现"。这是对马克思比喻的机械理解,当然也是不正确的理解。因为马克思并不是要说"商品和货币的结合",而是"商品到货币的转化",也就是商品的生产者卖出商品换回货币,卖出价值的"肉体",换回价值的"灵魂"。参见孟宪强辑注:《马克思恩格斯与莎士比亚》,陕西人民出版社1984年版,第158页。
⑦ 《马克思恩格斯文集》第5卷,人民出版社2009年版,第127页。

的跳跃"原文是 salto mortale，源自意大利语，指杂技表演者在空中连翻三个跟头的绝技，转义为冒险之举、孤注一掷。这个固定用法有"致命的跳跃"①"不顾一切的跳跃"②"殊死的飞跃"③和"拼命的冒险"④等多个中文译法，从这些中文译法中我们也可以更深刻地体会从商品到货币的转化是何等困难，马克思这个比喻是何等精妙。马克思还以某个麻布生产者为例进行说明：如果竞争者已经满足了社会对麻布的需要，那么这个麻布生产者投入巨资生产出的产品就卖不出去，卖不出去就无法转化成货币，无法转化成货币就会导致这个麻布生产者因资金链断裂而破产（"摔坏"）。

如果说从商品到货币的转化是困难的，那么从商品到货币再到资本的转化就更要费一番周折了。而资产阶级经济学家为了掩盖剩余价值产生的秘密，对这个过程略而不谈，而是从劳动或价值直接过渡到了资本。对此，马克思揭露说："从劳动直接过渡到资本是不可能的，正像不可能从不同的人种直接过渡到银行家，或者从自然直接过渡到蒸汽机一样。"⑤

5. 用"蒸馏器""炼金术"等比喻阐释货币的拜物教性质

为了揭示货币的拜物教性质，马克思在《资本论》第 1 卷中曾使用了一组由"蒸馏器""结晶"和"炼金术"组成的接喻。他说："因为从货币身上看不出它是由什么东西转化成的，所以，一切东西，不论是不是商品，都可以转化成货币。一切东西都可以买卖。流通成了巨大的社会蒸馏器，一切东西抛到里面去，再出来时都成为货币的结晶。连圣徒的遗骨也不能抗拒这种炼金术，更不用说那些人间交易范围之外的不那么粗陋的圣物了。"⑥这个接喻由三个与科学实验有关的比喻组成。第一个是暗喻，将商品流通比作"蒸馏器"。这个比喻源自法国经济学家和统计学家布阿吉尔贝尔关于"蒸馏器"的比喻。他说，理财术是"一个蒸馏器，它使多得惊人的货物和商品

① 参见［德］康德：《单纯理性限度内的宗教》，李秋零译，商务印书馆 2017 年版，第 124 页。
② 参见［德］康德：《康德历史哲学论文集》，李明辉译，商务印书馆 2017 年版，第 121 页。
③ 参见［德］路德维希·费尔巴哈：《费尔巴哈哲学史著作选》第 1 卷，涂纪亮译，商务印书馆 1978 年版，第 102 页。
④ 参见［德］路德维希·费尔巴哈：《费尔巴哈哲学著作选集》上卷，荣震华等译，商务印书馆 1984 年版，第 568 页。
⑤ 《马克思恩格斯全集》第 30 卷，人民出版社 1995 年版，第 215 页。
⑥ 《马克思恩格斯文集》第 5 卷，人民出版社 2009 年版，第 155 页。

蒸发,以便取得这种致命的膏汁"①,马克思在书中引用了布阿吉尔贝尔这句话。第二个是缩喻,将商品转化成的货币比作"结晶",这个转化的过程也就是"结晶"的过程。马克思在别的地方还曾将这个转化过程比作"蛹化"。这涉及马克思使用过的两个不同的比喻系统:"结晶"是科学实验这个比喻系统的一个环节,而"蛹化"是昆虫学这个比喻系统的一个环节。第三个也是借喻,将商品通过流通这个"蒸馏器"最终"结晶"为货币的过程比作"炼金术"。这种炼金术"连圣徒的遗骨也不能抗拒",一切神圣的、高尚的、贞洁的东西,只要能够出卖,能够换来货币,就都逃不过被炼化的命运。这一组比喻形象地揭示了货币的拜物教性质。在这个接喻之后,马克思紧接着又用了一个拟喻将货币比作了"激进的平均主义者"。他说:"正如商品的一切质的差别在货币上消灭了一样,货币作为激进的平均主义者把一切差别都消灭了。"马克思将货币比作"激进的平均主义者",因为"从货币身上看不出它是由什么东西转化成的",一切东西都可以买卖。这种买卖不仅消灭了商品的质的差别,还要消灭人世间的一切差别。货币成了唯一的神,货币关系成了唯一的社会关系。在货币面前,似乎一切都"平等"了,一切差别都消失了,什么忠与奸、爱与恨、荣与辱、有德与缺德、高尚与卑鄙,在货币面前都不值一提了。在这句话的注释中,马克思还引用了莎士比亚的戏剧《雅典的泰门》中著名的"黄金咒":"金子! 黄黄的,发光的,宝贵的金子! 只这一点点儿,就可以使黑的变成白的,丑的变成美的,错的变成对的,卑贱变成尊贵,老人变成少年,懦夫变成勇士。……来,该死的土块,你这人尽可夫的娼妇……"②马克思在《1844 年经济学哲学手稿》中也曾引用这段话,并且认为"莎士比亚把**货币**的本质描绘得十分出色"③。其实,在比莎士比亚早 1200 多年的中国西晋时期,鲁褒就曾在《钱神论》一文中对货币的拜物教性质或物神性质进行过形象的揭露。④ 清朝中期蒋攸铦也曾经编了一首《劝民惜钱歌》,用了与莎士比亚的"黄金咒"同样的呼告和排比的修辞手法,深刻揭露了金钱炼化一切神圣之物的性质。⑤

---

① 转引自《马克思恩格斯文集》第 5 卷,人民出版社 2009 年版,第 165 页。这句话在《布阿吉尔贝尔选集》中文版中的译法是:"'蒸馏器'蒸发了非常大量的财物和产品之后,剩下的可以提供给国王的要命的'糟粕'为数很少"。这个译法似与原意不符,因此本书没有采用。参见[法]布阿吉尔贝尔:《布阿吉尔贝尔选集》,伍纯武、梁守锵译,商务印书馆 2011 年版,第 175 页。
② 《马克思恩格斯文集》第 5 卷,人民出版社 2009 年版,第 155 页。
③ 参见《马克思恩格斯文集》第 1 卷,人民出版社 2009 年版,第 244 页。
④ 参见(清)严可均辑:《全晋文》中册,商务印书馆 1999 年版,第 1197~1198 页。
⑤ 参见赵靖主编:《中国经济思想通史》第 4 卷,北京大学出版社 2002 年版,第 2206 页。

二、用比喻阐释剩余价值理论

1. 用"好像害了相思病"阐释资本的增殖狂热

关于资本自我增殖的狂热本性,马克思在《资本论》第1卷中曾使用一个非常经典的接喻进行了生动的刻画。他说:"当资本家把货币转化为商品,使商品充当新产品的物质形成要素或劳动过程的因素时,当他把活的劳动力同这些商品的死的对象性合并在一起时,他就把价值,把过去的、对象化的、死的劳动转化为资本,转化为自行增殖的价值,转化为一个有灵性的怪物,它用'好像害了相思病'的劲头开始去'劳动'。"①这个接喻由两个比喻组成。第一个是暗喻,将资本也就是自行增殖的价值比作一个"**有灵性的怪物**"。② 第二个是讽喻,用"害了相思病"来讽喻资本这个"怪物"进行自我增殖的不可遏制的狂热。"好像害了相思病"这句话出自歌德的《浮士德》第一部第五场"莱比锡奥艾尔巴赫地下酒室"。剧中快活的小伙子们在聚饮时唱道:"地窖里面有一只耗子,……厨娘给它下了毒药,……窜来窜去,往外飞跑,看见水沟就痛饮,它在家里乱抓乱咬,……它心慌意乱,跳个不停,可怜它跳得筋疲力尽,好像害了相思病。……它痛苦难当,不顾白天,一直奔进了厨房,倒在灶旁,全身痉挛,喘吁吁一副可怜相。下毒的厨娘还含笑说,哈!听它那种垂死的哀叫,好像害了相思病。"③英国学者希·萨·柏拉威尔认为:"这首关于垂死老鼠的歌是自称'鼠王'的靡非斯托斐勒司上场的信号"④。也就是说,诗中的老鼠代表的其实就是魔鬼靡非斯托斐勒司,而马克思所说的"怪物"也正是魔鬼靡非斯托斐勒司。马克思用"害了相思病"的老鼠讽喻资本,实际上就是用魔鬼靡非斯托斐勒司讽喻资本。对于这个意味深长的比喻,我们可以从四个方面来理解本体和喻体之间的相似性。第一,病因和症状相似。老鼠"害了相思病"是因为吃了厨娘下的毒药,而资本"害了相思病"则是中了资本主义生产方式的魔咒。这个中了魔咒的资本朝思暮想的就是增殖,就是获得更大价值的货币,就是赚取更多的财富和剩余价值。第二,本性相似。资本的本性是胆怯的,就像老鼠的本

---

① 《马克思恩格斯文集》第5卷,人民出版社2009年版,第227页。
② 马克思在1857~1858年经济学手稿中曾用这个喻体来比喻固定资本。他说:"这种固定资本像一个**有灵性的怪物**把科学思想客体化了,它实际上是实行联合者,它决不是作为工具同单个工人发生关系,相反,工人却作为有灵性的单个点,作为活的孤立的附属品附属于它。"参见《马克思恩格斯全集》第30卷,人民出版社1995年版,第464页。
③ [德]歌德:《浮士德》,钱春绮译,上海译文出版社2013年版,第96~97页。
④ [英]希·萨·柏拉威尔:《马克思和世界文学》,梅绍武等译,生活·读书·新知三联书店1980年版,第439页。

性是胆怯的一样;但是"害了相思病"的资本却敢铤而走险,就像"害了相思病"老鼠也敢到处乱窜一样。就像托·约·邓宁(T. J. Dunning)所说的那样:"资本逃避动乱和纷争,它的本性是胆怯的。这是真的,但还不是全部真理。资本害怕没有利润或利润太少,就像自然界害怕真空一样。一旦有适当的利润,资本就胆大起来。如果有10%的利润,它就保证到处被使用;有20%的利润,它就活跃起来,有50%的利润,它就铤而走险,为了100%的利润,它就敢践踏一切人间法律,有300%的利润,它就敢犯任何罪行,甚至冒绞首的危险。如果动乱和纷争能带来利润,它就会鼓励动乱和纷争。走私和贩卖奴隶就是证明。"①第三,结局相似。这可能是马克思设这个比喻的最深层的目的,也就是不仅用老鼠之疯狂讽喻资本之疯狂,更是用老鼠之暴毙暗讽资本之必然灭亡。"害了相思病"的老鼠上蹿下跳地折腾完了就暴毙而亡了,资本在完成了它的历史使命之后也将寿终正寝。第四,使命相似。这里指的是"鼠王"靡非斯托斐勒司的使命和资本的历史使命的相似性。这可能是这个比喻得以设立的深层原因。靡非斯托斐勒司在向浮士德作自我介绍时,说自己"常想作恶,反而常将好事作成。……我是常在否定的精灵!这自有道理;因为,生成的一切总应当要归于毁灭;所以最好,不如不生。因此你们所说的罪行、破坏,总之,所说的恶,都是我的拿手杰作"。②而对于资本和资本主义生产方式的"魔鬼"般的使命,马克思曾经多有论述。比如,他说:"它的历史使命是无所顾忌地按照几何级数推动人类劳动

---

① 这段话在中文第1版的《马克思恩格斯全集》、第2版的《马克思恩格斯文集》《马克思恩格斯选集》中都被认为是《评论家季刊》所说,而实际并非如此,这是一个"张冠李戴"性质的误译。根据《资本论》引用的这段话的英文原文和德文、法文译文看,说这段话的人是英国人邓宁,他引用了《评论家季刊》关于"资本逃避动乱和纷争,它的本性是胆怯的"这个观点,并对其片面性进行了批判。郭大力和王亚南将这段话译为:"《评论季刊》曾说资本逃避混乱与纷扰,它的性质是胆怯的。他这话虽然极其正确,但没有概括全面的真理。……"这个译法准确地反映了原文的逻辑关系,清晰地表明开头引用的《评论家季刊》中的一句话只是邓宁树立的一个批判的靶子而已。另外,马克思在1863年的经济学手稿中明确指出:"邓宁关于雇主的冒险讲得很好。"而邓宁讲的"关于雇主的冒险"的话,指的正是马克思在《资本论》第250条脚注中引用的这段话。在这段话的"版权"问题上,我们应该还邓宁"一笔信誉债"。李克杰在2009年就指出过这个翻译错误,参见李克杰:《关于〈资本论〉的一条脚注》,《书屋》2009年第9期。这段话的中文译文见《马克思恩格斯文集》第5卷,人民出版社2009年版,第871页;郭大力、王亚南二位先生的译文见[德]马克思:《资本论》上册,郭大力、王亚南译,译林出版社2013年版,第808页;英文原文见 *Marx-Engels-Gesamtausgabe* (*MEGA²*), Abt. II, Bd.9, Berlin: Dietz Verlag, 1990, S.659;德文译文见 *Marx-Engels-Gesamtausgabe* (*MEGA²*), Abt. II, Bd.6, Berlin: Dietz Verlag, 1987, S.680~681;法文译文见 *Marx-Engels-Gesamtausgabe* (*MEGA²*), Abt. II, Bd.7, Berlin: Dietz Verlag, 1989, S.677。
② [德]歌德:《浮士德》,钱春绮译,上海译文出版社2013年版,第56页。

的生产率的发展。"还说:"发展社会劳动的生产力,是资本的历史任务和存在理由。资本正是以此不自觉地创造着一种更高级的生产形式的物质条件。"①总之,资本这个"常想作恶"的"否定的精灵"将最终否定自己,它所释放出来的巨大的、超出其控制的"魔力"将被一个全新的社会所掌握和利用。这个比喻通过《浮士德》中的老鼠从本性胆怯到好像"害了相思病"似的疯狂,再到最后暴毙的过程,形象生动地揭示了资本从本性胆怯到"敢践踏一切人间法律"再到必然灭亡的规律。

2. 用关于"躯体"和"灵魂"的比喻阐释剩余价值的生产过程

关于资本和剩余价值的生产过程,马克思在1857~1858年经济学手稿中曾使用一个由"灵魂"和"躯体"组成的接喻予以说明。他说,"**在生产过程本身中,活劳动把工具和材料**变成自己灵魂的躯体,从而使它们起死回生"②。这个接喻由两个比喻组成:第一个是暗喻,将资本家的工厂中作为生产资料的工具和原材料比作"躯体",这是已经凝结的人类劳动;第二个是借喻,将工人加在工具和原材料上的劳动比作"灵魂",这是尚未凝结的人类劳动。这个"活劳动把工具和材料变成自己灵魂的躯体"的过程就是尚未凝结的人类劳动凝结到已经凝结的人类劳动上去,从而使劳动增殖价值的过程。这个"活劳动把工具和材料变成自己灵魂的躯体"的过程也是劳动异化的过程:活的"灵魂"对象化到死的"躯体"中去,并且通过牺牲自己的"灵魂"来赋予死的"躯体"以"灵魂",而有了"灵魂"的产品则成了工人的异己的存在物,成了资本家的产品,成了资本家的财产,而工人则越来越穷,只能依靠最低限度的生活资料维持自己的劳动能力。这个"活劳动把工具和材料变成自己灵魂的躯体"的过程也是一个资本保持其价值不灭性的过程。马克思在论述流通时间和生产时间的关系时也说,资本在生产时间里是一种过程性的存在,而且在这个过程中它只有不断地从劳动中吮吸活的灵魂才能存在,而这个活的灵魂就是工人的活劳动,也就是工人加到工具和材料这些已经凝结了的死劳动上的活的劳动。

三、用比喻阐释资本积累理论

1. 用"杠杆"阐释资本积累和资本集中

马克思在《资本论》第1卷中论述资本积累和资本集中时曾多次使用"杠杆"的比喻,比如,将社会劳动生产率的发展比作积累的"最强有力的杠

---

① 《马克思恩格斯文集》第7卷,人民出版社2009年版,第292、288页。
② 《马克思恩格斯文集》第8卷,人民出版社2009年版,第77页。

杆",将竞争和信用比作资本集中的两个"最强有力的杠杆",将资本集中比作资本积累的"新的强有力的杠杆",将过剩人口比作资本主义积累的"杠杆",①等等。"杠杆"是马克思和恩格斯使用频次最高的喻体之一。马克思曾用其比喻"报刊""暴力""工会"等,恩格斯曾用其比喻"科学""金钱""阶级斗争"等。关于竞争和信用这两个"最强有力的杠杆",马克思说:"随着资本主义生产和积累的发展,竞争和信用——集中的两个最强有力的杠杆,也以同样的程度发展起来。"②文中的"积累"指的是资本积累,也就是把剩余价值再转化为资本的过程;"集中"指的是资本集中,也就是由若干分散的小资本合并成为少数大资本的过程。马克思认为,资本集中是资本积累的强有力的杠杆,而"竞争"和"信用"则是资本集中的强有力的杠杆,也就是杠杆的杠杆。

2. 用赫斐斯塔司的楔子阐释资本积累规律对劳动者的束缚

马克思在《资本论》第 1 卷中曾将资本积累的规律把劳动者钉在资本上比作"赫斐斯塔司的楔子把普罗米修斯钉在岩石上",并且比赫斐斯塔司的楔子把普罗米修斯钉在岩石上还要牢。这个比喻具体来说是用"被缚的普罗米修斯"来比喻工人,用"赫斐斯塔司"来比喻资本积累的规律,用"岩石"来比喻资本。他说:"使相对过剩人口或产业后备军同积累的规模和能力始终保持平衡的规律把工人钉在资本上,比赫斐斯塔司的楔子把普罗米修斯钉在岩石上钉得还要牢。"③文中的赫斐斯塔司(Hephaestas,又译为"赫菲斯托斯")是古希腊神话中的火神与工艺神。文中的普罗米修斯是古希腊神话中最具智慧的神明之一,他因从天上偷取火种给人类,惹怒了宙斯,后者就用赫斐斯塔司打的铁楔子把普罗米修斯钉在山岩上,用铁锁锁起来,用桩子扎穿他的躯体,让老鹰啄食他的肝脏。这个比喻意在强调资本积累对工人的奴役和异化。

四、用比喻阐释资本循环理论

1. 用"流水"阐释资本循环

美国学者大卫·哈维在《马克思与〈资本论〉》一书中曾借用水循环模型来描述资本循环。他说:"我最喜欢水循环模型的一点就是,尽管水以不同形态、不同状态和不同速度在运动,但最终都回到了海洋重新开始循环,

---

① 《马克思恩格斯文集》第 5 卷,人民出版社 2009 年版,第 717、722、724、728 页。
② 《马克思恩格斯文集》第 5 卷,人民出版社 2009 年版,第 722 页。
③ 《马克思恩格斯文集》第 5 卷,人民出版社 2009 年版,第 743 页。

这与资本流动极为相似。"同时,哈维也指出了水循环与资本循环之间的差异,即"水循环更像一个真正的循环(尽管有全球变暖加速的迹象),而资本循环则更像不断扩张的螺旋。"①用水循环来比喻资本循环并非大卫·哈维的创造,而是对马克思在《资本论》中已经提出的观点的一种阐发。马克思在《资本论》第1卷中就曾用"流水"来比喻货币迅速流通和商品形式快速变换的状态。他说:"货币流通的迅速表现互相对立、互为补充的阶段——由使用形态转化为价值形态,再由价值形态转化为使用形态——的流水般的统一,即卖和买两个过程的流水般的统一。"②这个比喻非常贴切。《尸子》曰:"水有四德,沐浴群生,流通万物,仁也。"③《吕氏春秋》亦曰:"流水不腐,户枢不蝼,动也。"④首先,货币加速商品形式变换和新旧商品的更替,正如流水"流通万物"一样。其次,货币流通放缓会导致商品形式变换过程的停滞,就像水流放缓就会使"群生"得不到"沐浴"一样。再次,"在每一段时期内执行流通手段职能的货币的总量,一方面取决于流通的商品世界的价格总额,另一方面取决于这个商品世界的互相对立的流通过程流动的快慢,这种流动决定着同一些货币能够实现价格总额的多大部分。"这就像执行灌溉职能的水的需求总量,一方面取决于种植面积,另一方面取决于种植物的换茬速度一样。最后,"这三个因素,即价格的变动、流通的商品量、货币的流通速度,可能按不同的方向和不同的比例变动,因此,待实现的价格总额以及受价格总额制约的流通手段量,也可能有多种多样的组合"。⑤ 这就像与种植物的数量、喜水程度、土地的吸水速度相适应,灌溉方式也存在滴灌、喷灌和浇灌等多种组合一样。

2. 用"蓄水池"阐释商品流通

马克思在《资本论》第2卷中论述流通费用时曾使用了一个漂亮的接喻来说明非自愿的商品储备对于商品流通的负面影响。他说:"一旦留在流通蓄水池内的商品,不让位给后面涌来的生产浪潮,致使蓄水池泛滥起来,商品储备就会因流通停滞而扩大,就像在货币流通停滞时,贮藏货币会增加一样。"⑥这个接喻由两个比喻组成:第一个是借喻,将自愿的商品储备

---

① 〔美〕大卫·哈维:《马克思与〈资本论〉》,周大昕译,中信出版社2018年版,第5、6页。
② 《马克思恩格斯文集》第5卷,人民出版社2009年版,第143页。
③ (战国)尸佼:《尸子译注》,(清)汪继培辑,朱海雷撰,上海古籍出版社2006年版,第119页。
④ 《吕氏春秋》,(汉)高诱注,(清)毕沅校,徐小蛮标点,上海古籍出版社2014年版,第52页。
⑤ 《马克思恩格斯文集》第5卷,人民出版社2009年版,第144页。
⑥ 《马克思恩格斯文集》第6卷,人民出版社2009年版,第166页。

比作"流通蓄水池";第二个也是借喻,将不断被生产出来的新商品比作"浪潮"。马克思认为,自愿的商品储备是商品流通的条件,但是,如果自愿储备的商品不能及时卖出去,而新生产的商品仍不断涌入,那么自愿储备就会变成非自愿储备,也就是商品积压,从而对资本周转带来不利影响。这时,"蓄水池"就会变成"积水潭"或"臭水坑"。

3. 用"人的生命过程"阐释资本循环过程的特点

除了关于"水"的比喻,马克思还曾用关于"人"的比喻来揭示资本循环理论。他在1857~1858年经济学手稿中说:"**资本的不同循环的同时并存,如同资本的不同规定的同时并存一样,只有以许多资本为前提时,才变得很清楚。这正像人的生命过程要经过不同的年龄一样。但是,人的各种年龄是并存的,分属于不同的个人。**"①这个比喻的喻体是说:从单个的人来看,每个人的生命过程都要经过不同的年龄,就像斯芬克斯之谜所要揭示的那样,人都要经历早晨用四条腿走路(婴儿)、中午用两条腿走路(成人)、晚上用三条腿走路(老人)的阶段;整体看,社会上总是同时存在着不同年龄段的人,也就是说,每个人都要经历的阶段在某个时间点上总是分属于不同的个人,就像中国有句俗话讲的,"上有老,下有小"。马克思用这个人所共知的常识来比喻单个资本要经历不同的流通阶段,但是必须以许多资本同时存在为前提。比如,某个资本家拥有货币资本,他要使资本增殖,就需要向拥有生产资本的资本家购买机器和材料等生产资料,等他这么做了的时候,他的货币资本就转化成了生产资本,等他生产出产品,他的生产资本就又转化成了商品资本,等他把商品卖给消费者换回更多的货币的时候,商品资本就又转化成了货币资本,这样就完成了一个大循环。但是这个循环能够进行的前提是社会中同时存在不同形式的资本,否则拥有货币资本的资本家就买不到生产资本,拥有生产资本的资本家就卖不出自己的产品,等等。马克思这个比喻说的就是资本要实现循环,其不同的职能要在空间上并存、时间上继起。

4. 用有机体的新陈代谢阐释资本流通中的形式和物质变换

马克思在1857~1858年经济学手稿中还曾用"有机体"来比喻资本,用有机体的新陈代谢来比喻资本流通中的形式变换和物质变换。他说:"这种形式变换和物质变换,与有机体中发生的这种变换相同。例如,假定身体在24小时内再生产自身,那么这并不是一下子完成的,而是分为一种形式下的排泄和另一种形式下的更新,并且是同时进行的。此外,在身体中,骨

① 《马克思恩格斯全集》第31卷,人民出版社1998年版,第28页。

骼是固定资本;它不是和肉、血在同一时间内更新的。"①文中的"这种形式变换和物质变换"指的是资本流通中的形式变换和物质变换。马克思用有机体中的新陈代谢比喻资本的这种变换过程,用"骨骼"比喻固定资本,用血和肉比喻流动资本,用同时进行的"一种形式下的排泄和另一种形式下的更新"来比喻同时并列的"处在不同规定中的资本"的相互交替的变换,非常形象贴切。这个比喻从整体上看是个扩喻:第一句话是比喻的主体部分;后面的话是对这个比喻的解释说明,用来解释本体和喻体之间的相似性。这个比喻的主体部分看起来似乎不像是个比喻,而更像是比较,其实不然。这句话在《马克思恩格斯全集》历史考证版第 2 版(MEGA²)中的原文是:"Dieser Form-und Stoffwechsel wie im organischen Leib."②从德语原文的内容看,这是个比喻句,句中的"wie"应译为"就像……一样"。③

5. 用"血液循环"阐释资本流通

马克思在 1857~1858 年经济学手稿中还曾用"血液循环"来比喻资本流通。他说:"如果有什么东西可以和血液循环相比,那么,这不是徒具形式的货币流通,而是内容充实的资本流通。"④这是一个非常有意思的比喻。首先,从本体和喻体出现的先后顺序看,这个比喻毫无疑问是一个喻体先出现、本体后出现的"倒喻"。而且这个比喻在《马克思恩格斯全集》历史考证版第 2 版(MEGA²)中的原文也是一个"倒喻"形式的比喻。⑤ 其次,从这个比喻含有比较的意思看,它似乎是一个喻中有比的"较喻",但较喻中的比较一般是指本体和喻体之间的比较,而这个比喻中的比较却不是本体和喻体之间的比较,而是"货币流通"和"资本流通"二者哪个更适合做本体的一种比较。最后,从这个比喻带有选择的意思看,它似乎是一个"择喻",但择喻中的选择一般指的是选择喻体,而这个比喻却是选择本体。这种罕见的、充满个性的比喻用法体现了马克思高超的语言驾驭能力。

6. 用"有毒的气体总是不利于健康"阐释流通时间越少越好

马克思在《资本论》第 2 卷(第Ⅱ稿)中曾用"有毒的气体总是不利于健

---

① 《马克思恩格斯全集》第 31 卷,人民出版社 1998 年版,第 54 页。
② *Marx-Engels-Gesamtausgabe* (*MEGA*²), Abt.Ⅱ, Bd.1. Teil 2, Berlin:Dietz Verlag, 1981, S. 544.
③ 《马克思恩格斯全集》中文第 2 版将其译为"与……相同"似乎不如中文第 1 版将其译为"就像……一样"更为准确。详见本书第七章第二节《资本论》比喻若干译法辨析"。
④ 《马克思恩格斯全集》第 30 卷,人民出版社 1995 年版,第 513 页。
⑤ 参见 *Marx-Engels-Gesamtausgabe* (*MEGA*²), Abt.Ⅱ, Bd.1. Teil 2, Berlin:Dietz Verlag, 1981, S.418。

康"这个道理来比喻流通时间越少越好。他说:"随着流通时间的增加或减少,它对资本自行增殖所起的**消极影响的程度**也有变化。但是,界限所具有的弹性决不能消除它的性质和它所起的**界限**的作用。有毒的气体总是不利于健康,因为它们在大气中的多寡只决定它们对健康有害作用的程度。"①这个理喻也是一个补喻。马克思用"有毒的气体总是不利于健康,因为它们在大气中的多寡只决定它们对健康有害作用的程度"来比喻"流通时间总是不利于资本增殖,因为它们的增加或减少只决定它们对资本增殖的消极影响的程度"。"有毒的气体总是不利于健康",这是由毒气的化学性质决定的。关于这一点,两千多年前的古罗马诗人和哲学家卢克莱修(Lucretius)就曾经揭示过②。马克思在《资本论》中曾经揭露过资本家的工厂里的各种有毒气体对童工的危害,比如在火柴业里,"少年们甚至在吃中饭时也得用火柴棍去浸蘸发热的磷混合溶液,这种溶液的有毒的气体直扑到他们脸上"③。恩格斯在《论住宅问题》一文中也曾借用《泰晤士周报》中的话来揭露工人生存条件之恶劣,那些"迫于贫困不得不在墓冢似的隔绝之处找寻栖息之所的人"常常受毒气之害④。让—雅克·卢梭(Jean-Jacques Rousseau)在《一个孤独的散步者的梦》中揭露资本家的贪婪时也曾提到工人遭受的毒气之害。他感叹道:"可怜矿工们被有毒的气体折磨得面如纸色,而铁匠们则一脸黢黑。"⑤总之,有毒的气体总是有害的,哪怕是一丝一缕,"它们在大气中的多寡"并不改变它们的分子结构和对人体有害的性质。马克思这个比喻意在表明:流通时间越少越好;没有,更好。马克思还曾举了一个房地产的例子予以说明。房地产开发商盖了房子,必须把房子及时卖出去,否则就可能导致资金链断裂;如果房子卖出去了,资金收回来后却买不到钢筋、混凝土或劳动力,开发商的开发行为就不能继续。这些耽误在流通中的时间不管是多是少,都会给资本增殖带来消极影响。这个比喻也启示我们,在建设社会主义市场经济过程中也要提高服务水平,降低交易费用,减少流通时间,提高生产效率,使社会主义的生产力充分迸发出来。

7. 用"尸体"和"灵魂"阐释商品资本的流通

为了揭示商品流通速度对于社会再生产的重要意义,马克思在《资本

---

① 《马克思恩格斯全集》第50卷,人民出版社1985年版,第59页。
② 参见全增嘏:《西方哲学史》上册,上海人民出版社1983年版,第239页。
③ 《马克思恩格斯文集》第5卷,人民出版社2009年版,第548页。
④ 参见《马克思恩格斯文集》第3卷,人民出版社2009年版,第304页。
⑤ [法]卢梭:《一个孤独的散步者的梦》,李平沤译,商务印书馆2017年版,第96页。

论》第 2 卷(第Ⅱ稿)中还曾经使用了一个由"尸体"和"灵魂"组成的接喻。他说:"经过一定时间,商品就会变坏。由于使用价值降低,商品的交换价值也会减少。经过一定的时候,商品体会变成商品的尸体,而商品的美丽灵魂即**价值**从中消失。"①这个接喻由两个比喻组成。第一个是暗喻,将那些在流通中占用了太多时间从而超过保质期招致"病害"并最终变坏的商品体比作"尸体";第二个是倒喻,将价值比作商品的美丽"灵魂",而这个美丽的灵魂是不会在腐烂变质的商品尸体上驻留的。马克思认为,资本价值在"货币形式"上是"永生的",既不会生病也不会死亡,但是在"商品形式上"则会招致商品体的"病害"进而使资本价值消失无踪。举个例子,假如某资本家手中有 100 万英镑的货币资本,这 100 万英镑在"货币形式"上是不会随着时间的流逝而消失的,但是,一旦他将这 100 万英镑用来从事生产,货币资本就转化成了生产资本,随着产品被一批一批地生产出来,生产资本也就一点一点地转化成了商品资本。他的 100 万英镑的"货币形式"最终转化成了如 150 万英镑的"商品形式"。他必须及时地将价值 150 万英镑的商品卖出去才能赚到钱,否则,等商品生锈了、变质了、腐烂了或者过时了,他的价值 150 万英镑的商品就会逐渐失去其价值,最终变成没有价值灵魂的尸体,他因此将血本无归。马克思说:"商品的易朽性规定了商品流通时间的自然界限。……具有一定价值量的资本的流通时间越长,资本的自行增殖就越少。"②马克思对于资本主义流通领域有关原理的阐述对于我们建设社会主义市场经济也具有镜鉴意义。这个比喻启示我们,不仅要重视生产领域,而且要重视流通领域,要尽量缩短流通时间,减少流通费用,进而促进生产的发展。马克思在《资本论》第 2 卷中论述生产资本向商品资本的转化时也说:"在劳动资料执行职能的过程中,它的以实物形式存在的那部分价值不断减少,而它的转化为货币形式的那部分价值则不断增加,一直到它的寿命完结,它的全部价值和它的尸体脱离,转化为货币为止。"③马克思在这里虽然没有明确将价值比作"灵魂",但是字里行间已经将价值的灵魂从寿终正寝的劳动资料——比如已完成折旧的机器设备——中出窍的场景生动地展现出来了。马克思和恩格斯在《德意志意识形态》一书中评论施蒂纳"向庶民提出的要用攫取手段去'占有'这种财富的善意的建议"时也曾使用"尸体"的比喻,意在讽刺施蒂纳的所谓"暴动的哲学"的空谈性质,他所谓的暴动"什么都是,但只不是行为",纯属一种用来自我满足的想象

① 《马克思恩格斯全集》第 50 卷,人民出版社 1985 年版,第 58 页。
② 《马克思恩格斯全集》第 50 卷,人民出版社 1985 年版,第 58 页。
③ 《马克思恩格斯文集》第 6 卷,人民出版社 2009 年版,第 182~183 页。

和麻痹群众的说教。马克思和恩格斯认为,财富不是具体的物,也不是抽象的概念,而是一种社会关系。庶民要"占有"银行家的财富,必须先改变这种社会关系。他们说:"在他手中的不是银行家的财富,而是没用的废纸,是这种财富的'尸体',财富的尸体不是财富,正像'死狗已经不是狗'一样。银行家的财富只有在现存的生产关系和交往关系的范围以内才是财富,这种财富只有在这些关系的条件下并用适于这些条件的手段才可能被'占有'。"①这个关于财富的比喻也有助于我们理解价值的性质。

8. 用"魔术"和"魔术师"等比喻阐释资本流通不是变魔术

马克思在1857~1858年经济学手稿中曾提出一个"流通魔术师"和"魔术"的比喻,意在揭示流通时间可以缩短但是不能取消的道理,批判资产阶级妄图取消流通时间的幻想。他说:"有些流通魔术师更加荒唐,……他们想在交换价值的基础上进行生产,同时又想用魔术来消灭在这个基础上从事生产的必要条件。"②这是一个接喻,由两个借喻组成。第一个借喻是将资产阶级庸俗经济学家比作"魔术师";第二个借喻是将"魔术师"们这种妄图"把流通时间化为乌有"的办法比作"魔术"。这个接喻意在揭露资产阶级贪婪的"狂想病",就像马克思在《资本论》第2卷中所揭示的那样,他们"企图不用生产过程作中介而赚到钱"。文中"有些流通魔术师更加荒唐"这句话是针对另外一些"流通魔术师"而言的。这另外一些"流通魔术师"妄图通过减少流通时间来"减少资本本身为资本再生产所设置的障碍"。而更加荒唐的"流通魔术师"的荒唐之处在于他们想借助信用制度把流通时间干脆完全化为乌有,就像借助一种魔法直接把葡萄变成葡萄酒一样。马克思认为,一方面,流通时间是对资本生产力的一种限制,就像发酵时间是对红酒生产的一种限制一样。流通时间对资本生产力的限制是资本本身的特性所造成的限制,就像发酵时间对红酒生产的限制是红酒生产过程本身的特性所造成的一样。另一方面,流通也是生产的必要条件,就像发酵是红酒生产的必要条件一样。"想在交换价值的基础上进行生产,同时又想用魔术来消灭在这个基础上从事生产的必要条件",这无异于为了生存而丧失生存的根基。所以,马克思说,企图用"魔术"把流通时间化为乌有,"这是走上了歧途",纯属歪门邪道而且不切实际。

9. 用"物的神经"等比喻阐释资本循环的连续性

我们知道,资本循环要不间断地进行,就必须顺利地通过购买、生产、销

---

① 《马克思恩格斯全集》第3卷,人民出版社1960年版,第446页。

② 《马克思恩格斯全集》第30卷,人民出版社1995年版,第544~545页。

售三个阶段,依次采取货币资本、生产资本、商品资本三种职能形式。如果资本循环在第一阶段遇到阻碍,也就是货币资本不去购买生产要素,货币资本就会凝结为贮藏货币。马克思曾一连使用了多个接喻来描述这种状况。

首先是"物的神经和它所依附的肉体"的比喻。马克思在《政治经济学批判》中说:"在社会的物质变换发生动荡的时期,甚至在发达的资产阶级社会中,货币也会作为贮藏货币而埋藏起来。……社会的物的神经[nervus rerum]和它所依附的肉体一起被埋葬了。"①这个接喻由两个比喻组成。文中的"nervus rerum"的原意是"物的神经",转义为"万物的动力",马克思用其比喻充当流通手段职能的货币。文中的第二个比喻是用"肉体"比喻作为金属实体的货币。这句话是说,当货币作为贮藏货币被窖藏起来的时候,货币的流通手段的职能就和它的金属实体一起被埋葬了。这里所说的"埋葬"实际上是对货币作为流通手段职能的否定和对货币作为货币本身、作为"自为存在的价值"的职能的肯定。就像马克思说的,"作为货币而静止下来的金银就是贮藏货币","金银本身只在不是流通手段时才固定为货币"。只有作为非流通手段,金银才是货币,才是作为"致富欲望的唯一对象"的货币。如果货币贮藏者为了贮藏更多的货币而"只卖不买",只贮藏不消费,也就是像吝啬鬼一样死守着贮藏货币,不让货币变成流通手段,最终不仅否定了作为流通手段的货币,也否定了作为货币本身、作为"自为存在的价值"的货币,成了一堆没有灵魂的骷髅。

其次是"没有灵魂的灰烬和残渣"。马克思在《政治经济学批判》中接着说:"如果贮藏货币不是经常渴望流通,它就仅仅是无用的金属,它的货币灵魂就会离它而去,它将变成流通的灰烬,流通的残渣[caput mortuum]。"②这个接喻由三个比喻组成。第一个是借喻,将货币充当流通手段的职能比作"灵魂"。第二个比喻和第三个比喻都是暗喻,这两个暗喻又组成了一个双喻,将不再充当流通手段的职能的货币也就是贮藏货币分别比作流通的"灰烬"和"残渣"。文中所说的"如果贮藏货币不是经常渴望流通"这句话,指的是如果贮藏货币的主人(也可以说是奴隶)只满足于货币的贮藏却很少消费,就像巴尔扎克笔下的葛朗台一样,"蔑视世俗的、一时的、短暂的享受",那么他所贮藏的货币就"仅仅是无用的金属",是失去了灵魂的骷髅,他的贮藏活动就是一种"毫无内容的活动"。

最后是"长命之浆和哲人之石"的比喻。马克思在《政治经济学批判》

---

① 《马克思恩格斯全集》第31卷,人民出版社1998年版,第525~526页。
② 《马克思恩格斯全集》第31卷,人民出版社1998年版,第526页。

中还说:"财富的流动形式和财富的化石,长命之浆和哲人之石,像在炼金术中一样,彼此疯狂地纠缠着。"①这个接喻由四个比喻组成。第一个是借喻,将贮藏货币比作财富的"化石",意在强调其脱离流通过程的结果。这个比喻是上面提到的"流通的灰烬"和"流通的残渣"的比喻的延续。第二个比喻也是借喻,将财富的流动形式也就是作为流通手段的货币比作"长命之浆",意在强调货币流通的重要性。商品和货币之间只有不断地发生形态变化,资本主义的生产方式才能长久,就像《易经·系辞下》中所云:"变则通,通则久。"第三个比喻还是借喻,将作为"致富欲望的唯一对象"和"万物的结晶"的货币比作"哲人之石",意在强调货币"可买一切"的性质。第四个比喻是明喻,将货币贮藏者从流通中换回货币并使其脱离流通的过程比作"炼金术",在这个过程中伴随着"财富的流动形式和财富的化石"之间的纠缠,同时也是"长命之浆和哲人之石"之间的纠缠。这种纠缠其实就是"吝啬"和"求金欲"之间的纠缠,就像马克思说的,"吝啬死守着贮藏货币,不让货币变成流通手段,但是求金欲保持着贮藏货币的货币灵魂,保持着它对于流通的经常的渴望"②。货币贮藏者"为了想象中的无限享受,他放弃了一切享受。因为他希望满足一切社会需要,他就几乎不去满足必需的自然需要。他把财富保存在它的金属实体中,他也就把财富化成幻影"③。

五、用比喻阐释资本周转理论

1. 用温带农作物的生长周期阐释资本周转

资本周转是周期性的资本循环,那么这个周期如何计量呢?马克思指出,周转时间就是资本的生产时间和流通时间之和,而资本周转的自然计量单位是"年"。为了说明"年"是资本周转的天然的计量单位,马克思使用了一个关于"祖国"的比喻,将温带比作资本主义生产的"祖国"。他说:"正如工作日是劳动力职能的自然计量单位一样,年是处在过程中的资本的周转的自然计量单位。这个计量单位的自然基础是,在温带这个资本主义生产的祖国,最重要的农产品都是一年收获一次。"④就像温带农作物的生长周期是一年中农作物的生长期和土地休养期之和一样,资本周转期是资本的生产时间和流通时间之和。用"年"来计量资本周转时间具有天然的合理

① 《马克思恩格斯全集》第31卷,人民出版社1998年版,第528页。
② 《马克思恩格斯全集》第31卷,人民出版社1998年版,第527页。
③ 《马克思恩格斯全集》第31卷,人民出版社1998年版,第528页。
④ 《马克思恩格斯文集》第6卷,人民出版社2009年版,第174页。

性。当然,这并不是说资本周转的时间就是一年,"年"只是计量单位,资本周转时间可能是一年,也可能是两年或者 3 个月,等等。如果资本周转时间是 3 个月,就表示资本在一年内周转了 4 次。

2. 用"骨骼""血和肉"阐释固定资本和流动资本

在确定了资本周转时间和次数的计量标准之后,马克思开始考察固定资本和流动资本。我们已经知道,马克思曾用"骨骼"比喻固定资本,用"血和肉"比喻流动资本,它们的周转时间是不同的,固定资本比流动资本周转得慢,就像有机体中的骨骼比血肉更新得慢一样。关于固定资本的磨损,马克思在《资本论》第 2 卷中论述固定资本的维持费用时,曾用"老年人"来比喻超过"中年期"的机器。他说:"机器越是超过它的中年期,因而正常的磨损越是增多,构成机器的材料越是消耗和衰老,为维持机器直到它的平均寿命结束所需要的修理劳动就越频繁,越重要。正像一个老年人,为了防止不到时候就死去,必须比一个年轻力壮的人支付更多的医药费。"①老年人"为了防止不到时候就死去,必须比一个年轻力壮的人支付更多的医药费",而超过中年期的机器为了维持它的平均寿命,则需要更多的修理劳动和修理费用。

马克思在《资本论》第 2 卷中考察了固定资本和流动资本之后,在论述劳动时间、生产时间、流通时间、可变资本的周转、剩余价值的流通等问题时几乎没有使用比喻,根据恩格斯的描述,这可能是由于他忙于"不厌其烦的计算",以至于"纠缠在周转的计算中"的缘故吧。②

六、用比喻阐释社会总资本再生产理论

马克思在《资本论》第 2 卷中论述简单再生产时,曾用"金鸟"来比喻货币资本。他说:"简单再生产——在这种情况下,第 Ⅰ 部类和第 Ⅱ 部类的生产资本的每一个要素都必须得到补偿——只有在第 Ⅰ 部类最初放走的 500 只金鸟飞回的时候,才是可能的。"这个比喻可能是受了德国格林兄弟的童话故事《金鸟》的启发。马克思用"金鸟"比喻货币资本,500 只金鸟指的是 500 磅的货币资本,500 只是马克思所举例子中的数字。马克思在《资本论》第 2 卷中充分发挥"抽象力",把社会的总生产分成了两大部类:生产资料的生产是第一部类(Ⅰ),它"具有必须进入或至少能够进入生产消费的形式的商品";消费资料的生产是第二部类(Ⅱ),它"具有进入资本家阶级

---

① 《马克思恩格斯文集》第 6 卷,人民出版社 2009 年版,第 195 页。
② 参见《马克思恩格斯文集》第 6 卷,人民出版社 2009 年版,第 315 页。

和工人阶级的个人消费的形式的商品"。马克思说:"这两个部类中,每一部类拥有的所有不同生产部门,总合起来都形成一个单一的大的生产部门:一个是生产资料的生产部门,另一个是消费资料的生产部门。两个生产部门各自使用的全部资本,都形成社会资本的一个特殊的大部类。"每一部类的资本都分成可变资本和不变资本两个组成部分。可变资本指的是人的方面,从价值方面看也就是为购买社会劳动力而支付的工资,从物质方面看也就是工人的活劳动。不变资本指的是物的方面,也就是生产商品时使用的全部生产资料的价值,分为固定资本(比如厂房、机器等)和流动资本(比如原料、耗材等)。马克思认为,两大部类的生产必须保持平衡才能避免危机,虽然"平衡本身就是一种偶然现象"。① 文中"第 I 部类和第 II 部类的生产资本的每一个要素都必须得到补偿"指的就是这种平衡。"第 I 部类最初放走的 500 只金鸟飞回的时候"指的是资本家投入的货币资本必须经过生产和流通环节最终把商品卖出去,成为第 II 部类的生产资料,才能保证第 II 部类的正常进行,两个部类的简单再生产才能保持平衡。当然,这 500 只金鸟是一定要带着金蛋也就是剩余价值回来的。

七、用比喻阐释平均利润和生产价格理论

1. 用"共济会""兄弟"和"分赃"的比喻阐释平均利润的形成

马克思在揭示平均利润的形成过程时曾说:"不同生产部门由于投入其中的资本量的有机构成不同,会产生极不相同的利润率。但是资本会从利润率较低的部门抽走,投入利润率较高的其他部门。通过这种不断的流出和流入,总之,通过资本在不同部门之间根据利润率的升降进行的分配,供求之间就会形成这样一种比例,使不同的生产部门都有相同的平均利润,因而价值也就转化为生产价格。"马克思认为,在这个平均化的过程中,每一个单个的资本家都同每一个特殊生产部门的所有资本家一样,不仅"参与总资本对全体工人阶级的剥削",而且也"参与决定这个剥削的程度"。马克思将平均化过程中资本家和资本家之间的竞争关系和合作关系分别比作假的"兄弟"和真的"共济会"。他说:"我们在这里得到了一个像数学一样精确的证明:为什么资本家在他们的竞争中表现出彼此都是假兄弟,但面对整个工人阶级却结成真正的共济会团体。"②"共济会"是一个神秘的、实力强大而又等级森严的共同体组织,马克思用其比喻资本家在集体

---

① 《马克思恩格斯文集》第 6 卷,人民出版社 2009 年版,第 467、439、557 页。
② 《马克思恩格斯文集》第 7 卷,人民出版社 2009 年版,第 218、219、220 页。

面对整个工人阶级的时候所形成的紧密关系。无独有偶,恩格斯在《俄国沙皇政府的对外政策》一文中也曾使用一个类似的比喻,将当时俄国外交界比作某种现代的"耶稣会",意在表明俄国外交界在当时是一股强大的势力。①

马克思关于"共济会"的比喻揭示了资产阶级对工人阶级的剥削是一种联合起来的剥削,在这种联合中,"每个特殊资本都只作为总资本的一部分,每个资本家事实上都作为总企业的一个股东,按照各自资本股份的大小比例来分享总利润"②。在这里,马克思又将单个的资本家比作了总企业的一个"股东",而这个"总企业"则是比喻资产阶级专政的国家。这个关于"企业"和"股东"的比喻早在《法兰西内战》初稿中就曾经被马克思使用过。马克思指出,资产阶级共和国是"联合起来的资产阶级各集团的、集所有人民**剥削者**之大成的无名股份公司"③。资产阶级不仅在国家内联合起来剥削无产阶级,甚至在世界范围内也是联合起来的,就像马克思在《法兰西内战》一书中讲的,"面对无产阶级,各民族政府乃是**一体!**""欧洲各国政府在巴黎面前显示了阶级统治的国际性"。因此,马克思针对哥达纲领中的狭隘的民族主义观点,特别强调工人运动不可能完全"在现代民族国家的范围内进行活动",④面对国际化的阶级统治,各国各民族的工人运动如果不联合起来,就会被联合起来的各国反动派各个击破。由此可见,马克思的平均利润学说具有重大的革命意义,它启示我们,"无产阶级要求得解放,只反对个别资本家是不行的,他们必须团结一致,推翻整个资产阶级"⑤。

后来,马克思在揭露资本家之间的假的"兄弟"关系时又使用了一个关于"分赃"的比喻。他说:"在一切都顺利的时候,……竞争实际上表现为资本家阶级的兄弟情谊,使他们按照各自的投资比例,共同分配共同的赃物。但是,一旦问题不再是分配利润,而是分配损失,每一个人就力图尽量缩小自己的损失量,而把它推给别人。对整个阶级来说,损失是不可避免的。但是每个资本家要分担多少,要分担到什么程度,这就取决于力量的大小和狡猾的程度了,在这种情况下,竞争也就变为敌对的兄弟之间的斗争

① 参见《马克思恩格斯文集》第4卷,人民出版社2009年版,第354~355页。
② 《马克思恩格斯文集》第7卷,人民出版社2009年版,第232页。
③ 《马克思恩格斯全集》第17卷,人民出版社1963年版,第561页。
④ 《马克思恩格斯文集》第3卷,人民出版社2009年版,第179~180、438页。
⑤ 李成勋:《〈资本论〉自学指南》,四川人民出版社1982年版,第237页。

了。"①马克思将剩余价值（资本家称为利润）比作"赃物"，将资产阶级内部共同分配剩余价值比作"分赃"。这段话反映了资产阶级内部可以共富贵不可以共患难的丑恶现实。马克思是在揭示由于利润率趋于下降所导致的"资本过剩"时说这番话的。

2. 用"嫩芽""火焰"和"睡眠状态"的比喻阐释利润率的重要性

马克思在《资本论》第3卷中论述利润率对于资本主义生产的重要性时，还曾使用了"嫩芽""火焰""睡眠状态"等多个比喻。他说："利润率即资本的相对增长率，首先对一切新的独立形成的资本嫩芽来说，是重要的。只要资本的形成仅仅发生在某些可以用利润量来弥补利润率的少数现成的大资本手中，使生产活跃的火焰就会熄灭。生产就会进入睡眠状态。"这段话中有三个比喻。第一个是缩喻，将新的独立形成的资本比作"嫩芽"。第二个是借喻，把那些使生产活跃的因素比作"火焰"。第三个也是借喻，将生产的停滞比作"睡眠状态"。马克思认为，作为"资本主义生产的推动力"的利润率呈现一种下降的趋势，大资本通过增加利润量来弥补利润率的下降，但是中小资本却只能"被迫走上冒险的道路：投机、信用欺诈、股票投机、危机"，"以信用形式交给大经营部门的指挥者去支配"，②或者到国外寻找投资机会。无论哪一种形式，都会降低国内生产的活跃程度，使生产进入"睡眠状态"。

八、用比喻阐释商业资本和商业利润理论

1. 用"伊壁鸠鲁的神"阐释商人和商业的历史地位

关于商人和商业的历史地位问题，马克思在《资本论》第3卷中曾用很多生动的比喻和类比进行刻画，并且对庸俗经济学家认为商人必须永远存在的谬论进行了驳斥。首先，马克思肯定了商人和商业的历史地位，认为其发挥了"中介人"的作用。马克思多次使用"伊壁鸠鲁的神生活在世界的空隙中"这个比喻来形容古代商业民族生活在野蛮的生产民族的夹缝中的状态。马克思认为，最初的商业民族和商业城市的商业"是作为纯粹的转运贸易建立在生产民族的野蛮状态的基础上的"，"对这些生产民族起着中介人的作用"。其次，马克思认为商人这个"中介人"并不是永世存在的。庸俗经济学家认为，社会产品在社会各成员之间的分配（无论是用于生产消费还是用于个人消费）"永远必须有商人和银行家作中

---

① 《马克思恩格斯文集》第7卷，人民出版社2009年版，第281~282页。
② 《马克思恩格斯文集》第7卷，人民出版社2009年版，第288、279页。

介,就像要吃肉必须有畜牧业,要穿衣必须有服装业一样"。这是完全错误的,因为实际上"在成千成万的场合,这种交换没有这种中间人也在进行"。①

2. 用"普罗克拉斯提斯的床"来阐释商业利润率

关于商业利润率,恩格斯在《〈资本论〉第3卷增补》中曾用"普罗克拉斯提斯的床"来揭示资本主义初期商业资本支配产业资本、商业利润率支配产业利润率的客观规律。他说:"已有的商业利润率,即使它只是在局部地区实现了平均化,仍然是一张普罗克拉斯提斯的床,以它为标准,超额的产业剩余价值都会被毫不留情地砍掉。"②普罗克拉斯提斯是古希腊神话中的拦路大盗达玛斯忒斯的绰号,意思是"把人拉长的人"。他在从墨伽拉到雅典的路上开了一家黑店,专门残害无辜的过客。据说他有一张特制的铁床,每一个被骗到店里投宿的人都被强按在他的铁床上:"身子矮小的人躺在长床上,他用力把这个人的身子拉得和床一样长,直到把人扯得气绝身亡;身材高大的人躺在短床上,他用斧子剁去他伸出床外的腿脚,这样把人折磨死。"③雅典的英雄忒修斯将计就计,以其人之道还治其人之身,把普罗克拉斯提斯骗到他自己设计的床上,然后砍掉了他的头颅,为民除了害。后来"普罗克拉斯提斯的床"常被人们用来形容"逼人就范"或"削足适履"。恩格斯将商业利润率比作一张"普罗克拉斯提斯的床",意在揭示资本主义初期商业资本支配产业资本、商业利润率支配产业利润率的客观规律。恩格斯在说明平均利润率形成的历史过程时指出,在资本主义初期,商业资本支配产业资本,商业利润率支配产业利润率,工场手工业资本家只能按平均化的商业资本的利润率来获得利润,高出平均化的商业利润率的产业利润,在竞争中会被其他资本家毫不留情地夺去,就像旅客伸出床外的肢体被普罗克拉斯提斯毫不留情地砍去一样。

3. 用"漫画"比喻来阐释商业资本的历史

马克思在《资本论》第3卷"关于商人资本的历史考察"一章中刻画英国商业资本在印度的"失败的和真正荒唐的(在实践上是无耻的)经济实验"时曾经使用了一个关于"漫画"的约喻。他说:"在孟加拉,他们创作了一幅英国大土地所有制的漫画;在印度东南部,他们创作了一幅小块土地所有制的漫画;在西北部,他们又做了他们能做的一切,把实行土地公有制的

---

① 《马克思恩格斯文集》第7卷,人民出版社2009年版,第361页。

② 《马克思恩格斯文集》第7卷,人民出版社2009年版,第1026页。

③ 参见晏立农、马淑琴编著:《古希腊罗马神话鉴赏辞典》,吉林人民出版社2006年版,第419页。

印度经济公社,变成了它本身的一幅漫画。"①马克思将英国商业资本在孟加拉、印度东南部和印度西北部的经济实验都比作"漫画",意在揭露英国商业资本在瓦解"资本主义以前的、民族的生产方式"时的力不从心。这种生产方式具有的"内部的坚固性和结构"对英国商业资本进行了最顽强的抵抗。

九、用比喻阐释借贷资本和信用理论

1. 用"自动的物神"等比喻阐释生息资本

关于生息资本,马克思曾使用"葡萄酒""自动的物神""梨树""摩洛赫"等多个比喻来形容之。比如,马克思在《资本论》第3卷中曾用"葡萄酒"来比喻生息资本,用"窖内的葡萄酒,经过一定时期也会改善它的使用价值"来比喻生息资本经过一段时间之后就会增殖。他说:"在生息资本的场合,资本的运动被简化了;中介过程被省略了。因此,一个1 000的资本已确定为这样一种物,这种物本身=1 000,经过一定时期变成1 100,好像窖内的葡萄酒,经过一定时期也会改善它的使用价值一样。"②马克思这个比喻意在揭露庸俗经济学家将资本运动简化,以达到掩盖剥削真相的企图。他们不关心过程的内容,就像他们不关心葡萄酒内部的化学反应一样。他们将时间神秘化,似乎只要有了时间,资本就能自我增殖,这样资本也就被神秘化了,好像剩余价值是"来自资本本身固有的秘密性质"。

马克思在1861~1863年经济学手稿中还曾将生息资本比作"自动的物神"。他说:"这个**自动的物神**,自行增殖的价值,创造货币的货币,达到了完善的程度,并且在这个形式上再也看不到它的起源的任何痕迹了。社会关系最终成为物(货币、商品)同它自身的关系。"③"物神"(Fetisch)是原始民族崇拜的偶像,他们将太阳、月亮、风雨、雷电、大山、大河、大地、大树、巨石等自然物神秘化并将它们当作神来崇拜。"物神"崇拜是一种原始的、自发的宗教,就像恩格斯在《布鲁诺·鲍威尔和原始基督教》一文中所说的,"自发的宗教,如黑人对物神的膜拜或雅利安人共有的原始宗教,在它们产生的时候,并没有欺骗的成分,但在以后的发展中,僧侣的欺诈很快就成为不可避免的了"④。马克思将生息资本比作"自动的物神",意在讽刺被庸俗经济学家所推崇的"三位一体公式"是"庸人的宗教",同时揭露这种"庸

---

① 《马克思恩格斯文集》第7卷,人民出版社2009年版,第372页。
② 《马克思恩格斯文集》第7卷,人民出版社2009年版,第443页。
③ 《马克思恩格斯全集》第35卷,人民出版社2013年版,第304页。
④ 《马克思恩格斯文集》第3卷,人民出版社2009年版,第591页。

人的宗教"的"物化、颠倒和疯狂"的性质。在他们所崇拜的各种"物神"中，最完善的形式莫过于生息资本，就像马克思所说的，"在生息资本的形式上，资本拜物教的观念完成了"①。"三位一体公式"（土地—地租、资本—利润（利息）、劳动—工资）是早期庸俗经济学的代表人物、法国经济学家让·巴蒂斯特·萨伊（Jean-Baptiste Say）提出的一个关于财富来源和分配方式的"没有想象力的虚构方式"，马克思还称其为"现实的颠倒借以表现的歪曲形式"②。马克思在手稿的《各种收入及其源泉》部分分析了资产阶级庸俗经济学家所谓的各种收入形式，并揭示了这些形式的拜物教性质和资产阶级庸俗经济学的辩护论性质。马克思在深入分析"三位一体公式"的过程中，用了较大的篇幅来论述生息资本这个"最完善的物神"。据这个"三位一体公式"可知，利息直接来源于资本，中间的生产过程和流通过程的中介被掩盖了，社会关系最终表现为物（货币）和它自身的关系。由此，利息就"完全同剥削过程相分离"了，它仅仅表现为资本所有权的产物，"人们会以为货币本身具有生出利息的力量。货币的'物神性'（马克思）将在这种生息资本上无限扩大开来"③。资产阶级庸俗经济学家就这样"把社会关系作为物的内在规定归之于物，从而使物神秘化"④了，生产关系和它的物质表现形式的混淆在这里达到了顶点，生息资本的物神的形象就被树立起来了。这个过程就是"物神化"，也就是"把关系看成物，把关系同这种关系的物的表现形式混淆起来"⑤。

为了揭示生息资本的内在属性就是"创造价值、提供利息"，马克思还曾将生息资本比作"梨树"。他说："创造价值、提供利息是它们内在的属性，就像梨树的属性是结梨子一样。"文中的"它们"指的是生息资本，也就是货币资本所有者为了取得利息而贷给职能资本家使用的货币资本。生息资本包括高利贷资本和借贷资本两种形式，高利贷资本是生息资本的古老形式，在资本主义产生之前就已经存在，而借贷资本是生息资本的资本主义形式，是资本主义生产方式的产物。在生息资本这种形式上，资本总公式G—W—G′被归结为G—G′，中间环节被省略了，资本总公式被简化为没有意义的一般公式，这样就使得货币看起来似乎不用经过任何生产过程和流

① 《马克思恩格斯文集》第7卷，人民出版社2009年版，第449页。
② 《马克思恩格斯全集》第35卷，人民出版社2013年版，第302页。
③ ［日］柄谷行人：《世界史的构造》，赵京华译，中央编译出版社2017年版，第149页。
④ 《马克思恩格斯全集》第31卷，人民出版社1998年版，第85页。
⑤ ［匈］贝拉·弗格拉希：《逻辑学》，刘丕坤译，生活·读书·新知三联书店1979年版，第429~430页。

通过程,不用借助任何社会行为和社会关系就能自然地产生出新的货币来。就像马克思所说的,"物现在表现为资本,资本也表现为单纯的物,资本主义生产过程和流通过程的全部结果则表现为物所固有的一种属性"。① 生息似乎是资本所固有的一种属性,就像结梨子是梨树的属性一样。而实际上,资本并不是梨树,并不是一种物,而是一种社会关系,G—G′这个简化形式恰恰把这种社会关系遮蔽了。

2. 用"小鱼为鲨鱼所吞掉"等比喻阐释资本主义的信用制度

关于作为资本主义的一种信用制度的股份制度,马克思曾将其比作"赌博",并将这种制度下小资本被大资本所吞并比作"小鱼为鲨鱼所吞掉"和"羊为交易所的狼所吞掉"。马克思说:"信用使这少数人越来越具有纯粹冒险家的性质。因为财产在这里是以股票的形式存在的,所以它的运动和转移就纯粹变成了交易所赌博的结果;在这种赌博中,小鱼为鲨鱼所吞掉,羊为交易所的狼所吞掉。"②马克思也充分肯定了股份制度的积极意义,认为"在股份制度内,已经存在着社会生产资料借以表现为个人财产的旧形式的对立面",资本主义的股份企业应当被看作是"由资本主义生产方式转化为联合的生产方式的过渡形式"。因此,股份制度具有二重性质:"一方面,把资本主义生产的动力——用剥削他人劳动的办法来发财致富——发展成为最纯粹最巨大的赌博欺诈制度,并且使剥削社会财富的少数人的人数越来越减少;另一方面,造成转到一种新生产方式的过渡形式。"马克思调侃说:"正是这种二重性质,使信用的主要宣扬者,从约翰·罗到伊萨克·贝列拉,都具有这样一种有趣的混合性质:既是骗子又是预言家。"③

3. 用基督教和天主教之间的关系比喻信用主义和货币主义的关系

关于信用主义和货币主义的关系,马克思曾用基督教和天主教之间的关系来打比方和做类比。他说:"正如基督教没有从天主教的基础上解放出来一样,信用主义也没有从货币主义的基础上解放出来。"④这句话既有比喻,也有类比。马克思用"基督教没有从天主教的基础上解放出来"来类比"信用主义没有从货币主义的基础上解放出来"。这个类比实际上也把信用主义比作了"基督教",把货币主义比作了"天主教"。这里的基督教指的是狭义上的基督教,也就是新教,是从天主教中脱离出来的派别,与天主教、东正教并称为基督教三大流派。天主教奉行教阶制,把教会(教皇)作

---

① 《马克思恩格斯全集》第35卷,人民出版社2013年版,第305页。
② 《马克思恩格斯文集》第7卷,人民出版社2009年版,第498页。
③ 《马克思恩格斯文集》第7卷,人民出版社2009年版,第499、500页。
④ 《马克思恩格斯文集》第7卷,人民出版社2009年版,第670页。

为上帝和信众之间的中介,作为解释《圣经》的权威机构。而基督教奉行上帝面前人人平等,主张从教会(教皇)这个现实的压迫者下解放出来,让每个人都成为自己的祭司。马克思说"基督教没有从天主教的基础上解放出来",指的是基督教并没有否定对上帝的信仰,没有否定《圣经》这个基督教三大流派共同的信仰基础。货币主义是货币拜物教,信仰贵金属,认为贵金属是唯一的真正财富,强调贵金属这个财富的中介和现实基础。所以,马克思说"货币主义本质上是天主教的"。而信用主义是对信用的崇拜,主张从对贵金属这个"坚硬的"货币的崇拜中解放出来,摆脱贵金属的束缚,让信用得以自由发展,就像基督教让每一个人的信仰自由发展一样。所以,马克思说"信用主义本质上是基督教的"。但是,"正如基督教没有从天主教的基础上解放出来一样,信用主义也没有从货币主义的基础上解放出来",因为信用制度的发展,只是改变了货币流通的形式,却没有改变流通中所需的货币量必须同流通中商品价值总量相适应这一规律,而金属货币仍然是流通领域最基础的流通手段。那些坚持信用主义的人总是脱离实际地夸大信用的作用,可是,一旦危机来临,信用崩溃,货币奇缺,一切到期款项都要用现金支付的时候,这些人就会纷纷追求坚实的货币。就像马克思说的,"在危机中,信用主义会突然转变成货币主义"①。这表明,信用主义不能脱离贵金属形式的货币这个基础。

十、用比喻阐释地租理论

马克思在《资本论》第3卷中为了揭示德国庸俗经济学家洛贝尔图斯"把货币地租对一定量土地(例如一英亩土地)的比率,看做是古典经济学在研究地租增减时的一般前提"的错误,曾使用了多个比喻予以说明。

1."猪一样的资本"

马克思说:"拿一部分剩余价值即货币地租……同土地相比较,这本身就是荒谬的、不合理的;因为这里互相比较的量是不可通约的,一方面是一定的使用价值,是若干平方英尺的土地,另一方面是价值,具体地说是剩余价值。这种比较事实上不过表示,在既定的情况下,若干平方英尺土地的所有权,使土地所有者能攫取一定量的无酬劳动,这种无酬劳动是由像在马铃薯堆里拱来拱去的猪一样在这若干平方英尺内拱来拱去的资本实现的。"这个比喻既是一个拟喻,也是一个倒喻。这个比喻先是将资本比作"猪",然后用"拱来拱去"的比拟动作,生动形象地揭露了洛贝尔图斯提出的"货

---

① 《马克思恩格斯文集》第7卷,人民出版社2009年版,第608页。

币地租对一定量土地的比率"这一概念的荒谬性质。马克思认为,地租并不是"在这若干平方英尺内拱来拱去的资本"生产出来的,就像"在马铃薯堆里拱来拱去的猪"拱出来的马铃薯并不是猪生产的一样。地租本质上是剩余价值的一种表现形式,而"剩余价值不可能是土地创造的"。地租的获得是靠土地所有权,而"创造这种权利的,是生产关系"①。

2."拿一张五镑银行券同地球的直径相比较"

马克思接着上面的比喻继续说,"这种说法的意义,就如同拿一张五镑银行券同地球的直径相比较一样"。这是一个讽喻,用"拿一张五镑银行券同地球的直径相比较"这个虚构的故事情节来讽刺洛贝尔图斯胡编乱造的"货币地租对一定量土地的比率"根本就是"完全的矛盾",是风马牛不相及。马克思还曾将表示这种比例关系的概念比作"黄色的对数"②,以讽刺其不伦不类,驴唇不对马嘴。洛贝尔图斯将"货币地租对一定量土地的比率"这个自相矛盾的概念,当作"古典经济学在研究地租增减时的一般前提"就更荒谬了。古典政治经济学在对地租的实物形式进行考察时,并不是像洛贝尔图斯认为的那样,把"货币地租对一定量土地的比率"作为一般前提,而是"就地租和产品的关系来看地租率;在它把地租作为货币地租进行考察时,总是就地租和预付资本的关系来看地租率"③。马克思认为这是古典政治经济学合理的表现,而洛贝尔图斯在这点上是错上加错。

---

①《马克思恩格斯文集》第 7 卷,人民出版社 2009 年版,第 880~881、877 页。
②《马克思恩格斯文集》第 7 卷,人民出版社 2009 年版,第 881、926 页。
③《马克思恩格斯文集》第 7 卷,人民出版社 2009 年版,第 880 页。

第五章 《资本论》比喻的批判功能

除了理论上的建构,《资本论》中的比喻还具有强大的现实批判功能。马克思创作《资本论》的时代也是一个资本主义飞速发展的时代,资产阶级在西欧各国陆续取得统治地位并日益巩固,资产阶级经济学家的庸俗化倾向也开始日益明显,他们"附着在资产阶级的皮上"①,为资本主义社会粉饰太平,使得政治经济学研究的辩护性逐渐代替了研究的科学性。马克思充分利用比喻这个"修辞的最具巧艺的手段"②,猛烈抨击了政治经济学研究中的庸俗化倾向,深刻揭示了政治经济学研究的阶级性,无情揭露了资本主义社会的现实状况,揭露了无产阶级的悲惨处境,揭露了资本家、土地所有者和资产阶级政客的丑恶嘴脸,无情批判了一些古典政治经济学家、庸俗经济学家、小资产阶级社会主义者的错误观点。这些具有极强批判性和浓烈火药味儿的比喻在马克思手中充分发挥了其作为"箭和投枪"的作用。

第一节 对现实的揭露

一、对德国现实状况的揭露

马克思在《资本论》1867年第1版序言中曾用"帷幕内的美杜莎的头"来揭示德国当时的现实状况。他说:"德国和西欧大陆其他国家的社会统计,与英国相比是很贫乏的。然而它还是把帷幕稍稍揭开,使我们刚刚能够窥见幕内美杜莎的头。"③这是一个接喻,由两个借喻组成。第一个是将掩盖着资本主义压迫和剥削的生产关系比作"帷幕",第二个是将资本主义压迫和剥削的丑恶现实比作"美杜莎的头"。马克思这个比喻意在表明,虽然德国由于工业还不够发达,工农业工人的处境似乎还没有达到英国那种恶劣的程度,似乎"远不是那样坏",但正是由于德国工业还不够发达,其工厂立法也不够健全,因此实际情况就更加糟糕,"比英国要坏得多"。

马克思在《资本论》1867年第1版序言中还曾用"死人抓住活人"这个

---

① 《马克思恩格斯文集》第5卷,人民出版社2009年版,第622页。
② [德]尼采:《古修辞讲稿》,屠友祥译,华东师范大学出版社2018年版,第18页。
③ 《马克思恩格斯文集》第5卷,人民出版社2009年版,第9页。

《圣经》典故来揭露"古老的、陈旧的生产方式以及伴随着它们的过时的社会关系和政治关系"对活人的压迫和束缚。他说:"除了现代的灾难而外,压迫着我们的还有许多遗留下来的灾难,这些灾难的产生,是由于古老的、陈旧的生产方式以及伴随着它们的过时的社会关系和政治关系还在苟延残喘。不仅活人使我们受苦,而且死人也使我们受苦。死人抓住活人!"①"死人抓住活人"这句话源自《圣经》"让死人去埋葬死人"的说法。"让死人去埋葬死人"这句话在德语里成了一句谚语,意思是过去的事情就让它过去,不要让过去的事情束缚住手脚、挡住了活人前行的道路。这里的"活人"既包括无产阶级,也包括资产阶级,他们都被封建残余所羁绊。尽管工业化已经是大势所趋,但是德国的容克地主阶级仍然在作着垂死挣扎。"自19世纪60年代德意志实现工业化全面突破以来,容克贵族就一直极为担心自己会在一个迅速现代化的资本主义社会面前逐渐崩溃",他们意识到自己的统治地位"只有靠阻止德国工业化社会的发展,才能继续维持下去了",②因此他们就死死地抓住"活人"不放,就像《一千零一夜》故事集中那个用两腿夹着辛伯达的脖子不放的老头子一样,只能靠吸食"活人"的鲜血来满足自己风烛残年的需求。特别是德意志第二帝国的建立,给本来已经受到严峻挑战的容克地主阶级的统治再度提供了合法性,使他们的"前工业化时代"的价值观和行为模式回光返照般地影响着德国社会,使德国现代化进程中出现了"资产阶级化"和"封建臣民化"相互纠缠的独特景观。在这种纠缠当中,狡猾的俾斯麦抓住资产阶级害怕工人运动甚于害怕地主阶级的心理,利用德国早期工人运动领袖斐迪南·拉萨尔(Ferdinand Lassalle)的影响力,打着"国家社会主义"的旗号,故意制造一种容克地主和工人组织结成同盟的假象,来达到恫吓自由资产阶级的目的,从而将生性懦弱的资产阶级牢牢地"抓住"了。同时,容克地主阶级又与资产阶级沆瀣一气、狼狈为奸,将工人阶级完全隔绝在国家控制权之外,从而将工人阶级也"抓住"了。文中"不仅活人使我们受苦,而且死人也使我们受苦"这句话中的"活人"指的是资产阶级及其所代表的资本主义生产方式,"死人"指的是土地贵族及其所代表的封建农奴制度,"我们"指的是受"死人"和"活人"所压迫的无产阶级。"活人"的压迫是"现代的灾难","死人"的压迫是"遗留下来的灾难"。处在双重灾难的双重压迫下的无产阶级,就像处在"刀俎"之下的"鱼肉"一样,就像处在铁锤和砧板之间的铁丝一样,就像卖出去的皮革一样,

① 《马克思恩格斯文集》第5卷,人民出版社2009年版,第9页。
② 李工真:《德意志道路:现代化进程研究》,武汉大学出版社2005年版,第184~185页。

只能任由"死人"和"活人"来剁、来锤、来鞣。马克思这个比喻反映的是当时工业还不发达的德国的现实情况。无产阶级受"死人"和"活人"的双重压迫就是由这种不发达的情况导致的。马克思之所以在《资本论》1867年第1版序言中对德国人说这段话,意在表明:虽然《资本论》主要揭示的是英国这个典型的、成熟的资本主义国家的"现代的灾难",这个"现代的灾难"似乎与德国这个落后的工业国并不相干,但是,正在英国发生的"现代的灾难"迟早要在德国上映,这是德国资本主义发展的必然结果。而且,正因为德国资本主义生产方式的不成熟,在德国还没有像英国那样对工厂主的残酷剥削进行一定限制的工厂法,因此,德国资本家工厂里的残酷状况反而要比英国更严重。

二、对无产者悲惨处境的揭露

除了"马""绵羊""蝗虫""青蛙""不是田园诗""不是塞克洛普""不是百眼巨人""死人抓住活人""血和火的文字""温和的监狱""为了一碗红豆汤出卖自己的长子继承权"等比喻之外,《资本论》及手稿中还有很多比喻都深刻揭露了无产者的悲惨处境。

比如,马克思在1857~1858年经济学手稿中说:"工人应该作为纯粹的工作机被支付报酬,而且应该尽可能自己支付自己的磨损。至于这种情况造成了工人纯粹牲畜般的处境,这里就不用谈了"①。这句话的前半部分是以资本家的口吻说的,是资本家渴望的结果。这个接喻由三个前后有承接关系的比喻组成。第一个是暗喻,将工人比作"纯粹的工作机";第二个是借喻,将工人劳动能力的消耗比作工作机的"磨损";第三个是明喻,将工人这个自己支付自己"磨损"的"纯粹的工作机"比作"牲畜",将工人的这种悲惨处境比作"纯粹牲畜般的处境"。这个比喻是针对那些鼓吹工人应该节俭的资产阶级庸俗经济学家的"离奇的要求"而言的,意在强调处于"纯粹牲畜般的处境"的工人无论如何是不可能通过节俭和储蓄来致富的。马克思认为,"以致富为交换目的"的资本家不被要求"禁欲",而那些"以生活资料为交换目的"的一穷二白的工人反倒被要求"禁欲",这是"极其离奇的要求"。从雇佣劳动的性质看,资本家需要的是以换取生活资料为目的的工人,而不是以追求财富为目的的工人。如果工人实行最高限度的勤劳和最低限度的消费,那么工人的这种努力只会"降低他自己劳动的生产费用的一般水平,从而降低劳动的一般价格",最终使工人"得到最低限度的工

---

① 《马克思恩格斯全集》第30卷,人民出版社1995年版,第246页。

资"。撇开这些不谈,如果工人真的用禁欲的方法进行了储蓄,那也只会对资本家更有利,因为这种节约实际上"不是为自己节约,而是**为资本节约**",最终"只是加强了自己敌人的力量和他自己的依附地位"。① 从资本家的角度讲,他们顶多会要求自己工厂的工人节约,而决不会要求其余的作为他们产品消费者的工人大众都节约,相反,"资本家不顾一切'虔诚的'词句,寻求一切办法刺激工人的消费,使自己的商品具有新的诱惑力,强使工人有新的需求等等"。马克思在1861~1863年经济学手稿中再次提到这个比喻,他说:"工人缩短了他的劳动能力的存在期限,在比他的工资的增加大得多的程度上消耗了他的劳动能力,而且更加变成一种单纯的工作机器。"②资本家对真正的工作机还知道维修养护,尽量增加工作机的使用寿命,减少固定资本更新投入,可是对工人这个"工作机"却一点也不珍惜,而且变本加厉地压榨,因为他们不需要为工人这个"工作机"的磨损投入更多的养护成本。哪怕是因此大大缩短了工人的寿命资本家也在所不惜,因为相对过剩的劳动力的"蓄水池"里盛满了"水",他们可以随时从中得到补充,而且不需要花费更大的代价。所以,资本家巴不得把本可以使用20年的劳动力在15年内就榨干,然后再换新的劳动力。马克思在1857~1858年经济学手稿中还曾将奴隶制关系下的劳动者比作"工作机"。他说,"在奴隶制关系下,劳动者属于**个别的特殊的**所有者,是这种所有者的工作机。……在奴隶制关系下,劳动者只不过是活的工作机"③。虽然都是活的"工作机",都是"纯粹牲畜般的处境",但是马克思也曾指出,资本主义生产方式下的劳动者比奴隶制关系下的劳动者的处境还要悲惨。这是因为奴隶是奴隶主的个人财产,而工人是不属于任何资本家的"自由人",工人只是在整体上属于整个资本家阶级。如果奴隶主对他的奴隶还有那么一点温情的话,资本家对他的工人却没有一丝怜悯,因为这个资本家很清楚,他工厂里的工人并不是他的个人财产,他们是属于整个资本家阶级的,他不需要给予他们任何温情。

三、对资本家的揭露

马克思在《资本论》及手稿中通过"浮士德式的冲突""通向地狱的道路是由良好的意图铺成的""我死后哪怕洪水滔天""鲁本斯的风格""夏洛克""山猫"等比喻深刻揭露了资本家的贪婪、残忍和狡诈,通过"海格立斯

---

① 《马克思恩格斯全集》第30卷,人民出版社1995年版,第245~246、247页。
② 《马克思恩格斯全集》第35卷,人民出版社2013年版,第292页。
③ 《马克思恩格斯全集》第30卷,人民出版社1995年版,第457页。

式的业绩""希腊人遇到希腊人就发生激战"等比喻深刻揭露了资本家之间的尔虞我诈。另外,马克思也通过"在一无所有的地方,皇帝也会丧失他的权力"等比喻客观地揭示了资本家鼓吹"节制"的虚伪性质。

1.浮士德式的冲突

马克思在《资本论》第1卷中曾用歌德"浮士德式的冲突"来设喻。他说:"古典的资本家谴责个人消费是违背他的职能的罪恶,是对积累的'节制',而现代化的资本家却能把积累看做是对自己的享受冲动的'禁欲'。'啊,他的胸中有两个灵魂,一个要想同另一个分离!'"①文中作为喻体的这句话出自歌德《浮士德》第一部第二场"城门口"。剧中人浮士德跟他的学生瓦格纳说:"在我的胸中,唉,住着两个灵魂,一个想从另一个挣脱掉;一个在粗鄙的爱欲中以固执的器官附着于世界;另一个则努力超尘脱俗,一心攀登列祖列宗的崇高灵境。"②马克思用浮士德的这句话来设喻,意在表明:古典的资本家强调"节制",现代化的资本家追求"享受","一个想同另一个分离"。这个比喻揭示了资本的本性和资本家的人性之间的矛盾冲突。

2.通向地狱的道路是由良好的意图铺成的

马克思在《资本论》第1卷中说:"熟悉庸俗政治经济学的资本家也许会说:他预付自己货币的意图是要由此生出更多的货币。但是,通向地狱的道路是由良好的意图铺成的;他不进行生产,也同样可以有赚钱的意图。"这个比喻再次将资本家的工厂比作了"地狱",也再次揭示了个别资本家即使不进行生产,他们所赚的钱仍然来自工人的剩余劳动,来自进行生产的工厂"地狱"。"通向地狱的道路是由良好的意图铺成的"这句话是一句谚语,马克思引用这句谚语,意在讽喻那些"熟悉庸俗政治经济学的资本家"。这里的"良好的意图"指的是资本家所谓的"不进行生产"的意图。资本家威胁说,既然人们认为生产过程存在剥削,那么只要他"不进行生产",人们就"再也抓不住他的把柄了"。所以,他声称以后"要在市场上购买现成的商品,不再自己制造"。③ 实际上,一个资本家"不进行生产"改变不了资本主义的生产方式的剥削性质,他进行投机赚到的钱仍然来自工人创造的剩余价值。何况,如果所有的资本家都不进行生产是不可能的,他吃什么喝什么呢?"他又不能拿货币当饭吃"。马克思认为,资本家不管是从事生产还是

---

① 《马克思恩格斯文集》第5卷,人民出版社2009年版,第685页。
② [德]歌德:《歌德文集》第1卷,绿原译,人民文学出版社1999年版,第34页。
③ 《马克思恩格斯文集》第5卷,人民出版社2009年版,第223页。

从事证券投机,他们的直接目的只有一个,那就是赚钱,而不是为社会创造财富。他们不是"存心改过",而是故意用各种好听的庸俗借口掩盖他们榨取工人剩余劳动的事实,就像那些庸俗政治经济学家经常说的那样。他们将"预付自己货币的意图"美其名曰是为社会"生出更多的货币",将资本家对工人的剥削美其名曰提供"相互的服务",他们正是在这种"好意"的掩盖下,制造了一个人间地狱。马克思在《资本论》第八章"工作日"中用大量的无可辩驳的事实,深刻揭露了资本家对工人的残酷剥削和压迫。马克思还揭露了他们所谓"不进行生产"的"良好的意图"的真面目:"例如,在1844~1847年,他从生产中抽出了一部分自己的资本,拿来在铁路股票上投机。又如,在美国南北战争时期,他关闭了工厂,把工人抛向街头,自己到利物浦棉花交易所去赌博。"①资本家就是这样走在了由他们的"良好的意图"铺成的通向地狱的道路上。"他不进行生产,也同样可以有赚钱的意图。"这句话意在揭露资本家不是依靠赚钱的"意图"活着,而是依靠剥削雇佣工人的赚钱的"行为"活着。

3. 我死后哪怕洪水滔天

马克思《资本论》第1卷还曾用"我死后哪怕洪水滔天"这个历史典故,来讽喻资本家和作为"总资本家"的资本主义国家从来不关心工人的死活。他说:"在每次证券投机中,每个人都知道暴风雨总有一天会到来,但是每个人都希望暴风雨在自己发了大财并把钱藏好以后,落到邻人的头上。我死后哪怕洪水滔天!这就是每个资本家和每个资本家国家的口号。"②"我死后哪怕洪水滔天"这句话,传说是法国国王路易十五所说。在他执政的后期,法国处于内外交困的局面,但他仍然过着奢华糜烂的生活,他预感到在他死后会"洪水滔天",但他已无力回天。国难当头,当他的亲信们劝他不要再大摆宴席和举行豪华庆典时,路易十五用"我死后哪怕洪水滔天"这句话做了回答。马克思在这里使用路易十五的典故不仅是要抨击资本家大搞证券投机所造成的恶果,更是用资本家大搞证券投机的例子来说明资本家不关心工人健康,"除非社会迫使它去关心"。

4. 鲁本斯的风格

马克思在《资本论》第1卷中曾用"鲁本斯的风格"来讽喻资本家给国会的报告中使用的粉饰手法。他说:"资本在递交给议会的请愿书中,竟用

① 《马克思恩格斯文集》第5卷,人民出版社2009年版,第223页。
② 《马克思恩格斯文集》第5卷,人民出版社2009年版,第311页。

鲁本斯的风格把她们描画成非常健康!"①这句话是马克思引用英国《工厂视察员报告》来揭露资本家的残酷剥削时的一句插话,意在揭露资本家竭力掩盖其罪恶勾当的企图。彼得·保罗·鲁本斯(Peter Paul Rubens)是文艺复兴末期的著名画家,巴洛克美术的代表人物。华丽的色彩和铺张的表现手法是鲁本斯风格的典型特征。"在这个天才的画家笔下,女人是健康美丽的,儿童是天真可爱的"②,到处是一派和平兴旺的景象。鲁本斯的作品符合上层社会的审美品位,因此深受贵族喜欢。然而,画面是美好的,事实却是残酷的。虽然资本家在呈送国会的报告书中用鲁本斯的风格无耻地将妇女和儿童描写得十分健康,但实际上资本主义工厂的劳动条件十分恶劣,妇女和儿童的健康遭到惊人的摧残。由于工作环境差到了极点,她们中间患结核病、气管炎、风湿病的比比皆是。工人的状况不仅不像资本家在呈送国会的报告书中那样"健康",相反,将工人"活活累死"的人间惨剧不断在资本家的工厂里上演。事情的真相就像法国作家司汤达在《红与黑》卷首题词中假托丹东之口所说的那样:"真实,令人难堪的真实。"③

5. 夏洛克

马克思在《资本论》第 1 卷中曾经两次用莎士比亚戏剧《威尼斯商人》中的高利贷者"夏洛克"来比喻资本家。马克思说:"对于 1844 年法令限制儿童劳动的条款,资本家像夏洛克那样死抠法令条文,只是为了对该法令限制'少年和妇女'的劳动的这同一项条款进行公开的反叛做准备。"④这个比喻意在讽刺资本家的贪婪和狡诈。资本家看起来像是要严格执行法令,就像夏洛克要求严格执行契约一样;其实,资本家对这种限制其"自由"榨取工人剩余价值的立法恨之入骨,就像夏洛克对基督教世界歧视犹太人的立法恨之入骨一样;资本家死抠法令条文只是为了对该法令限制"少年和妇女"的劳动的这同一项条款进行公开的反叛做准备,就像夏洛克死抠法令条文不过是为了羞辱让自己遭受屈辱的威尼斯法律一样。当工人和工厂视察员对资本家惨无人道提出抗议时,他们就会像夏洛克那样说:"我的行为没有越轨,我要求我的权利! 那就是我的契约上规定的罚金和抵押品!""我一定要照约实行,不要听你讲什么鬼话,我一定要照约实行,所以请你闭嘴吧。我不像那些软心肠流眼泪的傻瓜们一样,听了基督徒的几句劝告,

① 《马克思恩格斯文集》第 5 卷,人民出版社 2009 年版,第 343 页。
② 孟氧:《〈资本论〉历史典据注释》,中国人民大学出版社 2004 年版,第 428 页。
③ [法]司汤达:《红与黑》,罗新璋译,浙江文艺出版社 1994 年版,卷首题词。
④ 《马克思恩格斯文集》第 5 卷,人民出版社 2009 年版,第 332 页。

就会摇头叹气,懊悔屈服。别跟着我,我不要听你说话,我要照约实行。"①资本家要做到"像夏洛克那样死抠法令条文",没有一双"山猫"似的眼睛是不行的。在将资本家比作"夏洛克"之前,马克思先将资本比作了"山猫"。马克思说:"资本的山猫眼睛发现,1844年的法令规定,在上午连续劳动5小时至少要休息30分钟,但是关于下午的劳动却没有任何类似的规定。因此,资本要求而且确实也迫使8岁的童工不仅从下午2点一直拼命干到晚上8点半,而且还要挨饿!"②资本有一双像山猫一样敏锐的眼睛,这使它能够像山猫发现猎物那样发现法规的漏洞,并且也像山猫死抓住猎物那样对法令的漏洞死抓住不放。资本化身成了道貌岸然的资本家,山猫化身成了夏洛克,畜生化身成了人,但丝毫不改变其狡黠和贪婪的本性。马克思深刻地指出,资本家像"山猫"那样发现条文的漏洞,又像"夏洛克"那样死抓住法令条文不放,不过是为了"对该法令限制'少年和妇女'的劳动的这同一项条款进行公开的反叛做准备",也就是为了最终取消套在资本这只山猫脖子上的法令的项圈做准备。

6. 海格立斯式的业绩

马克思在《资本论》第2卷(第Ⅱ稿)中说:"他亲手在赫斯贝里德姊妹的圣园里摘下了这些流通的金苹果,所以他认为做出了纯粹是海格立斯式的业绩。"③文中的"他"指的是资本家。马克思用古希腊神话中海格立斯摘取赫斯贝里德姊妹圣园里的金苹果的故事,来讽喻资本家"摘取"别的资本家工厂里的工人创造的剩余价值。这个讽喻同时也是一个接喻,由两个具有承接关系的比喻组成。第一个是借喻,用"金苹果"比喻"别人家的"剩余价值;第二个是明喻,以资本家的口吻将资本家自己比作"海格立斯"。海格立斯(又称赫拉克勒斯)是古希腊神话中的伟大英雄,他神勇无比,力大无穷,惩恶扬善,敢于斗争,不仅完成了12项被认为是"不可能完成"的任务,还解救了被缚的普罗米修斯,隐藏身份参加了伊阿宋的英雄冒险队并协助他取得金羊毛。他死后升入奥林匹斯圣山,成为大力神。后来,海格立斯就成了大力士和壮汉的代名词。海格立斯所完成的任务中的第11项就是摘取赫斯贝里德姊妹的圣园里的金苹果。那么资本家是如何像海格立斯一样从邻人的生产领域中摘取"金苹果"的呢?当然是以高于商品的价值出卖商品,这是资本家之间瓜分剩余价值的一种内部斗争。

---

① [英]莎士比亚:《莎士比亚全集》第2卷,朱生豪等译,人民文学出版社1994年版,第63页。
② 《马克思恩格斯文集》第5卷,人民出版社2009年版,第332页。
③ 《马克思恩格斯全集》第50卷,人民出版社1985年版,第10页。

7. 希腊人遇到希腊人就发生激战

马克思在《资本论》第 2 卷中曾用"希腊人遇到希腊人就发生激战"这句谚语来比喻生意人碰在一起"每一方都想占对方的便宜"。他说:"形态变化 W—G 和 G—W,是买者和卖者之间进行的交易;他们达成交易是需要时间的,尤其是因为在这里进行着斗争,每一方都想占对方的便宜,生意人碰在一起,就像'希腊人遇到希腊人就发生激战'一样。"这句西方谚语,在汉语中常译为"两雄相遇,其斗必烈",也有人将其形象地译为"张飞遇张飞,杀得满天飞"。马克思这个比喻是在说买卖双方之间的相互算计会花费时间和劳动力,但却并不创造价值。马克思称其为"燃烧劳动",现代经济学的术语叫"交易费用"。马克思说:"这种劳动由于双方的恶意而增大,但并不创造价值,正像花费在诉讼程序上的劳动并不增加诉讼对象的价值量一样。这种劳动对于作为总体的资本主义生产过程来说,即对于包含着流通或被包含在流通中的资本主义生产过程来说,是一个必要的因素,但它同比如说燃烧一种生热用的材料时花费的劳动一样。这种燃烧劳动,虽然是燃烧过程的一个必要的因素,但并不生热。"马克思将作为第三者的商人比作一种"机器",他虽然并不创造价值,但"能减少力的无益消耗,或有助于腾出生产时间",因此是"一个必要的因素"。①

8. 在一无所有的地方,皇帝也会丧失他的权力

马克思在《资本论》第 1 卷中揭露资本家所鼓吹的"禁欲"的实质时曾说:"在一无所有的地方,皇帝也会丧失他的权力。不管他禁欲的功劳有多大,也没有东西可以用来付给禁欲以额外的报偿,因为退出生产过程的产品的价值只等于投入生产过程的各商品价值的总和。"②"在一无所有的地方,皇帝也会丧失他的权力"是一句德国谚语,类似于中国谚语"巧妇难为无米之炊"。马克思用这句德国谚语比喻"不管他禁欲的功劳有多大,也没有东西可以用来付给禁欲以额外的报偿"。文中的"他"指的是"熟悉庸俗政治经济学的资本家",他们企图用各种庸俗的借口掩盖他们榨取工人剩余劳动的事实,"节欲"就是其中之一。马克思揭露说,节欲并不能实现他们赚钱的唯一目的,节欲不是剩余价值的来源,节欲掩盖不了剥削的事实。相反,这倒是工人为自己争取人道待遇的好理由。马克思曾模仿工人的口吻对鼓吹"节制"的资本家说:"你经常向我宣讲'节俭'和'节制'的福音。好! 我愿意像个有理智的、节俭的主人一样,爱惜我唯一的财产——劳动

---

① 《马克思恩格斯文集》第 6 卷,人民出版社 2009 年版,第 147、148 页。
② 《马克思恩格斯文集》第 5 卷,人民出版社 2009 年版,第 223~224 页。

力,不让它有任何荒唐的浪费。我每天只想在它的正常耐力和健康发展所容许的限度内使用它⋯⋯"①马克思以其人之道还治其人之身,形象生动地揭露了资本家鼓吹"节制"的虚伪性质。

四、对土地所有者的揭露

马克思在《资本论》及手稿中不仅对资本家,而且对土地所有者这个最反动的阶级也进行了无情的揭露和批判。典型的如"赘疣""虱子""牛在打谷的时候,不可笼住它的嘴""印度教徒和丘必特"等比喻。

1. 赘疣和虱子

马克思在 1861~1863 年经济学手稿中曾使用了一个博喻,用"赘疣""寄生物"和"虱子"三个喻体来比喻资本主义生产方式下的土地所有者,生动展现了资本家对那些利用土地所有权瓜分其利润(剩余价值)的地主们的极端的厌恶。他说:"资本家是工人的直接剥削者,他不仅是**剩余劳动**的直接占有者,而且是剩余劳动的直接创造者⋯⋯所以产业资本家本身就是这一生产职能的执行者,生产的指挥者。相反,地主凭借土地所有权(就绝对地租来说)和土地等级的自然差别(级差地租)却拥有一种索取权,使他能把这种剩余劳动或剩余价值的一部分装进自己的腰包,尽管他在指挥和创造这种剩余劳动或这种剩余价值方面毫无贡献。因此,在发生冲突时,资本家把地主看做纯粹是一个多余而有害的赘疣,一个享乐者,看做资本主义生产的寄生物,看做长在资本家身上的虱子。"②

资本主义生产方式下的土地所有者可谓众矢之的,不仅是资本家,连经济学家、工人都将其看作无用的"赘疣"或"赘瘤"。马克思在 1857~1858 年经济学手稿中也曾经指出,就连工人也将土地所有者看作应予切除的"赘瘤"。工人一方面出于"简化关系、减轻赋税"的需要,另一方面是"为了摆脱雇佣劳动,为了成为直接为消费而劳动的独立生产者"的需要。由此可见,土地所有权面临来自资本家和工人两方面的否定。马克思认为,从资本方面来的否定"只是[私有权的]形式变化,其目的是达到资本的独裁",这是资本家的"愿景"。从雇佣劳动方面来的否定,"只是对资本的隐蔽的否定,从而是对雇佣劳动本身的隐蔽的否定"③,这是工人的"愿景",但却是资本家所不愿意看到的。因此,来自资本方面的否定对资本家来说极具

① 《马克思恩格斯文集》第 5 卷,人民出版社 2009 年版,第 270 页。
② 《马克思恩格斯全集》第 34 卷,人民出版社 2008 年版,第 368 页。
③ 《马克思恩格斯全集》第 30 卷,人民出版社 1995 年版,第 238 页。

诱惑力,但是,来自雇佣劳动方面的否定对于资本家来说却极具危险性。出于进行社会化大生产和占有更多剩余价值的需要,资本家极其渴望摆脱土地所有者对他们利润的"均沾",因而希望土地归资本主义国家这个"理想的总资本家"所有。但是,土地私有制的废除必然要对资本家的生产资料的私有制形成威胁,这又是他们所不愿意看到的。唇亡齿寒的道理,他们是很清楚的。所以,资本家虽然把土地所有者看作"赘疣",但却害怕引火烧身,不敢将这个"赘疣"割去。废除土地私有制不过是激进的资产者发泄对土地所有者不满的一时冲动而已,在实践上他们却没有勇气,因为他们害怕废除土地私有制会引起社会革命,到时候连资产阶级个人占有制也难以保全。这就等于为防止地主瓜分自己的利润而动摇自己存在的根基。所以,资产阶级即使对地主有极大不满,也投鼠忌器,不敢真的实行土地国有化。土地所有者这个"赘疣"("赘瘤"),切还是不切,对资本家来说还真是一个问题。资本家的胸中有两个灵魂,一个要想同另一个分离。

马克思在 1861~1863 年经济学手稿中批判洛贝尔图斯的地租理论时还曾将地租比作"虱子",称农产品价值是总产品价值中"被地租像虱子一样叮着的那一部分价值",还说"地租是像虱子一样叮着利润的"。①

2. 牛在打谷的时候,不可笼住它的嘴

马克思在《资本论》第 1 卷中说:"埃及的摩西说:'牛在打谷的时候,不可笼住它的嘴。'相反地,德国的基督教慈善家们,在把农奴当做推磨的动力来使用时,却在农奴的脖子上套一块大木板,使农奴不能伸手把面粉放到嘴里。"②马克思用摩西的故事讽喻德国基督教慈善家们(农奴主)对农奴惨无人道的剥削和压迫,他们在追求物质利益的时候是丝毫不会顾及他们信仰的那个宗教的清规戒律的,他们真正的信仰只是利益,或者说他们的宗教信仰是服从于物质利益的。这个比喻也是个实际内容上的否喻,也就是说德国的农奴主不是摩西,他们的所作所为与摩西的告诫背道而驰。文中提到的"牛在打谷的时候,不可笼住它的嘴"出自《圣经》,是摩西对以色列人的训诫,意思是说:牛在打谷,允许它自取饲料。可是,德国的农奴主却没有这样做,他们能明天发工钱就绝不今天发,他们"拔一毛而利天下"也绝不为之,更不用说让农奴占到一点便宜了。他们"在把农奴当作推磨的动力来使用时",甚至还要"在农奴的脖子上套一块大木板,使农奴不能伸手把面粉放到嘴里",就像让牛打谷的时候笼住它的嘴不让它偷吃草料一样。

---

① 《马克思恩格斯全集》第 34 卷,人民出版社 2008 年版,第 85、90 页。
② 《马克思恩格斯文集》第 5 卷,人民出版社 2009 年版,第 431 页。

马克思通过将摩西对以色列人的训诫与德国农奴生活的真实写照的对比，无情地揭露了德国农奴主对农奴惨无人道的剥削和压迫。

3.印度教徒和丘必特

马克思在《资本论》第1卷中说："土地所有者在1866年议会开会时的野兽般的吼叫表明，即使不是印度教徒也可以礼拜撒巴拉神牛，即使不是丘必特也可以转化为牛。"①马克思在这里使用了两个故事来讽喻英国的土地所有者。第一个故事是印度教徒崇拜撒巴拉神牛的故事。撒巴拉是印度宗教神话中的一头母牛，印度教徒将其奉为神牛，是财富和土地的保护神。马克思在《不列颠在印度的统治》一文中论述英国殖民统治对印度农村公社的破坏作用时，曾经提到印度人民对"母牛撒巴拉"的崇拜，称这种崇拜是糟蹋人的"野蛮的崇拜"。② 第二个故事是丘必特变为牛的故事。丘必特（Jupiter，又译为"朱庇特"）是古罗马神话中的万神之王，相当于古希腊神话中的宙斯。据说，丘必特偶遇腓尼基王阿革诺耳的女儿欧罗巴，顿生爱慕之情，于是不顾万神之王的尊严，变成了一头健壮的牛，等欧罗巴被引诱到牛背上之后，他施展魔法驮着欧罗巴越过大海，远走高飞了。这两个故事都是关于牛的，一个是对牛的"野蛮的崇拜"，一个是利用变成牛达到自己的目的。马克思讲两个关于牛的故事，一是为了揭露土地所有者"责成市政当局把工人维持在半死不活的状态中"，是对工人生命的糟蹋，就像印度教徒的"野蛮的崇拜"是对人的生命的糟蹋一样；二是揭露土地所有者在牛瘟流行的时候，"粗暴地打破议会惯例，立即批准数百万来补偿百万富翁地主们的损失"，③从而利用牛瘟达到保护自己财富的目的，就像丘必特利用牛的戏法达到自己的目的一样。马克思这个比喻再次说明了议会不过是统治阶级的统治工具而已，它捍卫的始终是统治阶级的利益。

五、对资产阶级政客的揭露

马克思在《资本论》第3卷中曾使用"不就是说像绵羊一样吗"这样一个诘喻，对英国政客拉尔夫·贝尔纳-奥斯本（Bernal Osborne，Ralph）将兰开夏郡的工人比作"古代哲学家（斯多亚派）"的荒唐言论进行了无情的揭露和嘲讽。除此之外，马克思用"平达式的赞歌""乏味的儿童故事""看门狗"等比喻揭露资产阶级政客的各种欺世伎俩及压榨工人阶级的罪恶

---

① 《马克思恩格斯文集》第5卷，人民出版社2009年版，第665页。
② 参见《马克思恩格斯文集》第2卷，人民出版社2009年版，第683页。
③ 《马克思恩格斯文集》第5卷，人民出版社2009年版，第665页。

现实。

1."平达式的赞歌"

马克思在《资本论》第 1 卷中曾用古希腊抒情诗人平达(Pindar,又译为"品得"或"品达")来讽喻时任英国财政大臣、后为英国首相的格莱斯顿,用"平达式的赞歌"来讽喻格莱斯顿在下院的演说。马克思说:"格莱斯顿在1864 年 4 月 7 日所作的下一个预算演说,是一首对赚钱事业的进步和因'贫穷'而减色的国民幸福的平达式的赞歌。"①"平达式的赞歌"指的是抒情风格庄重而华丽的赞歌。② 在下院的演说中,格莱斯顿鼓吹"不列颠工人的一般状况已经有了改善,并且应当承认这种改善是绝无仅有的,是任何一个国家和任何一个时代都比不上的"。③ 演说中,得意忘形的格莱斯顿无意间说出了一句令舆论哗然的大实话:"财富和实力这种令人陶醉的增长……完全限于有产阶级。"感觉到不妥的格莱斯顿马上挽救道:"但是……但是这种增长对工人居民也一定有间接的好处,因为它会降低日用消费品的价格,——富人虽然更富了,穷人至少也不那么穷了。不过我不敢断定穷的极端程度已经缩小。"对此,马克思揭露说:"多么拙劣的诡辩! 如果说工人阶级仍然'穷',只是随着他们给有产阶级创造的'财富和实力的令人陶醉的增长'而变得'不那么穷'了,那也就是说,工人阶级相对地还是像原来一样穷。如果说穷的极端程度没有缩小,那么,穷的极端程度就增大了,因为富的极端程度已经增大。"在格莱斯顿看来,"万物莫好过于资本",如果工人还是那样穷,那也只能这样了,因为"人的生活十有八九都纯粹是为生存而挣扎"。④ 马克思这个比喻意在讽刺格莱斯顿对资本家的"赚钱事业"和所谓"国民幸福"的浮夸的、虚伪的、前后矛盾的辩护。马克思在《资本论》中曾经多次使用"平达"来讽刺那些盲目乐观的、天真幼稚的、颠倒黑白的资产阶级庸俗经济学家和所谓的"上层人士"。比如,他曾讽刺荷兰大证券交易商和经济学家伊萨克·德·平托(Isaac de Pinto)为"阿姆斯特丹交易所的平达",说他"无比天真"。⑤ 马克思还曾将安德鲁·尤尔这个工厂制度的辩护士讽刺为"自动工厂的平达",因为尤尔颠倒黑白,把资本家的工厂这个人间地狱硬是说成人间乐园。另外,马克思还将英国利物浦那

① 《马克思恩格斯文集》第 5 卷,人民出版社 2009 年版,第 751~752 页。
② 平达喜欢写一些瑰丽的颂诗,比如《奥林匹亚竞技胜利者颂》,"万物莫好过于水"是这首颂诗中的名句。
③ 《马克思恩格斯文集》第 3 卷,人民出版社 2009 年版,第 7 页。
④ 《马克思恩格斯文集》第 5 卷,人民出版社 2009 年版,第 751、752 页。
⑤ 参见《马克思恩格斯文集》第 5 卷,人民出版社 2009 年版,第 176 页。

些为奴隶贸易作辩护的所谓"上流人士"讽刺为"赞扬奴隶贸易的平达"。他们大言不惭地宣称,奴隶贸易不仅使商业冒险精神达到了狂热,还产生了出色的海员,带来了巨额的金钱。①

2."乏味的儿童故事"

马克思在《资本论》第1卷中曾用"儿童故事"(Kindereikaut)和"儿童读物"(Kinderfibel),来比喻法国反动政客梯也尔在1848年7月26日在国民议会财政委员会上为私有制和私有财产所作的乏味的辩护。梯也尔断言,有财产所有权的人的财产是靠自己的勤俭节约挣来的,而没有财产所有权的人则是因为自己的懒惰和浪费丢掉了一切。这种辩护用神学中的原罪说解释资本原始积累,把罪恶的、充满血与火的"羊吃人"的历史粉饰成了"田园诗"。马克思说:"梯也尔先生为了替所有权辩护,甚至带着政治家的严肃神情,向一度如此富有才华的法国人反复叨念这种乏味的儿童故事。但是,一旦涉及所有权问题,那么坚持把儿童读物的观点当做对于任何年龄和任何发育阶段都是唯一正确的观点,就成了神圣的义务。大家知道,在真正的历史上,征服、奴役、劫掠、杀戮,总之,暴力起着巨大的作用。但是在温和的政治经济学中,从来就是田园诗占统治地位。……事实上,原始积累的方法决不是田园诗式的东西。"②马克思在《资本论》第1卷的法文版中曾加了一个注释来嘲讽"梯也尔先生竟然现在还用这种儿童故事戏弄一度如此富有才华的法国人"。他说:"歌德被这种无稽之谈所激怒,用下列的对话作了嘲笑:**小学教师**:告诉我,你父亲的财富是从哪里来的?**孩子**:祖父给的。**小学教师**:祖父的财富是从哪里来的?**孩子**:曾祖父给的。**小学教师**:曾祖父的财富是从哪里来的?**孩子**:抢来的。"③这真像德国诗人席勒所说的:"明辨事理者的理智看不见的东西,却瞒不过童稚天真的心灵。"④

3.看门狗

马克思还曾将资产阶级政客比作工厂主的"看门狗"。他在《资本论》第3卷中说:"救济委员会总是充当工厂主的看门狗。同时,工厂主在政府

① 参见《马克思恩格斯文集》第5卷,人民出版社2009年版,第482、870页。
② 《马克思恩格斯文集》第5卷,人民出版社2009年版,第821页。
③ 《马克思恩格斯全集》第43卷,人民出版社2016年版,第768页。
④ 转引自《马克思恩格斯全集》第1卷,人民出版社1995年版,第144页。这是席勒的诗歌《信仰的话》(又译为《信仰的金言》或《信仰的箴言》)中的诗句,马克思曾多次加以引用。这句诗在《席勒文集》中文版中的译法是:"智者的理智所不能看到,有童心的人会简单做到。"这个译法似乎不如《马克思恩格斯全集》中文版的译法更为通顺,故没有采用。参见[德]席勒:《席勒文集》第1卷,钱春绮、朱雁冰译,人民文学出版社2005年版,第112~113页。

的默契下,竭力阻止工人外迁,一方面是为了经常准备好他们的存在于工人血肉中的资本,另一方面是为了保证得到从工人身上榨取的房租。"①这个比喻无情地揭露了救济委员会与工厂主沆瀣一气压榨工人阶级的罪恶现实。救济委员会像狗对主人一样死心塌地忠于工厂主,不禁让人联想到巴尔扎克的小说《农民》中"像狗对主人一样死心塌地忠于将军"的格鲁瓦松,以及"对里谷就像狗对主人一样忠心"并成了里谷的马夫、园丁、看牛人、听差还兼管家的那个修士。② 马克思深刻地指出,救济委员会与其说是要救济工人,不如说是救济工厂主。他说:"棉纺织业工人对任何一种公共工程,例如挖沟、修路、碎石、铺砌街道,无论哪里需要他们,都愿意干,为的是由此得到地方当局的救济(其实这是对工厂主的救济)"。马克思还引用《工厂视察员报告》中的话说:"在这一点上,救济委员会卡得很严。一旦给了工人工作,他们的名字就立即从救济名单上勾销,所以,他们只好接受给他们的工作。"马克思还揭露说:"他们做这种工作,根据家庭人口多少,每周可以挣4~12先令;这笔'巨款'竟然往往要用来维持八口之家。市侩老爷们因此得到了双重的利益:第一,他们以特别低廉的利息获得了资金,来改善他们的乌烟瘴气的、无人过问的城市;第二,他们付给工人的工资,比正常工资率低得多。"这比巴尔扎克的小说《农民》中那个高利贷者里谷的"一箭双雕"之法有过之而无不及。难怪《工厂视察员报告》也感叹说,"就业对有些家庭来说简直是一种不幸"③。

第二节　对论敌的批判

对各类论敌进行无情批判是《资本论》比喻的重要功能。对于古典政治经济学家,马克思批判了其代表人物亚当·斯密。对于庸俗政治经济学家,马克思则进行了重点批判,批判的对象包括马尔萨斯、萨伊、安德鲁·尤尔等众多人物。对空想社会主义者,马克思仅批判了傅立叶。对于蒲鲁东主义者,马克思既有整体的批判,也有点名的批判,对象包括蒲鲁东和达里蒙。马克思还批判了其他论敌。

---

① 《马克思恩格斯文集》第7卷,人民出版社2009年版,第149页。
② 参见[法]巴尔扎克:《巴尔扎克选集》第10卷,资中筠译,人民文学出版社2013年版,第118、192页。
③ 参见《马克思恩格斯文集》第7卷,人民出版社2009年版,第149、150、152页。

一、对古典经济学家的批判

　　古典政治经济学是 17 世纪中叶到 19 世纪初西欧资本主义产生时期的资产阶级政治经济学,其主要成果是奠定了劳动价值论的基础,并在不同程度上探讨了利润、利息和地租等剩余价值的各种表现形式。马克思曾说:"古典政治经济学在英国从威廉·配第开始,到李嘉图结束,在法国从布阿吉尔贝尔开始,到西斯蒙第结束。"[①]本着实事求是的精神,马克思在《资本论》及手稿中对古典政治经济学家们相对诚实的研究态度和很多深刻的研究结论给予了充分肯定,但也对他们某些庸俗的方面进行了批判。从使用比喻的数量来看,马克思对古典政治经济家们的批判比起对庸俗经济学家们的批判来说,要少得多。

　　马克思在 1861~1863 年经济学手稿中曾使用了一个"从本丢推给彼拉多"的著名典故来讽喻亚当·斯密。他说:"斯密把我们从本丢推给彼拉多完全是徒劳无益的。而且选用租地农场主的例子,把我们推来推去,尤其不恰当"。[②]"从本丢推给彼拉多"是一个《圣经》典故。"本丢"和"彼拉多"是罗马帝国皇帝提比留于公元 26 年派往犹太行省的总督本丢·彼拉多(Pontius Pilatus)的名和姓。本丢·彼拉多这个殖民地的总督之所以名留史册,很大程度上是因为他批准将耶稣钉死在十字架上这件事。根据《圣经》传说,犹太教当权者及法利赛派以蛊惑民众、煽动抗税等罪名逮捕了耶稣并把他押送到了本丢·彼拉多那里,要求本丢批准他们把耶稣钉死在十字架上。本丢不愿意背上加害耶稣的恶名,就以耶稣是加利利人为由,把耶稣推给了加利利的地方检察官希律,但希律拒绝审讯,又把他送回彼拉多。彼拉多只好批准了犹太教当权者的要求,下令将耶稣钉死在十字架上。后来"从本丢推给希律,希律又推给彼拉多"这个典故演化成"从本丢推给彼拉多",意思是推来推去,不解决问题。马克思用这个典故比喻亚当·斯密"推来推去"地逃避困难。斯密认为,社会总产品的价值只分解为工资、利润和地租三种收入,而不包括生产资料的价值。但他有时也感到商品价值中应当包括生产资料的价值,为了自圆其说,他干脆说生产资料的价值也是由工资、利润和地租三种收入构成的。斯密就是这样推来推去又回到"斯密教条"中去了。马克思在《资本论》第 1 卷中也曾揭露亚当·斯密的这种戏法,说他是"在困难开始的地方中止了他的研究"[③]。列宁在《评经济浪

[①]　《马克思恩格斯全集》第 31 卷,人民出版社 1998 年版,第 445 页。
[②]　《马克思恩格斯全集》第 33 卷,人民出版社 2004 年版,第 77 页。
[③]　参见《马克思恩格斯文集》第 5 卷,人民出版社 2009 年版,第 681 页。

漫主义》一文中也曾对斯密的手法提出批评:"亚·斯密只是把我们从本丢推给彼拉多"①。

二、对庸俗经济学家的批判

马克思创作《资本论》的时代是一个资本主义飞速发展的时代,资产阶级的统治地位日益巩固,资产阶级经济学家的庸俗化倾向也日益明显,政治经济学研究的辩护性逐渐代替了研究的科学性。在1857~1858年手稿中,马克思说:"李嘉图的学生们,在他们不是简单地盲从他们的老师的场合,也和整个最新的经济学一样,心安理得地把他们老师的原理中不合他们心意的东西抛弃了。避开问题是他们解决问题的惯用的办法。"在1861~1863年手稿中,马克思说:"一些科学的解释家一旦充当统治阶级的献媚者时就不可救药地堕入愚昧的境地。"②还说:"一切庸俗经济学家,例如巴师夏,都只停留在这种最初的、形式上的交易上,其目的正是要用欺骗手法摆脱特殊的资本主义关系。"③在1863~1865年手稿中,马克思说:"政治经济学直到现在还以极庸俗的借口认可这些明显的错误,这就是政治经济学肤浅的不诚实的证明。"还说:"有意避开困难的不动脑子的人最惯用的手法是,把问题**束之高阁**,从而忘掉困难,忘掉解决不了的问题。"④在《资本论》第2卷第Ⅱ稿中,马克思说:"政治经济学越是喜欢抓住现象,这种现象就越是向它证明,资本具有不以它的生产过程,即不以剥削劳动力为转移的神秘的自行增殖的源泉。"⑤马克思用辛辣的比喻对这种庸俗化的倾向进行了猛烈的抨击,对庸俗经济学家的堕落进行了无情的揭露。除了"道勃雷式的经济学家"和"平地上的一堆土"等比喻之外,马克思还使用了大量的比喻来批判那些自以为是的资产阶级庸俗经济学家。比如,马克思曾用"附着在资产阶级的皮上"来比喻庸俗经济学家的阶级立场。这个比喻实际上也同时曲折地将古典政治经济学比作了附着在资产阶级的"皮"上的"毛"了。正是因为这种阶级立场,古典政治经济学即使接触到事物的真实状况,也不能自觉地把它表述出来,甚至是有意不把它表述出来。马克思说:"古典政治经济学几乎接触到事物的真实状况,但是没有自觉地把它表述出来。只要古典政治经济学附着在资产阶级的皮上,它就不可能做到这一点。"文

① 《列宁全集》第2卷,人民出版社2013年版,第122页。
② 《马克思恩格斯全集》第32卷,人民出版社1998年版,第225页。
③ 《马克思恩格斯全集》第48卷,人民出版社1985年版,第478页。
④ 《马克思恩格斯全集》第38卷,人民出版社2019年版,第208、384页。
⑤ 《马克思恩格斯全集》第50卷,人民出版社1985年版,第59~60页。

中的"事物的真实状况"指的是隐藏在"工资"这个现象背后的本质关系,也就是"劳动力的价值和价格"问题,马克思认为这里才是剩余价值的起源地。马克思认为,我们关于一切表现形式"是直接地、自发地、作为流行的思维形式再现出来的",而隐藏在它们背后的基础"只有科学才能揭示出来"。① 但是由于古典政治经济学所持的阶级立场,他们没有能够科学地揭示出"劳动力的价值和价格"这个本质的关系,而只是在"劳动的价值和价格"或"工资"的表面问题上兜圈子。除此之外,马克思还曾指名道姓地对一些庸俗经济学家进行批判。

1. 对马尔萨斯的批判

马尔萨斯是英国教士、人口学家、政治经济学家。马克思曾多次使用比喻来批判马尔萨斯。除了上文提到的"啊,他的胸中有两个灵魂,一个不愿同另一个分离!"这个讽喻用法之外,还有"小学生般肤浅和牧师般拿腔做调"这个连喻用法。马克思在《资本论》第1卷中说:"假如读者想提醒我们不要忘了1798年发表《人口原理》的马尔萨斯,那我也要提醒你们:他这本书最初的版本不过是对笛福、詹姆斯·斯图亚特爵士、唐森、富兰克林、华莱士等人的小学生般肤浅的和牧师般拿腔做调的剽窃,其中没有一个他独自思考出来的命题。"②这个比喻用"小学生"这个喻体来形容马尔萨斯的肤浅,用"牧师"来形容马尔萨斯的拿腔做调,也就是说,马尔萨斯的剽窃在肤浅方面像"小学生",在拿腔做调方面像"牧师"。在1861~1863年经济学手稿中,马克思更是毫不客气地掀了马尔萨斯的老底,说马尔萨斯是一个"职业剽窃者",因为"马尔萨斯不是作为具有自由创作思想的人来加工唐森的著作,而是作为盲从的剽窃者照抄和转述唐森的著作,虽然他在**任何地方都没有**同时没有一个地方提到唐森,**隐匿了唐森的存在**"。同时,马克思还认为,马尔萨斯不仅是个"职业剽窃者",还是个"思想极端卑鄙"的"无赖",因为"他把人间的贫困看做对罪恶的惩罚",将其存在看成是非常必要的。③

马克思不仅揭露过马尔萨斯的《人口原理》对约瑟夫·唐森(Joseph Townsend)和詹姆斯·安德森(James Anderson)的剽窃,还揭露过马尔萨斯的《政治经济学原理》对西斯蒙第的剽窃。马克思说:"在这本书中,马尔萨斯依靠西斯蒙第终于发现了资本主义生产的美妙的三位一体:生产过剩,人

---

① 《马克思恩格斯文集》第5卷,人民出版社2009年版,第622、621、621~622页。
② 《马克思恩格斯文集》第5卷,人民出版社2009年版,第711页。
③ 参见《马克思恩格斯全集》第35卷,人民出版社2013年版,第56~57页。

口过剩,消费过剩,实在是三个极美妙的怪物!"①马克思在这句话中使用了反语和比喻两种修辞手法。其中的比喻是一个"三位一体"的约喻,也就是"生产过剩""人口过剩"和"消费过剩"三个本体共用"怪物"这一个喻体的约喻。文中的"这本书"指的是马尔萨斯的《政治经济学原理》一书。西斯蒙第是法国政治经济学家,是法国古典政治经济学的完成者,也是英国古典政治经济学的批判者,马克思在 1861~1863 年经济学手稿中对其进行了中肯的评价,说他"深刻地感觉到,资本主义生产是自相矛盾的","但他**不理解**这些矛盾,因此也不理解解决这些矛盾的过程"。② 文中的"三位一体"原本是基督教用语,意思是唯一的上帝包括圣父、圣子(耶稣基督)和圣灵三个位格。三者虽然位格有别,而本质绝无分别。后来,"三位一体"逐渐成了一个常用语。萨伊也曾提出一个关于财富来源和分配方式的"三位一体公式",即劳动创造工资、资本创造利润、土地创造地租。马克思在《资本论》中揭露了这个公式的反动性质,并对其进行了无情的批判。马克思在这里说的"三位一体"指的是"生产过剩""人口过剩"和"消费过剩"三者共存于资本主义制度之中的怪现象。马尔萨斯在他的《政治经济学原理》一书中对这种怪现象进行过分析,不过马克思认为,马尔萨斯是用"巧妙的办法剽窃了西斯蒙第的观点"③。

2. 对萨伊的批判

为了揭露法国经济学家萨伊"三位一体公式"的荒谬性,马克思在《资本论》第 3 卷中曾用"公证人的手续费、甜菜和音乐之间的关系"来比喻萨伊所谓"三位"之间的关系。他说:"每年可供支配的财富的各种所谓源泉,属于完全不同的领域,彼此之间毫无相同之处。它们互相之间的关系,就像公证人的手续费、甜菜和音乐之间的关系一样。"文中提到的"每年可供支配的财富的各种所谓源泉"指的是资本、土地和劳动,自亚当·斯密以来的经济学都把这三者看成是财富的三种独立的来源,萨伊根据这个"斯密教条",提出了"三位一体的公式"。马克思这个比喻意在表明资本、土地和劳动之间"毫无相同之处",就像"公证人的手续费、甜菜和音乐"三者之间毫无相同之处一样。马克思认为:资本,"不是物,而是一定的、社会的、属于一定历史社会形态的生产关系";土地,是"无机的自然界本身",是完全处在原始状态中的"粗糙的混沌一团的天然物";劳动,"只不过是一个抽象,

---

① 《马克思恩格斯文集》第 5 卷,人民出版社 2009 年版,第 731 页。
② 《马克思恩格斯全集》第 35 卷,人民出版社 2013 年版,第 56、57 页。
③ 《马克思恩格斯全集》第 35 卷,人民出版社 2013 年版,第 57 页。

就它本身来说,是根本不存在的",或者只是指"人借以实现人和自然之间的物质变换的人类一般的生产活动"。① 这三者之中,只有劳动能创造价值和剩余价值,是财富的真正源泉。庸俗经济学家混淆三者之间的本质区别,目的就是为了掩盖剥削的真相。

马克思在《资本论》第3卷中还曾使用一个"幽灵"的比喻来形容萨伊等庸俗经济学家所说的作为"永恒的范畴"的劳动概念。他说,"作为其中的第三个同盟者的,只是一个幽灵——劳动,这只不过是一个抽象,就它本身来说,是根本不存在的"。② 这是一个接喻,马克思先是将庸俗经济学家萨伊提出的"三位一体公式"中的劳动比作"第三个同盟者",而这"第三个同盟者"却是和其他两个完全不同的存在——"幽灵"。"第三个同盟者"的说法出自席勒的叙事诗《人质》。这首诗讲述了一个关于友谊、忠诚与信守承诺的感人故事:主人公因为刺杀暴君失败被抓,他的朋友作为人质换给他三天的自由去办理妹妹的婚礼。如果三天后不回来,朋友将代替他被处死。主人公历经千难万险,最终按时返回。被感动的暴君说:"你们终于获胜,我的心被你们征服,忠诚,忠诚绝非虚构,接受我吧,做为你们的朋友;我的请求:如果得到你们同意,就让我们结盟,我坐第三把交椅!"首先,马克思用这个故事中的"第三个同盟者"比喻劳动,意在表明劳动与资本和土地的迥然不同,它们之间不可能结成同盟。其次,马克思将庸俗经济学家所说的劳动比作"幽灵",意在表明劳动"只不过是一个抽象",一个"永恒的范畴"。这个"抽象"的规定"不仅已经脱掉一切社会形式和性质规定,而且甚至在它的单纯的自然存在上,不以社会为转移,超越一切社会之上,并且作为生命的表现和证实,是尚属非社会的人和已经有某种社会规定的人所共同具有的"。③ 这个被庸俗经济学家当作"永恒的范畴"的"劳动",与马克思所说的作为"历史的范畴"的"雇佣劳动"是完全不同的。

3. 对安德鲁·尤尔的批判

安德鲁·尤尔是英国化学家、资产阶级庸俗经济学家、自由贸易论者、著有《工厂哲学》(又译为《制造业哲学》)一书。由于尤尔曾致力于"对早期工厂制度羽翼未丰的管理人员进行教育培训",雷恩在《管理思想的演变》一书中将其称为"管理教育的先驱",并说尤尔"是工厂制度的捍卫者,

---

① 《马克思恩格斯文集》第7卷,人民出版社2009年版,第922、923页。
② 《马克思恩格斯文集》第7卷,人民出版社2009年版,第923页。
③ [德]席勒:《席勒诗集》,魏家国译,大众文艺出版社1999年版,第98页。

他认为这种社会制度对社会是利多弊少。他在管理方面的训谕主要在技术方面,他劝告工人不要反对而应接受机械化的发展"。①

尤尔在《工厂哲学》一书中站在资产阶级的立场上,极力为资本主义工厂制度做辩护,马克思将其喻为"自动工厂的平达"②,意在讽刺其使用像古希腊抒情诗人平达一样的瑰丽浮夸的风格为资本主义工厂制度高唱赞歌。尤尔将工人的贫困说成是工人自己的原因,在他看来,资本奴役劳动是资本的"合法权利",是上帝的"规定",工人不应该有自己的头脑和意志,而应该以资本的头脑为头脑,工人的罢工不过是加速了工厂制度的发展,从而使自己极度贫困。尤尔说,工人"不应该像他们过去所做的那样,抱怨自己**主人**的兴旺,并采取极端手段以图阻止进一步的兴旺,他们应该心怀感激之情并且为了切身利益而对在他们协助下取得的成就感到高兴…… 如果没有因为工人的错误见解而引起的激烈冲突和中断,**工业制度的发展**比以前**还要迅速**,给有关各方带来的利益比以前还要大","这种反叛表示出人的最可鄙的目光短浅的性格,它使一个人自己成为自己的刽子手。如果工人温顺地服从改良的进程,他们的命运就会迥然不同"。尤尔还颠倒黑白,把工人联合会对资本家的机器工厂里的地狱般的场景的揭露说成是"幻想图画"。他说:"纺纱工人联合会完全成功地愚弄了头脑简单的人,它描绘了一幅幅白人奴隶制和屠杀儿童的幻想图画,这些儿童年年被当做祭品推上印花布堆献给玛门。"③尤尔还企图证明,"被招募来为资本服务的科学"在资本与劳动的一切冲突中虽然迫使工人"无条件投降",并保证资本享有"合法权利",来充当工厂头脑并把工人降低到工厂的没有头脑的没有意志的肢体的地位,然而资本招募来的科学并没有被用来压制"被压迫阶级"。总之,尤尔企图证明,"工厂制度有利于工人阶级"。按照尤尔的谬论,工人似乎只有背叛自己的"头脑和意志","温顺地服从改良的进程",盲目服从资本的奴役才是对自己最有利的。这完全是麻痹工人阶级、鼓吹阶级调和的谬论!

马克思还以尤尔的口吻说道:"工人没有头脑和意志,他们只是作为工厂躯体的**肢体**而存在,这是资本的**合法权利**;正因为如此,资本才作为**头脑**而存在。"④这是一个接喻,由三个比喻组成:第一个是缩喻,将工厂比作"躯体";第二个是暗喻,将工人比作工厂躯体的"肢体";第三个也是暗喻,将资

---

① ［美］雷恩:《管理思想的演变》,赵睿等译,中国社会科学出版社2000年版,第73、86页。
② 《马克思恩格斯文集》第5卷,人民出版社2009年版,第482页。
③ 参见《马克思恩格斯全集》第37卷,人民出版社2019年版,第207~208、209、210页。
④ 《马克思恩格斯全集》第37卷,人民出版社2019年版,第208页。

本比作工厂躯体的"头脑"。这个接喻生动揭露了尤尔站在资产阶级的立场,为资本主义工厂制度所做辩护的反动性质。

4. 对麦克库洛赫的批判

麦克库洛赫是英国资产阶级庸俗经济学家,资本主义制度的狂热辩护士,古典政治经济学家大卫·李嘉图的追随者(也是背叛者)。马克思在1861~1863年经济学手稿中曾毫不客气地将其比作"瞎眼睛的猪"。马克思说:"瞎眼睛的猪有时也能找到橡实。麦克库洛赫在下面所引的文字中就是这样。"①"瞎眼睛的猪有时也能找到橡实"这句话源自"瞎眼的母鸡也会找到一粒粮"这句德国谚语,相当于汉语里的"瞎猫碰上死耗子"。马克思将"瞎眼的母鸡也会找到一粒粮"这句谚语改造成"瞎眼睛的猪有时也能找到橡实",并用其讽喻麦克库洛赫有时也能说出一两句正确的话来,当然不过是从李嘉图那里稀里糊涂地抄袭来的前后矛盾的话,而他自己对他所抄袭的话并不理解。马克思对谚语的改动体现了他对麦克库洛赫将李嘉图学派的观点庸俗化这一丑恶行径的极端厌恶。麦克库洛赫利用李嘉图来抬高自己,但是又把李嘉图的经济学说彻底庸俗化了。我们知道,由于李嘉图没有对劳动和劳动力这两个不同的概念进行区分,致使他无法解释自己的劳动创造价值的理论和等量资本获得等量利润这个现实之间的矛盾。面对马尔萨斯等人的攻击,李嘉图学派毫无招架之力。麦克库洛赫作为李嘉图的"忠实"追随者自然是要站出来为李嘉图辩护的,但由于麦克库洛赫并没有将李嘉图的学说学到家,对李嘉图学说的症结毫无认知,因此他的辩护仅仅是字面上的游戏,一旦涉及实质问题就模棱两可,掩以诡辩,从而严重玷污了李嘉图学派的名声。比如,他把风对船的作用、水对水车的作用都称作是"劳动",以至于把李嘉图的劳动概念完全歪曲以致抛弃了。因此,李嘉图本人对麦克库洛赫的辩护也并不满意。麦克库洛赫的辩护直接导致了李嘉图学说的庸俗化和李嘉图学派的解体。可以说,麦克库洛赫用"良好的意图"和丢人的辩护,铺就了一条将李嘉图学派送往地狱的道路。

5. 对西尼耳的批判

英国庸俗经济学家纳索·威廉·西尼耳(Nassau William Senior)发现,(庸俗)政治经济学惯用的命名系统(即"劳动、资本和土地是生产的三个手段,劳动者、资本家和地主是生产者的三个阶级,全部成果被分成工资、利润和地租")存在一个问题:与劳动者的工资对应的名称是劳动这个"动作",但与资本家的利润对应的资本却并不是一个"动作"。西尼耳觉得自己不

---

① 《马克思恩格斯全集》第35卷,人民出版社2013年版,第368页。

仅"发现"了"三位一体公式"的漏洞,还"发现"了一个绝妙的名称来表示资本家获得利润的"动作",这就是"节制"(abstinence)。西尼耳认为,只有"用节制这个词来代替资本",关于第二个阶级——资本家的命名系统才算"完备"。① 针对西尼耳的这个自以为是的"发现",马克思在《资本论》第1卷德文版中说:"这真是庸俗经济学的'发现'的不可超越的标本!它用阿谀的词句来替换经济学的范畴。如此而已。"② 这时候,马克思并没有使用特别的比喻来讽刺西尼耳。但是在《资本论》第1卷法文版中,马克思对这句话进行了改造,使用了一个法国人比较熟悉的人物形象——答尔丢夫——来讽喻西尼耳。他说:"没有比这更能说明庸俗经济学的'发现'的概念了!它用答尔丢夫的言辞来替换经济学的范畴。如此而已。"③答尔丢夫是莫里哀的名著《伪君子》的主人公,一个伪装圣洁的教会骗子,后来成为"伪君子"的代名词。马克思用答尔丢夫讽喻西尼耳,意在揭露西尼耳所谓"节制"的虚伪。西尼耳为资本家的"节制"高唱赞歌,鼓吹"在节制的原则下,放弃我们力所能及的享乐,或者是放弃切近的效果而追求遥远的效果,是人类意志上最艰苦的努力之一"④,而利润就是对资本家进行"节制"而付出的"最艰苦的努力"的报酬。这就是"为厂主的利益写作的西尼耳先生"为资本家瓜分高额剩余价值的合理性所作的辩护。那么,资本家是怎么做到"节制"的呢?马克思讽刺说:"资本家阶级究竟怎样能做到这一点,至今仍然是庸俗经济学严加保守的秘密。"⑤马克思的意思是说,资本家不管怎么样"自我修行"也是不可能创造出剩余价值的,他们所谓的"节制"无非是为了掩盖剩余价值的真正来源,为资本洗脱原罪,为资本家剥削工人提供合法性。因此,马克思称西尼耳的"节欲说"是为资本做"洗礼"⑥。

6. 对凯里的批判

亨利·查尔斯·凯里是美国早期资产阶级庸俗经济学家,19世纪美国学派的代表人物,林肯政府的经济顾问,熊彼特称其为19世纪中期"美国经济学中最重要的人物"⑦。马克思曾对凯里进行过充分的肯定,称其为

① 参见[英]西尼耳:《政治经济学大纲》,蔡受百译,商务印书馆2017年版,第84~85、127~128页。

② 《马克思恩格斯文集》第5卷,人民出版社2009年版,第688~689页。

③ 《马克思恩格斯全集》第43卷,人民出版社2016年版,第633~634页。

④ [英]西尼耳:《政治经济学大纲》,蔡受百译,商务印书馆2017年版,第86页。

⑤ 《马克思恩格斯文集》第5卷,人民出版社2009年版,第689页。

⑥ 参见《马克思恩格斯文集》第8卷,人民出版社2009年版,第490页。

⑦ [美]约瑟夫·熊彼特:《经济分析史》第2卷,杨敬年译,商务印书馆2017年版,第220页为

"北美唯一的有创见的经济学家"①。同时,马克思也对凯里的庸俗的"和谐论"进行过严厉的批判。马克思在 1857~1858 年经济学手稿中说:"为了恢复和谐,凯里别无他法,最终只有向他所揭露的国家这个恶魔呼救,把它作为守护神安置在和谐天堂的大门口——即实行保护关税。"②这个接喻由三个比喻组成,这三个比喻都是以凯里的口吻而设的。第一个是缩喻,将国家比作"恶魔"。凯里认为,经济的"和谐"原本是存在的(他所谓的"和谐"不过是简单交换过程的抽象规定),但由于国家这个"恶魔"的存在以及当时居主导地位的英国对世界市场的影响,"和谐"被"歪曲"了。第二个比喻是将国家这个"恶魔"进一步比作"守护神"。由于美国这块新大陆的经济的"和谐"也被英国主导的世界市场的现实"歪曲"了,所以凯里不得不求助于国家力量,通过实行保护关税来消除这种影响和"歪曲"。这实际上就是把他自己曾经批判的国家这个"恶魔"变成了"保护神"。第二个比喻与第一个比喻一起构成了一个具有递进关系的进喻。第三个比喻是借喻,将凯里所谓的经济的"和谐"状态比作"天堂",而国家这个曾被凯里当作"恶魔"的"守护神"则站在"天堂"的门口,通过执行保护关税政策守护他所谓的"和谐"。

凯里原本是一个主张自由贸易的经济自由主义者,但是 1837-1844 年的美国经济危机促使凯里反思英美之间的差异性和英国古典政治经济学在美国这片新大陆的适用性,并最终放弃了在贸易上自由放任的学术立场。他认为,自由放任无法帮助美国摆脱英国的工业垄断地位,美国要后来居上必须实行贸易保护政策,强化政府干预,充分发挥政府在保护本国幼稚产业、维护产业多元化和推动产业协同发展方面的积极作用。客观地讲,凯里的经济理论迎合了当时美国的工商业资产阶级力图扭转在国际竞争中不利地位的迫切需要,为美国从一个落后国家发展为世界第一大经济体提供了智力支持,因此那种认为"凯里的理论一钱不值"的观点并不是实事求是的观点。③ 但是,凯里站在资产阶级的立场,从赶超英国和粉饰太平的实用目的出发,鼓吹阶级利益调和论,不仅认为资产阶级内部如资本家和地主之间的利益是先验和谐的,甚至认为资产阶级和雇佣工人这两个根本对立的阶级之间的利益也是先验和谐的。他虽然也看到了世界到处表现为不和谐,比如英美之间的不和谐,资本家和地主之间的不和谐,资产阶级和工人阶级

---

① 《马克思恩格斯全集》第 30 卷,人民出版社 1995 年版,第 4 页。
② 《马克思恩格斯全集》第 31 卷,人民出版社 1998 年版,第 364 页。
③ 参见[美]约瑟夫·熊彼特:《经济分析史》第 2 卷,杨敬年译,商务印书馆 2017 年版,第222 页。

之间的不和谐,国内不同产业之间的不和谐,但是,他仍然骄傲自大地认为美国的生产关系是"社会生产和交往的永恒的正常关系",认为通过发挥国家的职能作用就能够消弭一切不和谐,这显然是自相矛盾的。

马克思这个接喻揭示了凯里的经济和谐论的自相矛盾之处,揭示了绝望的凯里是如何得出让自己绝望的结论的。"在古典经济学家朴素地描绘生产关系的对抗的地方",像凯里和巴师夏一样的庸俗经济学家却偏要"证明生产关系是和谐的",①这种不顾现实一味地给资本主义生产关系涂脂抹粉的企图必然是一种绝望的徒劳。

7. 对巴师夏的批判

巴师夏是法国经济学家,主张实行市场经济和自由贸易,鼓吹资本主义经济和谐论,代表作是《经济的和谐》。马克思的《资本论》手稿就是从对巴师夏的批判开始的,马克思称其为"职业的调和论者和辩护论者",还将其比作"神学家",将其著作《经济的和谐》比作"神正论",将其谬论比作"稀粥"。

比如,马克思在1861~1863年经济学手稿中说:"在这里,辩护论的热忱被渊博的学问所缓和,这种渊博的学问宽厚地俯视着经济思想家的夸张的议论,而只是让这些议论作为稀罕的奇物在它的普通的稀粥里漂荡。"②这段话是针对巴师夏而言的。"这些议论作为稀罕的奇物"是个"拟喻"用法,将"这些议论"也就是巴师夏从别的政治经济学家那里抄袭来的"最好的东西",比作在稀粥里飘荡的"稀罕的奇物",意在讽刺巴师夏对政治经济学的任意阉割。文中第二个比喻是借喻,将巴师夏的著作比作"稀粥"③,意在讽刺其内容之贫乏。这两个比喻组成了一个具有承接关系的接喻。

马克思还曾将巴师夏比作"神学家"。在1857~1858年经济学手稿中,马克思说:"巴师夏提供的是虚构的历史,他提供的抽象有时采取理性的形式,有时采取假想事变的形式,不过,这些事变在任何时候和任何地方都没有发生过,就像神学家那样,把罪恶有时看作人的本质的规律,有时看作原罪的历史。"④马克思用神学家的伎俩来讽喻巴师夏的"儿戏般的抽象法"。

① 《马克思恩格斯全集》第30卷,人民出版社1995年版,第4页。
② 《马克思恩格斯全集》第35卷,人民出版社2013年版,第361~362页。
③ "稀粥"或"稀汤"的比喻源自"给乞丐煮稀粥"这个历史典故,指天主教僧尼武士救护团为贫民布施的稀粥,后来人们常用其比喻内容空洞的文学作品。马克思曾多次使用这个典故来设喻。比如,在1856年8月1日致恩格斯的信中,马克思曾将小资产阶级民主主义者路德维希·西蒙的《流亡纪事》一书比作"施给乞丐的稀汤"。参见《马克思恩格斯全集》第29卷,人民出版社1972年版,第65页。
④ 《马克思恩格斯全集》第30卷,人民出版社1995年版,第11页。

这个比喻和上文中"经济学的神正论"的比喻是一脉相承的。马克思将巴师夏比作"神学家",将巴师夏的《经济的和谐》比作"经济学的神正论",意在揭露巴师夏的庸俗经济学的"非历史的和反历史的"性质。1848 年欧洲革命之后,资产阶级取得了统治地位。出于维护统治地位的需要,资产阶级庸俗经济学家应运而生,巴师夏就是其中的代表人物之一。巴师夏从所谓"社会是非常和谐的"这个预设的先验原则出发来论证自由贸易,调和阶级矛盾,鼓吹资本主义社会的天然合理性。巴师夏认为,资本主义社会是一种"互相服务"的社会,资本主义制度是一种互利的"自由制度",在资本主义的"奇妙的秩序"中,每个人都能从"互相提供劳动"中得到利益和好处。而这种"奇妙的秩序"是"上帝赋予人及社会的",是"上帝的杰作",上帝"通过一个奇妙的机制,已全面地、普遍地做出了安排,在这个机制中,公正、自由、效用以及人与人之间的关系互相结合和互相协调"。巴师夏一方面傲慢地宣称,自由交换的社会组织是"最美好的、最广泛的组合";另一方面又恫吓社会主义者说,任何对这种"巧妙的""天意安排的自然社会秩序"的损害不仅是一种"杀人行为",而且是一种"自杀行为"。巴师夏还以牧师的口吻说教道:"资本家们和工人们,不要再用一种猜疑和嫉妒的眼光看对方吧! ……你们应该承认,你们的利益是共同的,完全一样的……"①马克思认为,巴师夏"完全没有能力理解历史过程",致使他的"堕落的最新经济学"缺乏历史的根据,到处充斥着"平淡庸俗、装腔作势的辩证法、赤裸裸的高傲自大、幼稚的自满自足的陈词滥调"。巴师夏对于"在任何时候和任何地方都没有发生过"的虚构的历史"有时采取理性的形式,有时采取假想事变的形式",②这就像神学家有时把罪恶看作人的本质的规律,有时又将其看作原罪的历史一样;巴师夏不是用历史事实来支撑他的《经济的和谐》,相反,他是用《经济的和谐》来裁剪事实,这就像"神学家不是用人的理性和伦理来衡量福音书,相反,他是用福音书来衡量人的理性和伦理"③一样。因此,马克思称巴师夏的"平庸论证"纯粹是"儿戏般的抽象法"。巴师夏为了在不和谐的社会中制造出和谐来,不惜把各种不同的经济关系说成只是名称上的不同。不仅如此,巴师夏的《经济的和谐》还充满了浓厚的宗教气氛。比如,他说,"没有一种认识更能促使我们倾向于宗教观念,更能使人全心全意地感到对上帝的无限慈爱的强烈感激之情。……植物学家教导我

---

① [法]弗雷德里克·巴斯夏:《经济和谐论》,唐宗义译,商务印书馆 2017 年版,第 363、222 页。
② 《马克思恩格斯全集》第 30 卷,人民出版社 1995 年版,第 204、11 页。
③ 《马克思恩格斯全集》第 1 卷,人民出版社 1995 年版,第 441 页。

们为什么这种植物具有这样的形状，为什么另一种植物有那样的颜色，我们心里立即感到一种难以表达的愉快，这又一次证明，这种愉快是上帝的威力、慈爱和智慧给予我们的。所以，对于人的想象力来说，最终意愿的境界就像是一种充满宗教观念的气氛"。巴师夏甚至认为，现实中的一切，即使是"创造中的一个失误的现象"，"最特殊的结果"，"都是在上帝的思想中永远预先布置好了的"。同样，"社会经济的现象也有它们的动力因和它们的上帝意愿"。① 由此可见，巴师夏的方法是唯心主义的，他的立场是资产阶级的，他的观点是为维护资本家对工人的奴役服务的。

8. 对洛贝尔图斯的批判

洛贝尔图斯是德国庸俗经济学的头号代表人物，德国"国家社会主义"理论的奠基人。如果套用日本学者安倍能成关于康德是"哲学贮水池"②的比喻，我们也可以把洛贝尔图斯比作德国庸俗经济学的"贮水池"，因为德国庸俗政治经济学"在十九世纪前半期的整个发展都归结于此，它以后的各个流派大部分都以此为据"③。当然，就像马克思讽刺约翰·瓦茨时所使用的比喻那样，洛贝尔图斯这个德国庸俗经济学的"贮水池"也不过是"早已陈腐的辩护滥调的真正臭水坑"而已。他和他的追随者所谓的"国家社会主义"不过是打着社会主义旗号的资本主义，而且还拖着长长的封建主义的尾巴。洛贝尔图斯曾直言不讳地说，"我们这门科学最迫切的任务，是谋求劳动同土地和资本所有权之间的妥协"，这种妥协"极少触动地产和资本所有权，而是向二者提供崭新的基础，减轻它们的负担"。而他所谓"妥协"的办法竟然是通过"劳动票券"的形式，在剥削率达200%的基础上，让工人每天工作12个小时，却只给工人4小时的工资券，"其余8小时的货币价值会留在资本家和土地所有者手中"。④ 恩格斯称这是"赤裸裸的抢劫"，是关于劳动货币交换的"乌托邦"的老调重弹。⑤ 洛贝尔图斯幼稚的幻想充分暴露了德国资产阶级的软弱性，其理论不仅没有在古典政治经济

① [法]弗雷德里克·巴斯夏：《经济和谐论》，唐宗义译，商务印书馆2017年版，第571~572、574页。
② 安倍能成说："康德在哲学史上的地位是毋庸赘言的，如果需要多说一句话，就是他在近代哲学上恰似一个处于贮水池地位的人。可以这样说，康德以前的哲学概皆流向康德，而康德以后的哲学又是从康德这里流出的。"参见[日]安倍能成：《康德实践哲学》，于凤梧、王宏文译，福建人民出版社1984年版，第3页。
③ [俄]谢列勃里亚科夫：《俄译本校者序言》，载[德]卡·洛贝尔图斯：《关于德国国家经济状况的认识：五大原理》，斯竹、陈慧译，商务印书馆2017年版，第27页。
④ 参见[德]卡·洛贝尔图斯：《关于德国国家经济状况的认识：五大原理》，斯竹、陈慧译，商务印书馆2017年版，第24、56、189页。
⑤ 参见《马克思恩格斯文集》第4卷，人民出版社2009年版，第213页。

学的基础上前进一步,反而产生了更多的谬论。马克思就曾使用"$\sqrt{-3}$"和"拿一张五镑银行券同地球的直径相比较"等比喻来揭露洛贝尔图斯地租理论的荒谬。更荒谬的是,以洛贝尔图斯为代表的德国庸俗经济学家竟然污蔑马克思剽窃了洛贝尔图斯的理论。对此,恩格斯在《资本论》第2卷序言中进行了有力的反驳。恩格斯说,连亚当·斯密都已经知道剩余价值是从哪里产生的,马克思在1861年也曾坦率地承认这个事实,而"洛贝尔图斯和他的那伙在国家社会主义的温暖的夏雨中像蘑菇一样繁殖起来的崇拜者,看来已经把这一点忘得一干二净。""竟把那些在亚·斯密和李嘉图那里就可以读到的东西,煞有介事地硬说是马克思从洛贝尔图斯那里窃取来的,——这个事实就证明,官方的经济学今天已经堕落到何等地步"。① 恩格斯在这段话中使用了一个接喻,这个接喻由两个比喻构成。第一个是缩喻,将德国的"国家社会主义"比作温暖的"夏雨",意在讽刺其乌托邦性质;第二个是明喻,将洛贝尔图斯的崇拜者比作在"夏雨"中繁殖起来的"蘑菇",一是形容这些崇拜者的人数众多,二是讽刺其"鲜嫩的"、没有见过世面的无知。

9. 对威廉·罗雪尔的批判

威廉·罗雪尔(Wilhelm Roscher)是德国庸俗经济学家、旧历史学派创始人。马克思在《资本论》第1卷的脚注中曾用"哥特舍德的天才发现"来讽喻罗雪尔的傲慢偏见。他说:"威廉·修昔的底斯·罗雪尔先生以真正哥特舍德的天才发现,在今天,剩余价值或剩余产品的形成,以及与此相联的积累,是由于资本家的'节俭',为此,资本家'比如说,要求得到利息',相反,'在极低的文化阶段……是强者迫使弱者节俭'。"②文中的"威廉·修昔的底斯·罗雪尔先生"是对威廉·罗雪尔的戏称,意在讽刺其对经济关系的历史和经济理论的历史的严重歪曲。罗雪尔是修昔的底斯的崇拜者,自称是经济学领域的修昔的底斯。马克思不无讽刺地说,罗雪尔"把自己比做修昔的底斯,可能是因为他对修昔的底斯有这样一种看法,即修昔的底斯经常把原因和结果相混淆"③。文中提到的哥特舍德是德国作家和文学批评家约·克·哥特舍德(J. Christoph Gottsched),由于他对新的文学潮流表现出异常的偏执,他的名字成了文学上傲慢与迟钝的同义语,马克思在这里用其讽喻傲慢偏见的罗雪尔。罗雪尔偏执地认为,剩余价值是对资本家

---

① 《马克思恩格斯文集》第6卷,人民出版社2009年版,第15、19页。
② 《马克思恩格斯文集》第5卷,人民出版社2009年版,第251页。
③ 《马克思恩格斯全集》第35卷,人民出版社2013年版,第362页。

"节俭"的补偿,"应把它当作工资来看待"①。这是对剩余价值产生原因的歪曲,是为资产阶级剥削的无耻辩护。对此,马克思揭露说:"是节约劳动呢? 还是节约尚不存在的剩余产品呢? 罗雪尔之流除了确实无知之外,又怀有辩护士的胆怯心情,不敢对价值和剩余价值作出诚实的分析,不敢得出可能是危险的违背警章的结论,正是这一点,迫使罗雪尔之流把资本家用来辩护自己占有已存在的剩余价值时表面上多少能说得过去的理由,歪曲成剩余价值产生的原因。"②

为了揭露罗雪尔关于分工的"天真的信念",马克思曾使用了一个关于"丘必特"的比喻。他说:"有一种天真的信念,认为资本家个人在分工方面先验地运用了有发明能力的天才。这种信念只是在如罗雪尔先生那样的德国教授中间还存在着,在罗雪尔看来,分工是从资本家的丘必特式的脑袋中现成地跳出来的,因此他以'各种各样的工资'来酬谢资本家。"③丘必特是古罗马神话中最高的神,相当于古希腊神话中的宙斯,是智慧的化身和最高的天才。据说,智慧、战争和才艺女神密纳发(Minerva,又译为"密涅瓦")就是从他的脑袋中全副武装地跳出来的,就像古希腊神话中的雅典娜从宙斯的脑袋里跳出来一样。这则神话故事反映了古希腊罗马人民对智慧来源的认识,他们认为智慧来源于思考,而智慧女神同时又是用智慧进行战争的神。马克思按照罗雪尔的口吻,将资本家比作"丘必特",意在讽刺德国庸俗经济学家罗雪尔关于分工是资本家的天才发明的荒谬论点。在罗雪尔看来,分工是从资本家的丘必特式的脑袋中现成地跳出来的,是资本家先验地运用了自身天才的结果。因此,他把资本家从工人那里榨取到的剩余价值看作是酬谢资本家"天才"的报酬。

三、对空想社会主义者的批判

马克思在 1857~1858 年经济学手稿中曾用"浪漫女郎"的比喻来批判法国空想社会主义者傅立叶对于劳动的天真态度。他说:"这决不是说,劳动不过是一种娱乐,一种消遣,就像傅立叶完全以一个浪漫女郎的方式极其天真地理解的那样。真正自由的劳动,例如作曲,同时也是非常严肃,极其紧张的事情。"④傅立叶认为,在他所谓的"经济的和协作的新世界"——法

---

① 参见[德]威廉·罗雪尔:《历史方法的国民经济学讲义大纲》,朱绍文译,商务印书馆 2017 年版,第 33 页。
② 《马克思恩格斯文集》第 5 卷,人民出版社 2009 年版,第 251 页。
③ 《马克思恩格斯文集》第 5 卷,人民出版社 2009 年版,第 421 页。
④ 《马克思恩格斯全集》第 30 卷,人民出版社 1995 年版,第 616 页。

郎吉中,劳动是"比现在看戏和参加舞会还更加诱人的事"①。马克思反对这种天真的理解,认为真正自由的劳动是"非常严肃"和"极其紧张"的事情,"不可能像傅立叶所希望的那样成为游戏"。②

四、对蒲鲁东主义者的批判

除了上文中提到的"只听钟声响不知钟声何处来"的比喻之外,马克思还曾使用很多比喻来批判以蒲鲁东和阿尔弗雷德·达里蒙为代表的蒲鲁东主义者。蒲鲁东是法国政论家、经济学家、小资产阶级社会主义者,无政府主义奠基人之一。达里蒙是法国政治家、政论家和历史学家,曾是蒲鲁东主义的信徒,提出过很多富有空想性的主张。

马克思在《资本论》第1卷中曾用"废除教皇而保存天主教"来讽喻小资产阶级社会主义既想使商品生产永恒化,又想废除"货币和商品的对立"。他说:"小资产阶级社会主义既想使商品生产永恒化,又想废除'货币和商品的对立',就是说废除货币本身,因为货币只是存在于这种对立中。这么说,我们同样也可以废除教皇而保存天主教了。"③在这些小资产阶级社会主义者看来,"**产品要当作商品来生产,但不当作商品来交换**"④。这是不可能的幻想,因为任何产品只有"通过交换才成为商品",而交换必然会产生出货币。恩格斯早在1846年9月16日写给布鲁塞尔共产主义通讯委员会的信中就曾提出了这个"废除教皇而保存天主教"的比喻的雏形。他说:"现在讲一件滑稽的事。蒲鲁东在一本尚未出版的新书里(该书由格律恩翻译),有一个宏伟的计划,能够凭空弄到钱,使所有工人早日进入地上天堂。没有人知道这是怎么回事。格律恩也严守秘密,但却极力吹嘘他的点金石。""整个这一套办法无非是希望用魔术把利润从世界上清除而把利润的所有生产者保留下来"。⑤ 恩格斯这里用的是"废除利润而保存利润生产者",这是描述事实,还不是比喻。马克思借鉴了这个说法,并将其改为"废除教皇而保存天主教"这个比喻用法,从而更加凸显了小资产阶级社会主义者空想的荒谬性质。除了"废除教皇而保存天主教"这个讽喻之外,马克思还曾利用教皇和天主教的关系灵活设喻。比如,马克思曾用"把一切天主教徒都变成教皇"来讽喻蒲鲁东妄图"在一切商品上打上能直接交换

---

① [法]傅立叶:《傅立叶选集》第1卷,赵俊欣等译,商务印书馆2017年版,第128页。
② 《马克思恩格斯全集》第31卷,人民出版社1998年版,第108页。
③ 《马克思恩格斯文集》第5卷,人民出版社2009年版,第106页。
④ 《马克思恩格斯全集》第13卷,人民出版社1962年版,第75页。
⑤ 《马克思恩格斯全集》第47卷,人民出版社2004年版,第398~399、399页。

的印记"从而"去掉商品的不能直接交换的性质"这样一种庸俗的空想。他说:"设想能够同时在一切商品上打上能直接交换的印记,就像设想能够把一切天主教徒都变成教皇一样。"①能够打上直接交换印记的商品只有一种,就像教皇只有一个一样;这种能够直接交换的商品也就是充当一般等价物的商品与其他一切商品是"两极对立"的,就像教皇与天主教徒是"两极对立"的一样;"两极对立"的两极是彼此分不开的,"就像一块磁铁的阳极同阴极分不开一样"②。马克思在解释商品的价值形式时曾举例说:"这个人所以是国王,只因为其他人作为臣民同他发生关系。反过来,他们所以认为自己是臣民,是因为他是国王。"③这个例子也可以用来说明教皇和天主教徒之间、一般等价物和其他商品之间的既对立又统一的关系。马克思说,亚里士多德"最早分析了价值形式",但是由于"缺乏价值概念",阻碍了他作进一步的分析。这并不是亚里士多德本人缺乏抽象思维能力,而是由于他"所处的社会的历史限制"。亚里士多德生活在奴隶制社会,而这个社会"是以人们之间以及他们的劳动力之间的不平等为自然基础的",所以他不可能提出价值概念。正如马克思说的,"价值表现的秘密,即一切劳动由于而且只是由于都是一般人类劳动而具有的等同性和同等意义,只有在人类平等概念已经成为国民的牢固的成见的时候,才能揭示出来"。④ 而蒲鲁东就是生活在这样一个"人类平等概念已经成为国民的牢固的成见"的时代,一个商品经济的时代,但是他却不懂得商品价值这个"幽灵般的对象性",于是就用庸俗的幻想和"科学"的字眼代替了对价值概念的研究。

马克思在 1857～1858 年经济学手稿中曾用"手打麻袋意在驴子"来讽喻蒲鲁东主义者妄图通过对金银货币的攻击来消除资本主义的弊端。他说:"只要对货币的攻击看起来会使一切其他东西原封不动,而且只是做一些修补,那么人们可以在货币上采取一些革命措施。在这种情况下,人们是手打麻袋意在驴子。"⑤"手打麻袋意在驴子"(Man schlägt dann auf den Sack und meint den Esel)是一句德国谚语,本义是指通过拍打驴背上的麻袋赶驴子前进,转义为指桑骂槐。蒲鲁东主义者天真地认为,只要废除金银的特权,把金银降到其他一切商品的等级,用纸币代替金银货币,就能消除金银货币的弊端,就能消除商品生产和商品交换的一切弊端。这种"要废除货

① 《马克思恩格斯文集》第 5 卷,人民出版社 2009 年版,第 85 页。
② 《马克思恩格斯文集》第 5 卷,人民出版社 2009 年版,第 85 页。
③ 《马克思恩格斯文集》第 5 卷,人民出版社 2009 年版,第 72 页。
④ 《马克思恩格斯文集》第 5 卷,人民出版社 2009 年版,第 75 页。
⑤ 《马克思恩格斯全集》第 30 卷,人民出版社 1995 年版,第 194 页。

币又不要废除货币"的尝试就是要剥夺货币的金属形式,代之以纸券的形式,"并且也从外表上使货币成为由社会**设定的东西**,成为某种社会关系的表现",这就是蒲鲁东主义者鼓吹的所谓"劳动货币"。马克思认为,他们"在货币身上费尽心机,企图消除对立",却没有看到货币只是这些对立的明显的现象,货币的弊端只是资本主义制度弊端的一种表现,"是使制度表现得非常明显的一种最引人注目、最矛盾、最尖锐的现象","只要交换价值的基础保持不变,所有这些尝试都是徒劳的,而那种认为金属货币似乎使交换遭到歪曲的错觉,是由于根本不了解金属货币的性质产生的"。所以,马克思称他们是"手打麻袋意在驴子"。那么他们"打麻袋"的尝试能不能起到"赶驴子"的效果呢?马克思说:"只要驴子没有感到麻袋上的打击,人们实际上打的就只是麻袋而不是驴子。一旦驴子感觉到了,那么,人们打的就是驴子而不是麻袋。"但是,即使驴子感觉到了拍打,只要资本主义生产方式对金银货币的需求仍然存在,也就是产生弊端的原因仍然存在,那么,他们"打麻袋"的尝试就只不过是"对生产过程的干扰",但"生产过程的牢固基础仍然有力量通过或多或少暴力的反作用,使这种干扰成为只是暂时的**干扰**并加以控制"。总之,"资产阶级社会的弊病不是通过'改造'银行或建立合理的'货币制度'所能消除的"①。

马克思在 1857~1858 年经济学手稿中还曾用"货币魔术师"来讽刺蒲鲁东等"目光短浅的、坚持资产阶级基础的改良家们"对经济危机的错误解释和荒谬的解决办法。马克思说:"至于断言**货币**生产得**太少**,……由此就产生了货币魔术师们(蒲鲁东等等也包括在内)的幻想:由于货币昂贵而**流通手段**短缺,因此必须人为地创造更多的货币。"②蒲鲁东等人认为,经济危机的原因在于货币制度的缺陷,所以他们的解决办法就是通过设立交换银行、发行劳动货币、实行无息信贷等改革货币制度的措施来消除经济危机。马克思称他们的办法是"想保留货币,但又不让货币具有货币的属性"③,这是给他们自己提出了一个"无法解决的任务"④。张一兵先生借用康德的比喻,说这种做法是"用筛子去给公牛接奶"式的"谬中之谬"。⑤ 蒲鲁东等人的理论表明,他们只看到了经济危机爆发时货币短缺和"资本不能实现其

---

① 《马克思恩格斯全集》第 30 卷,人民出版社 1995 年版,第 194、195、82 页。

② 《马克思恩格斯全集》第 30 卷,人民出版社 1995 年版,第 393 页。

③ 《马克思恩格斯全集》第 10 卷,人民出版社 1998 年版,第 643 页。

④ 《马克思恩格斯全集》第 30 卷,人民出版社 1995 年版,第 95 页。

⑤ 参见张一兵:《回到马克思——经济学语境中的哲学话语》,江苏人民出版社 2020 年版,第 635 页。康德的比喻参见[德]康德:《纯粹理性批判》,蓝公武译,商务印书馆 2017 年版,第 83 页。

价值"的表面现象,而没有认识到现象背后的根源,既没有认识到资本主义生产方式的内在矛盾,也没有认识到商品本身的内在矛盾。他们只看到了商品和货币之间的外在的对立,而没有看到商品本身就是使用价值和交换价值的对立统一体,商品和货币之间的对立不过是商品的使用价值和交换价值的内在矛盾的外在表现而已,而这个内在矛盾是资本主义生产方式本身所无法化解的。

马克思在1857~1858年经济学手稿中还曾用"忘记出生情况"来讽喻达里蒙"故意把信贷的需要和货币流通的需要混淆起来"的做法。他说:"蒲鲁东式的智慧的全部秘密事实上正是建立在这种混淆之上的。(死亡统计表的一方是疾病,另一方是死亡事件,而出生情况却被忘记了。)"这个讽喻从形式上看也是个补喻,喻体就是马克思放在括号中的话。马克思认为,"要谈论流通的需要,首先应该弄清楚实际流通中的波动"。① 而达里蒙跳过了这个必要的环节,从而暴露出他对货币的一知半解。马克思这个比喻对达里蒙"故意把信贷的需要和货币流通的需要混淆起来"以掩盖自己的"一知半解"的拙劣伎俩进行了辛辣的讽刺。达里蒙试图通过调和商品的内在矛盾来实现调和阶级矛盾的目的。他在《论银行改革》一书中提出的办法,用马克思的话说,是"老一套",也就是"停止流通黄金和白银,或把一切商品象黄金和白银一样都变为交换工具"②。马克思的1857-1858年经济学手稿就是从批判达里蒙在《论银行改革》一书中提出的货币理论开始的,马克思后来给这一批判的标题起名为"货币章"。这个"货币章"在《资本论》创作史中占有极其重要的地位,可以说是马克思政治经济学批判的理论基石。从内容上看,"货币章"的内容和《资本论》第1卷第一篇所论述的内容非常接近,最大的不同在于,马克思在后来的《资本论》中并不是以货币作为逻辑起点,而是改成了以商品这个经济"细胞"为逻辑起点。这正是由于马克思在批判达里蒙的货币理论的过程中认识到了货币的本质,认识到了货币并不是始基范畴。不管是从货币的发展史中看,还是从批判的逻辑顺序看,货币批判都不应成为起点。因此就出现了马克思所说的"我本人写作《资本论》的顺序同读者将要看到的顺序恰恰是相反的"③这种情况。达里蒙由于不了解货币是产品的商品形式发展的必然结果,不了解生产、分配和流通之间的内在联系以及生产关系的首要作用,错误地把货币流通和信贷等同起来,并且夸大银行在调节货币市场中的作用。比如,他

---

① 《马克思恩格斯全集》第30卷,人民出版社1995年版,第60页。
② 《马克思恩格斯全集》第29卷,人民出版社1972年版,第89页。
③ 《马克思恩格斯文集》第10卷,人民出版社2009年版,第422页。

认为一切弊病都来自人们顽固地保持贵金属在流通和交换中的优势地位,可是对于人们为什么"顽固地保持贵金属在流通和交换中的优势地位"这个更根本的问题,他却避而不谈。再比如,他说,"代表公众所感到的对银行服务的或大或小的需要,**或者代表流通的需要,而这两者是一回事**"。①但实际上,这两者根本不是一回事。马克思将达里蒙的统计表比作"死亡统计表",达里蒙在他的统计表中只列了"金属储备栏"和"证券总存额的变动栏"(贴现的汇票栏)而"撇开了它们的必要的补充"——"银行券总额栏",因此就不可能反映出货币流通的真实情况;这就好比是"死亡统计表"只列了"疾病栏"和"死亡栏",而撇开了"出生情况栏",就不可能统计出患病率和死亡率一样。

马克思在 1857~1858 年经济学手稿中曾用"唐·吉诃德的荒唐行为"来讽喻达里蒙。他说:"如果我们在现在这样的社会中没有发现隐蔽地存在着无阶级社会所必需的物质生产条件和与之相适应的交往关系,那么一切炸毁的尝试都是唐·吉诃德的荒唐行为。"②唐·吉诃德是西班牙作家塞万提斯的长篇小说《唐·吉诃德》中主人公,他沉迷于骑士小说,时常幻想自己是个中世纪的游侠骑士。终于有一天,他开始行动起来了,他戴着用顶盔和硬纸板拼凑起来的让他耿耿于怀的破头盔,骑着他心爱的名叫洛西南特的那匹皮包骨的瘦马,拉着邻居桑乔·潘萨做自己的仆人,到处"行侠仗义",赚取骑士的荣誉,结果做出了种种与时代相悖的荒唐行为。文中"炸毁的尝试"指的是炸毁资本主义社会的尝试。马克思认为,以交换价值为基础的资本主义社会内部所产生的"交往关系和生产关系"同时就是炸毁这个社会的"地雷",但是这个"地雷"是隐蔽地存在着的,如果不找到这个"地雷"而空谈炸毁资本主义社会,那么一切炸毁的尝试就是无的放矢的冒险行为,马克思将其讽喻为"唐·吉诃德的荒唐行为"。马克思这里主要是针对蒲鲁东主义者达里蒙关于通过"改造"银行或建立合理的"货币制度"来炸毁资本主义社会的空想而言的。马克思认为,如果不触动现存的生产关系和建立在这些关系上的社会关系,就不可能对流通进行达里蒙式的改造。也就是说,要对流通进行改造,必须以其他生产条件的改变和社会变革为前提。因此,马克思认为,达里蒙的学说一开始就是站不住脚的。马克思强调,"有大量对立的社会统一形式,而这些形式的对立性质决不是通过平静的形态变化就能炸毁的","资产阶级社会的弊病不是通过'改造'银行或

---

① 《马克思恩格斯全集》第 30 卷,人民出版社 1995 年版,第 59 页。
② 《马克思恩格斯全集》第 30 卷,人民出版社 1995 年版,第 109 页。

建立合理的'货币制度'所能消除的"。① 马克思 1858 年 10 月在《关于俄国废除农奴制的问题》一文中也说:"要解放被压迫阶级而不损害靠压迫它过活的阶级,而不同时摧毁建立在这种阴暗社会基础上的国家全部上层建筑,是不可能的。"②

五、对其他论敌的批判

1. 对约翰·斯图亚特·穆勒的批判

约翰·斯图亚特·穆勒(John Stuart Mill)是英国资产阶级经济学家,古典政治经济学派的拙劣的模仿者,马克思在《资本论》第 2 版跋中称其为"平淡无味的混合主义"的"最著名代表"。③ 马克思说:"1848 年大陆的革命也在英国产生了反应。那些还要求有科学地位、不愿单纯充当统治阶级的诡辩家和献媚者的人,力图使资本的政治经济学同这时已不容忽视的无产阶级的要求调和起来。于是,以约翰·斯图亚特·穆勒为最著名代表的平淡无味的混合主义产生了。"④马克思还曾将穆勒这个"大思想家"比作"看起来像座小山的一堆土"。他说:"平地上的一堆土,看起来也像座小山;现代资产阶级的平庸,从它的'大思想家'的水平上就可以测量出来。"⑤

马克思在《资本论》第 1 卷中曾用一个"鸟只好不要巢了"的故事讽喻穆勒的谬论。他说:"穆勒把劳动时间的持续与劳动产品存在时间的持续混为一谈了。按照这种看法,面包业主永远不可能从他的雇佣工人那里取得同机器制造业主相同的利润,因为面包业主的产品只能持续一天,而机器制造业主的产品却能持续 20 年或更长的时间。自然,如果鸟巢存在的时间不比造巢所需的时间长,鸟只好不要巢了。"马克思认为,李嘉图从来没有考虑剩余价值的起源这个"爆炸性的问题",因为"他把剩余价值看做资本主义生产方式固有的东西,而资本主义生产方式在他看来是社会生产的自然形式。他在谈到劳动生产率的时候,不是在其中寻找剩余价值存在的原因,而只是寻找决定剩余价值量的原因"。与李嘉图相反,他的追随者们研究了剩余价值的起源问题,并且宣称,劳动生产力是利润产生的原因。马克

---

① 《马克思恩格斯全集》第 30 卷,人民出版社 1995 年版,第 109、82 页。
② 《马克思恩格斯全集》第 12 卷,人民出版社 1962 年版,第 628 页。
③ 马克思曾说:"像约·斯·穆勒这类人由于他们的陈旧的经济学教条和他们的现代倾向发生矛盾,固然应当受到谴责,但是,如果把他们和庸俗经济学的一帮辩护士混为一谈,也是很不公平的。"因此,本书既不把穆勒归到古典政治经济学家之列,也不将其归到庸俗经济学家之列。参见《马克思恩格斯文集》第 5 卷,人民出版社 2009 年版,第 705 页。
④ 《马克思恩格斯文集》第 5 卷,人民出版社 2009 年版,第 17 页。
⑤ 《马克思恩格斯文集》第 5 卷,人民出版社 2009 年版,第 592 页。

思认为,这里的"利润"应读作"剩余价值"。但是李嘉图学派到此就止步不前了,他们虽然比重商主义者前进了一步,但也仅仅是一步而已。对于剩余价值起源的问题,他们不敢再前进一步,因为"这些资产阶级经济学家实际上具有正确的本能,懂得过于深入地研究剩余价值的起源这个爆炸性问题是非常危险的",他们不敢掀开资本主义生产方式的遮羞布。而穆勒则是根本不懂得其中的"隐情",比起李嘉图学派,他既没有"正确的本能",更谈不上揭秘的勇气,他只是在拙劣地"重复那些最先把李嘉图学说庸俗化的人的陈腐遁词",还自以为自己比重商主义者更聪明。① 比如,穆勒说:"利润产生的原因,是劳动生产出超过为维持其本身所必需的生产物。"马克思说,这不过是旧话重提,没什么新鲜东西。但是,穆勒却在对这句话的解释中加了一些自己的"新鲜"东西。他说:"这一公理,换一种形式来说就是,资本之所以产生利润,是因为粮食、衣服、材料和工具等物品保有的时间长于其生产所需的时间。"②穆勒狗尾续貂的话把本来已经接近谜底的旧话完全歪曲了。所以,马克思讽刺说,"穆勒把劳动时间的持续与劳动产品存在时间的持续混为一谈了",按照穆勒的逻辑,"如果鸟巢存在的时间不比造巢所需的时间长,鸟只好不要巢了"。这个讽喻无情地暴露了穆勒平庸之见的极度荒谬。

2. 对约翰·瓦茨的批判

马克思在《资本论》第 1 卷中曾使用"臭水坑"来比喻英国资产阶级自由主义者约翰·瓦茨的《工会和罢工。机器和合作社》一书,意在强调瓦茨为计件工资制所做的辩护都是陈词滥调,没有任何新鲜东西。他说:"我引用这本小册子,是因为它是一切早已陈腐的辩护滥调的真正臭水坑。"瓦茨最初是空想社会主义者欧文的追随者,后来成了资产阶级自由主义者和资本主义的辩护士,曾极力为计件工资制这个"克扣工资和进行资本主义欺诈的最丰富的源泉"作辩护。他曾大言不惭地说:"计件劳动制度标志着工人史上的一个时代;它是介于受资本家意志支配的普通短工的地位和不久的将来有希望一身兼任手工业者和资本家的合作手工业者之间的阶段。计件工人即使在靠企业主的资本从事劳动时,实际上也是自己的雇主。"对此,马克思揭露道:"计件工资无非是计时工资的转化形式,正如计时工资是劳动力的价值或价格的转化形式一样。""工资支付形式的区别丝毫没有

---

① 参见《马克思恩格斯文集》第 5 卷,人民出版社 2009 年版,第 590 页。
② [英]约翰·穆勒:《政治经济学原理及其在社会哲学上的若干应用》上卷,赵荣潜等译,商务印书馆 2009 年版,第 469、470 页。

改变工资的本质"。"计件工资的形式同计时工资的形式一样是不合理的。""计件工资的形式既形成前面所说的现代家庭劳动的基础,也形成层层剥削和压迫的制度的基础。"马克思也充分肯定了计件工资积极的历史意义,认为"计件工资给个性提供的较大的活动场所,一方面促进了工人个性的发展,从而促进了自由精神、独立性和自我监督能力的发展",但是,"另一方面也促进了他们之间的互相竞争",从而有一种把工人的平均工资拉低的趋势。①

3. 对亚当·弥勒的批判

亚当·弥勒(Adam Muller)是代表封建贵族利益美化中古经济制度的德国政治经济学家。对这个腐朽阶级的代言人,马克思进行了无情的嘲讽和批判。在论述生息资本时,针对蒙蔽于生息资本的表面现象不能自拔的亚当·弥勒,马克思说:"在这里也和通常一样,他的深刻洞察力就在于,看到表面上的尘埃,就狂妄地把这层尘埃说成是神秘莫测的重要的东西。"②这句话用了反语和讽喻两种修辞手法。弥勒在谈到生息资本时说:决定物品价格时,无须考虑时间;决定利息时,主要的是考虑时间。弥勒只看到了表面现象,或者说他只注意时间的形式方面,而不关心时间的具体内容,也就是这段时间内到底发生了什么,谁决定谁,谁由谁决定,这些他是漠不关心的。就这样,"在生息资本的场合,资本的运动被简化了;中介过程被省略了"。那些具有"深刻洞察力"的经济学家认识到葡萄酒经过一段时间的发酵就会改善口感,因此就故意把时间神秘化,认为是时间决定了一切,至于葡萄酒内部的化学变化,他们却故意视而不见。因此,马克思用"看到表面上的尘埃,就狂妄地把这层尘埃说成是神秘莫测的重要的东西"来讽喻像弥勒一样具有"深刻洞察力"的经济学家。③

4. 对理查·普赖斯的批判

马克思在《资本论》第3卷中说:"关于资本是一种会自行再生产、会在再生产中自行增殖的价值,它由于天生的属性——也就是经院哲学家所说的隐藏的质——,是一种永远保持、永远增长的价值,这种观念,曾经使普赖斯博士生出许多荒诞无稽的幻想。它们已经远远超过炼金术士的幻想。"④马克思将英国经济学家和道德论哲学家理查·普赖斯(Richard Price)比作"炼金术士"。这是一个本体比喻体的程度还要强的"强喻"型的较喻,也就

---

① 《马克思恩格斯文集》第5卷,人民出版社2009年版,第633、634、635、636、639页。
② 《马克思恩格斯文集》第7卷,人民出版社2009年版,第400页。
③ 《马克思恩格斯文集》第7卷,人民出版社2009年版,第443、400页。
④ 《马克思恩格斯文集》第7卷,人民出版社2009年版,第444页。

是说,普赖斯博士的荒诞的幻想比炼金术士的幻想还要荒诞得多。

　　马克思引用普赖斯的话说:"'一个先令,在耶稣降生那一年以6%的复利放出〈大概是投放在耶路撒冷的圣殿〉,会增长成一个比整个太阳系——假设它变成一个直径同土星轨道的直径相等的圆球——所能容纳的还要大的数目。''因此,一个国家从来不会陷入困境;因为它只要有最小的积蓄就能在它的利益所要求的短期限内清偿最大的债务。'"①对普赖斯的这种天真可笑的言论,马克思讽刺说:"这对英国国债来说,是一个多么美妙的理论指导啊!普赖斯简直为几何级数的庞大数字所迷惑。因为他完全不顾再生产和劳动的条件,把资本看做自行运动的自动机,看做一种纯粹的、自行增长的数字(完全像马尔萨斯把人类看做是按几何级数增长一样)"。马克思在注释中继续讽刺道:"按照这种说法,借钱对私人来说也成了致富的最可靠的手段。"②普赖斯的谬论当然是违背客观经济规律的,"完全不考虑现实的积累过程",其目的无非是鼓吹生息资本可以离开工人的劳动自行增殖,以此来掩盖剩余价值的真相。

　　5. 对戴维·乌尔卡尔特的批判

　　马克思曾用虚构的故事来作喻体讽喻戴维·乌尔卡尔特(David Urquhart)等人。在1857~1858年经济学手稿中,马克思说:"这正像如下的情况:有些宗教的神的形象还没有被塑造成直观的形象⋯⋯而不是艺术上的存在,可是有人在神话学里却要把这些宗教说成是更高级的宗教。"这个虚构的故事的主角是"有人",这个人硬要把"神的形象还没有被塑造成直观的形象"的宗教说成是更高级的宗教,这显然是反历史的。而实际上,"神的形象还没有被塑造成直观的形象,而只是停留在想象中,也就是说顶多只取得语言上的存在"是处在低级阶段的宗教的典型特征。③ 恩格斯在《布鲁诺·鲍威尔和原始基督教》一文中揭示原始基督教的形成过程时曾说,在基督教形成的初期,"教义还处在萌芽时期,所谓基督教道德只有禁止肉欲这一条,相反,幻想和预言却很多",后来,"整个基督教的基本轮廓已经形成,只是还缺少一块拱顶石:人格化的逻各斯体现为一定的人物,他为了拯救有罪的人类而在十字架上作出赎罪的牺牲"④。这也就是说,在宗教形成的早期阶段,"神的形象还没有被塑造成直观的形象,而只是停留在

① 《马克思恩格斯文集》第7卷,人民出版社2009年版,第445页。引文中括号中的文字是马克思所加的。
② 《马克思恩格斯文集》第7卷,人民出版社2009年版,第445~446页。
③ 参见《马克思恩格斯全集》第31卷,人民出版社1998年版,第201页。
④ 《马克思恩格斯文集》第3卷,人民出版社2009年版,第594、593页。

想象中"，顶多只是在语言上、在教义中存在。神的形象化和人格化是在宗教的更高阶段上才出现的。这个比喻的本体就是文中的"这"，指的是戴维·乌尔卡尔特和詹姆斯·斯图亚特等人关于"观念的价值标准"的"胡说"。这种观点认为，"充当计算单位的镑、先令、基尼、元等名称，不是一定量金银等等的一定名称，而只是一些任意的比较点，它们本身不表示任何价值，不表示任何一定量的对象化劳动时间"。由于作为价值尺度的货币只是作为想象中的货币在起作用，比如我们在市场上"货比三家"时，商家给的报价并不是以金银的形式展示给我们的，商家并没有在他们的商品旁边放上和商品等价的货币，而是以价签来代替，甚至连价签也没有，我们在"货比三家"时也不是靠现实的货币来比较，而是通过商家所报的数字，也就是想象中的货币额来进行的。在这种比较当中，"尺度的性质就无关紧要了，它消失在比较行为本身中；尺度单位变为单纯的数字单位；这个单位的质消失了"。正因为如此，就产生了一种假象，似乎想象中的货币可以脱离坚实的货币而独立充当标准，而且似乎是一种更完美的标准。乌尔卡尔特还援引北非沿海地区柏柏尔的例子加以说明，说"在那里充当标准的是观念的条块，铁条块，纯粹想象的铁条块，它既不涨价也不跌价。……在柏柏尔既没有商业危机，也没有工业危机，更没有货币危机"，乌尔卡尔特认为这要归功于"这种观念的价值标准的神奇效用"。马克思认为，乌尔卡尔特所举的例子只是商品交换还处于不发达阶段的状态，是货币制度还没有得到充分发展的阶段的状态，就像"有些宗教的神的形象还没有被塑造成直观的形象，而只是停留在想象中，也就是说顶多只取得语言上的存在，而不是艺术上的存在"，但他却把这种状态说成是更高级的状态，就像"有人在神话学里却要把这些宗教说成是更高级的宗教"一样。① 这就是"一个具有乌尔卡尔特式的头脑"②里的糊涂思想。

---

① 参见《马克思恩格斯全集》第 31 卷，人民出版社 1998 年版，第 196、198、201 页。

② 马克思在 1854 年 2 月 9 日给恩格斯的信中曾经提到他与乌尔卡尔特会面时的情形。马克思说："这家伙的主要思想是：俄国统治世界是由于它有特别优越的头脑。要对付它，必须有一个具有乌尔卡尔特式的头脑的人，如果这个人不幸不是乌尔卡尔特本人，那至少应当是个乌尔卡尔特分子，也就是说要信仰乌尔卡尔特的信仰：信仰他的'形而上学'，他的'政治经济学'等等，等等。"参见《马克思恩格斯全集》第 49 卷，人民出版社 2016 年版，第 514 页。

第六章 《资本论》比喻的借用、批评和改造

第一节 对他人比喻的借用

要查证一个比喻的直接来源是很困难的,它可能是借自他人的某部确定无疑的著作,也可能是源于自己长期的知识积累,以至于设喻者本人一时也记不起到底来自哪里。因此本节对"借用"的分析无疑带有推测的性质,但我们尽量根据马克思和恩格斯的著作、书信、读书笔记以及马克思、恩格斯传记等文献资料,从马克思、恩格斯确实读过的书里寻找他们所设比喻的蛛丝马迹,追本溯源,建立直接的关联,做到每个推测都有据可查。

一、借自黑格尔

前文提到,马克思曾用"所有的母牛都是灰色的"这句话来讽喻蒲鲁东的错误观点。这句话改自一句德国谚语:"夜里所有的猫都是灰色的。"("Bei der Nacht sind alle Katzen grau.")马克思的这个改动并不是空穴来风,而是沿用了黑格尔的用法。黑格尔在《精神现象学》中批判谢林的一个遭到广泛误解的观点即"理性就是绝对者"时曾说,谢林所谓的"绝对者"是一个"黑夜",在这个"黑夜"里,"所有母牛都是黑的"。① 而黑格尔这句戏语则是弗里德里希·施莱格尔(Friedrich Schlegel)用"在黑暗中所有的猫都是灰色的"这句谚语对谢林的哲学观点进行刻画的翻版,只是黑格尔并没有完全照搬施莱格尔的描述,而是对这句谚语进行了改造。② 马克思熟读黑格尔的著作,特别是黑格尔的《精神现象学》,还称其为"黑格尔哲学的真正诞生地和秘密"③,因此这个比喻的直接借用关系应该是可以确定的。

---

① 参见[德]黑格尔:《精神现象学》,先刚译,人民出版社 2013 年版,第 10 页。
② 参见[美]特里·平卡德:《黑格尔传》,朱进东、朱天幸译,商务印书馆 2015 年版,第 755 页。
③ 《马克思恩格斯文集》第 1 卷,人民出版社 2009 年版,第 201 页。

二、借 自 歌 德

马克思在《资本论》1867 年第 1 版序言中将必然性比作"铁"。他说："问题在于这些规律本身,在于这些以铁的必然性发生作用并且正在实现的趋势。"①这个比喻将必然性比作"铁",意在强调这个必然性或早或晚都要实现自己,不管是在资本主义生产方式比较发达、社会对抗比较激烈的英国,还是在这些方面都刚开始萌芽的德国。这个比喻借自歌德的比喻用法。歌德在《神性》一诗中说:"我们个个必须按照永恒的、伟大的铁则,完成我们的生之圆圈。"②马克思在《哥达纲领批判》一文中批判拉萨尔派所谓的废除"铁的工资规律"的谬论时曾提到这个比喻的出处。马克思一针见血地指出:正确的提法应当是废除"雇佣劳动制度"而不是"废除工资制度",回避废除雇佣劳动制度这一根本问题,就不可能废除工资制度。马克思嘲讽说:"如果我废除了雇佣劳动,我当然也就废除了它的规律,不管这些规律是'铁的'还是海绵的。……在'铁的工资规律'中,除了从歌德的'永恒的、铁的、伟大的规律'中抄来的'铁的'这个词以外,没有什么东西是拉萨尔的。""拉萨尔并**不懂得**什么是工资,而是跟着资产阶级经济学家把事物的外表当做事物的本质。"③

三、借 自 海 涅

马克思在《资本论》第 1 卷中说:"为了'抵御'折磨他们的毒蛇,工人必须把他们的头聚在一起,作为一个阶级来强行争得一项国家法律,一个强有力的社会屏障,使自己不致再通过自愿与资本缔结的契约而把自己和后代卖出去送死和受奴役。"④"折磨他们的毒蛇"实际上是一个用典故设喻的比喻,这个比喻出自海涅《时代的诗》中的《亨利希》这首诗,该诗反映的是王权和神权之间的斗争。海涅的立场是站在皇帝一边,反对教会的统治,并将教会比作折磨王权的毒蛇。他以 11 世纪时的德国皇帝亨利希四世的口吻说:"我亲爱忠实的德国! 你也将生出这样的好汉,他将挥动这柄战斧把那折磨我的毒蛇斩断。"⑤马克思在这里借用"毒蛇"来比喻折磨工人的资本家。

---

① 《马克思恩格斯文集》第 5 卷,人民出版社 2009 年版,第 8 页。
② ［德］歌德:《歌德文集》第 8 卷,冯至等译,人民文学出版社 1999 年版,第 141 页。
③ 《马克思恩格斯文集》第 3 卷,人民出版社 2009 年版,第 440、441 页。
④ 《马克思恩格斯文集》第 5 卷,人民出版社 2009 年版,第 349 页。
⑤ ［德］海涅:《海涅诗选》,张玉书等译,人民文学出版社 1985 年版,第 315 页。

四、借自约翰·布雷

马克思在《资本论》第 2 卷中曾用"给船装货和装货单是两回事"来比喻"生产和记载生产的簿记是两回事"。他说:"生产和记载生产的簿记,终究是两回事,就像给船装货和装货单是两回事一样。"①这个比喻的喻体"给船装货和装货单是两回事"源自英国空想社会主义者约翰·布雷(John Bray)所作的一个比喻。马克思曾引用布雷在《对待劳动的不公正现象及其解决办法》一书中的话说:"资本和资本家之间的区别就像船上装的货物和提货单之间的区别一样大。"②当然,布雷的观点并不正确,因为他没有认识到资本并不是纯粹的"物",而是一种"生产关系"。马克思曾经批判说,"自为存在的资本就是**资本家**","资本诚然可以脱离单个资本家,但不能脱离与工人**本身**相对立的资本家**本身**"③。但是,布雷观点的错误与喻体本身没有关系,因此并不妨碍马克思将这个比喻的喻体借用过来用到正确的地方。马克思这个比喻意在强调记载生产的簿记虽然是必要的,但它本身并不产生价值,不能将其同产生价值的生产活动混为一谈。

五、借自傅立叶

马克思在《资本论》1867 年第 1 版序言中曾使用了一个"分娩"的比喻。他说:"一个社会即使探索到了本身运动的自然规律——本书的最终目的就是揭示现代社会的经济运动规律——,它还是既不能跳过也不能用法令取消自然的发展阶段。但是它能缩短和减轻分娩的痛苦。"④这个比喻是对傅立叶关于"分娩"比喻的延伸。傅立叶在论述资本主义社会的暂时性时说,任何社会本身都具有孕育下一个社会的能力,当这个社会达到其高峰时,它也就达到了"分娩的阵痛时期"⑤。马克思在这里是用"分娩"来比喻社会从一个发展阶段迈向另一个发展阶段,具体指的是德国从不发达的资本主义生产阶段迈向较为发达的资本主义生产阶段。马克思认为,虽然德国所处的资本主义发展阶段不如英国,但是德国工农业工人的处境却并不比英国更好。他说德国"由于没有起抗衡作用的工厂法,情况比英国要

---

① 《马克思恩格斯文集》第 6 卷,人民出版社 2009 年版,第 151 页。
② 《马克思恩格斯全集》第 30 卷,人民出版社 1995 年版,第 649 页。
③ 《马克思恩格斯全集》第 30 卷,人民出版社 1995 年版,第 262 页。
④ 《马克思恩格斯文集》第 5 卷,人民出版社 2009 年版,第 9~10 页。
⑤ 参见《三大空想社会主义者选集总序》,载[法]傅立叶:《傅立叶选集》第 1 卷,赵俊欣等译,商务印书馆 2017 年版。

坏得多。……不仅苦于资本主义生产的发展,而且苦于资本主义生产的不发展。除了现代的灾难而外,压迫着我们的还有许多遗留下来的灾难,这些灾难的产生,是由于古老的、陈旧的生产方式以及伴随着它们的过时的社会关系和政治关系还在苟延残喘。不仅活人使我们受苦,而且死人也使我们受苦"。因此,马克思认为,我们"决不要在这上面欺骗自己",①而是要正视现实,以英国为镜鉴,少走弯路,努力缩短和减轻向较为发达的资本主义迈进过程中的痛苦。

六、借自亚当·斯密

马克思在 1857~1858 年经济学手稿中为了强调货币与商品的不同之处,曾使用"流通车轮"和"永动机"两个喻体来比喻货币。他说:"货币的使命是要留在流通中充当流通车轮;充当周而复始地进行流通的**永动机**。"②文中的"流通车轮"(The great wheel of circulation)这个喻体借自亚当·斯密对货币的称呼。斯密在《国富论》一书中曾将货币比作"流通的轮毂"。他说:"货币只是货物借以流通的轮毂,而和它所流通的货物大不相同。构成社会收入的只是货物,而不是流通货物的轮毂。"斯密还进一步将金银形式的货币比作"旧轮",而将纸币形式的货币比作"新轮"。他说:"以纸代金银币,可以说是以低廉得多的一种商业工具,代替另一种极其昂贵的商业工具,但其便利,却有时几乎相等。有了纸币,流通界无异使用了一个新轮,它的建立费和维持费,比较旧轮,都轻微得多。"③马克思认为,货币流通和商品流通虽然不同,但却相互制约。他说:"货币是商品交换的中介,在这里也就是商品流通的中介,因而是交换手段,就这一点来说,货币是**流通工具,流通车轮**;……如果说货币是商品的流通车轮,那么商品同样是货币的流通车轮。如果说货币使商品流通,那么商品则使货币流通。因此,商品流通和货币流通是相互制约的。"④

七、借自布阿吉尔贝尔

马克思在《政治经济学批判》中说:"在作为流通的中介的形态上,金受到种种虐待,被刮削,甚至被贬低为纯粹象征性的纸片。但是,作为货币,金又恢复了它那金光灿烂的尊严。它从奴仆变成了主人。它从商品的区区帮

① 《马克思恩格斯文集》第5卷,人民出版社 2009 年版,第9页。
② 《马克思恩格斯全集》第30卷,人民出版社 1995 年版,第152~153 页。
③ [英]亚当·斯密:《国富论》上册,商务印书馆 2014 年版,第273、276 页。
④ 《马克思恩格斯全集》第30卷,人民出版社 1995 年版,第137 页。

手变成了商品的上帝。"①马克思在这段话中使用了拟人和比喻两种修辞手法。说金子"受到种种虐待",说它作为货币又"恢复了它那金光灿烂的尊严",这是把金子当成人来描写的拟人手法。将作为流通媒介的金子比作"奴仆"和"商品的区区帮手",将作为货币的金子比作"主人"和"商品的上帝",这是比喻的用法,是两个进喻形式的比喻,而这两个进喻又组成了一个双喻。马克思认为,货币有价值尺度、流通手段和"自为存在的价值"等多种规定性。他说:"从资本的物质方面来考察,货币仅仅表现为流通手段;从形式方面来考察,货币表现为资本价值增殖的名义尺度,而在一定的阶段则表现为自为存在的价值。"作为单纯的流通手段的金子"是象征性的货币和象征性的金"。它"在复杂的社会中周旋","由于同各种各样的手、荷包、衣袋、裤裆、腰包、匣子、箱子、柜子等摩擦而磨损,……它在尘世奔波中磨来磨去,越来越失去自己的含量。它因使用而损耗"。② 在这个方面,金子是"奴仆",是商品流通的"帮手"。但是在另一方面,在它的简单的金属实体形式上,金是"唯一实在的商品",是抽象财富的物质存在,是一切实在劳动的总汇,代表着一切商品的使用价值,是"主人",是"上帝"。而文中的"货币"正是指的这一方面,也就是货币的第三种规定性,即作为"自为存在的价值"的规定性。在这种规定性上,货币从"地上的存在"变成了"天上的存在",③从奴仆变成了上帝,从手段变成了目的,成了"致富欲望的**唯一对象**",就像马克思说的,"货币不仅是致富欲望的**一个**对象,并且是致富欲望的**唯一**对象。这种欲望本质上是'万恶的求金欲'"④。

　　马克思这个比喻是借自法国资产阶级政治经济学的鼻祖布阿吉尔贝尔的说法。布阿吉尔贝尔在形容金子这种由奴仆到主人、由帮凶到上帝的神奇变化时曾说:"人们把这些金属当作一种偶像来膜拜,而把原来在商业交易中求助于金银的目的和意图置诸脑后;……人们几乎离开了贵金属的媒介作用,而将它当作神明来看待了。……人民的困苦只是将原是奴仆的当作主人甚至当作暴君看待的结果。"⑤马克思认为,从柏拉图以来的思想家包括布阿吉尔贝尔,通常都把货币成为一般等价物看作是对货币的歪曲和滥用,因为这使得"货币从奴仆变成了主人,使自然财富贬值,使各等价物

---

① 《马克思恩格斯全集》第31卷,人民出版社1998年版,第519页。
② 《马克思恩格斯全集》第31卷,人民出版社1998年版,第62、518、502~503页。
③ 《马克思恩格斯全集》第30卷,人民出版社1995年版,第173页。
④ 《马克思恩格斯全集》第31卷,人民出版社1998年版,第526页。
⑤ [法]布阿吉尔贝尔:《布阿吉尔贝尔选集》,伍纯武、梁守锵译,商务印书馆2011年版,第129~130页。

的同等地位消失",因此,这些思想家的思路通常也都是像柏拉图在他的《理想国》中提出的思路一样,也就是保留货币,但是"用强制办法把货币固定为单纯的流通手段和[价值]尺度,而不让它成为货币本身"。①

八、借自西斯蒙第

马克思在《资本论》手稿中从西斯蒙第那里借用了两个比喻,除了上文中提到的关于"螺旋线"和"圆圈"的比喻之外,还有一个关于"春蚕吐丝"的比喻。

马克思在 1861~1863 年经济学手稿中说:"弥尔顿出于同春蚕吐丝一样的原因而创作《失乐园》。那是**他的**天性的表现。"②按照英国学者柏拉威尔的说法,马克思这个"春蚕吐丝"的比喻应该是借自歌德的戏剧《托尔夸托·塔索》。在该剧第五幕第三场,主人公塔索想从君主阿尔封索二世手里要回自己的诗稿,并完成自己的创作,但是君主却以关心塔索的健康为由拖延不给,并劝塔索先去"消遣一番,进行些疗养"。对此,塔索坚持道:"我无法抑制这种冲动,它不分昼夜,在我胸中川流不息。如果不让我思想,不让我创作,人生也就不成其为人生。你能禁止蚕宝宝吐丝?即使死到临头,它还继续吐下去。它总是要从身体最深之处继续纺出华贵的织物,不到它自己躺进棺材决不停止。"③塔索以"蚕宝宝吐丝"的那种"即使死到临头,它还继续吐下去"的精神状态来比喻自己要完成诗稿的无法抑制的冲动,意在向君主表明自己一定要完成创作的坚强决心,希望君主不要阻拦他。马克思将这个比喻借用过来,用"春蚕吐丝"来形容弥尔顿创作《失乐园》的不可遏制的内在冲动和"非生产劳动"的性质。柏拉威尔所说的"马克思有一段把歌德的《托尔夸托·塔索》中的'春蚕'形象来比喻约翰·密尔顿生活中一件事的文章"④,指的正是这个比喻。歌德是马克思"喜爱的诗人"之一,马克思应该是知道歌德《托尔夸托·塔索》中的这个比喻的,而且马克思和歌德使用"春蚕吐丝"这个比喻的旨趣存在高度的相似性。因此,柏拉威尔认为这个比喻是借自歌德的戏剧《托尔夸托·塔索》的观点是合情合理的。但是,按照马克思本人的叙述,这个比喻应该是直接借自瑞士经济学家西斯蒙第的比喻用法。在 1856 年《奥地利的海外贸易》一文中,

① 《马克思恩格斯全集》第 31 卷,人民出版社 1998 年版,第 377 页。
② 《马克思恩格斯全集》第 37 卷,人民出版社 2019 年版,第 332 页。
③ [德]歌德:《歌德文集》第 7 卷,钱春绮等译,人民文学出版社 1999 年版,第 514 页。
④ [英]希·萨·柏拉威尔:《马克思和世界文学》,梅绍武等译,生活·读书·新知三联书店 1980 年版,第 418 页。

马克思曾经指出:"西斯蒙第曾说过,制造丝绸对伦巴第的农民说来是这样自然,正像吐丝之对于蚕一样。"①西斯蒙第这个比喻用法出自他所著的《政治经济学研究》第2卷,原文是:"缫丝工人在托斯卡纳的小城市里为数颇多。在煮茧子、抽丝的锅炉里,由茧抽出丝来,就像蚕吐丝一样。"②西斯蒙第的比喻意在表明缫丝工人对于缫丝工作非常熟练,已经到了就像蚕吐丝一样自然而然的程度。从歌德、西斯蒙第和马克思等人对"春蚕吐丝"这个比喻的使用情况看,这个比喻在西方语言文化中就如同在中国语言文化中一样,也是一个常用的比喻。它已经成了一个世界性的比喻,就像养蚕缫丝已经成了一种属于全人类的技艺一样。

九、借自贝魁尔

马克思在《资本论》第3卷中曾提出一个著名的比喻,也就是将资本比作"先生",将土地比作"太太"。他说:"这是一个着了魔的、颠倒的、倒立着的世界。在这个世界里,资本先生和土地太太,作为社会的人物,同时又直接作为单纯的物,在兴妖作怪。"③将资本比作"先生",这个比喻源自法国经济学家康斯坦丁·贝魁尔(Constantin Pecqueur)的说法。马克思说:"'无产者'在经济学上只能理解为生产和增殖'资本'的雇佣工人,只要他对'资本先生'(贝魁尔对这种人的称呼)的价值增殖的需要成为多余时,就被抛向街头。"④马克思将土地比作"太太",无疑是受了贝魁尔"资本先生"这个比喻的启发。资本先生和土地太太,作为"单纯的物",他们指的是资本和土地;作为"社会的人物",他们指的是资本家和土地所有者。资本和土地把自己描绘成价值的源泉,从而使资本主义生产方式神秘化了,劳动这个真正的源泉则被掩盖了。

十、借自莫泽斯·赫斯

马克思在《资本论》第1卷中曾说过一段结论性的话。他说:"生产资料的集中和劳动的社会化,达到了同它们的资本主义外壳不能相容的地步。这个外壳就要炸毁了。资本主义私有制的丧钟就要响了。剥夺者就要被剥

---

① 《马克思恩格斯全集》第12卷,人民出版社1962年版,第100页。
② [瑞士]西斯蒙第:《政治经济学研究》第2卷,胡尧步等译,商务印书馆2017年版,第208页。
③ 《马克思恩格斯文集》第7卷,人民出版社2009年版,第940页。
④ 《马克思恩格斯文集》第5卷,人民出版社2009年版,第709页。

夺了。"①这段话揭露了资本主义社会化大生产和资本主义私有制之间的不可调和的矛盾,也揭示了资本主义必然灭亡的命运。"丧钟"在西方文化中是一个比较常见的喻体,但是用"丧钟"来比喻资本主义的灭亡,应该是受了莫泽斯·赫斯的直接影响。赫斯在1843年年底写的著名的《论货币的本质》一文中批判资本主义这个"社会动物世界"时曾说:"社会的形成史(Entstehungsgeschichte)已经结束;社会动物世界的丧钟很快就要敲响。"②《论货币的本质》这篇论文是赫斯为《德法年鉴》所写,而当时作为《德法年鉴》编辑的马克思1844年年初就读到了这篇"极大地影响了马克思"并"促使马克思思想产生重大变化"的重要论文,这是一个"明显的事实"。③

十一、借自弗里德里希·李斯特

前文提到,为了说明"年"是资本周转的天然的计量单位,马克思使用了一个关于"祖国"的比喻,将温带比作资本主义生产的"祖国"。马克思的这个比喻应该是受了李斯特的影响,并且经过了一个逐步演进的过程。李斯特在1841年出版的《政治经济学的国民体系》一书中曾多次提到处于温带的国家生来特别宜于发展工业,强调处于温带的国家"格外应当使自己的国内分工达到高度完善的境地,格外应当利用国际分工使它们自己富裕起来"。④ 该书对青年马克思的思想转变和历史唯物主义的理论建构起到了重要的促进作用。马克思通过恩格斯找到了李斯特的这本书,认真加以阅读,并于1845年3月写下了《评弗里德里希·李斯特的著作〈政治经济学的国民体系〉》一文。12年后,马克思在1857~1858年经济学手稿中称温带是"资本的发祥地"。⑤ 在1861~1863年经济学手稿中,马克思开始使用比喻将温带比作"资本主义生产的故乡"。⑥ 在创作《资本论》第1卷时马克思延续了这个比喻,称"资本的祖国不是草木繁茂的热带,而是温带"。⑦

---

① 《马克思恩格斯文集》第5卷,人民出版社2009年版,第874页。
② [德]莫泽斯·赫斯:《赫斯精粹》,邓习议编译,南京大学出版社2010年版,第167页。
③ 参见张一兵:《回到马克思——经济学语境中的哲学话语》,江苏人民出版社2020年版,第119页。
④ 参见[德]弗里德里希·李斯特:《政治经济学的国民体系》,陈万煦译,商务印书馆2017年版,第160、187、206页。
⑤ 参见《马克思恩格斯全集》第31卷,人民出版社1998年版,第29页。
⑥ 参见《马克思恩格斯全集》第34卷,人民出版社2008年版,第460页。
⑦ 参见《马克思恩格斯文集》第5卷,人民出版社2009年版,第587页。

第二节　对他人比喻的批评

马克思在《资本论》及手稿中不仅提出了很多比喻,还评论了一些历史上的著名比喻,发表了自己关于这些比喻的独到见解,并借此阐发了自己的理论,批判了论敌的观点。

一、对"把货币比作血液"的批评

马克思在1857~1858年经济学手稿中曾经对"把货币比作血液"这个比喻提出过批评。他说:"把货币比做血液——'流通'一词为这种比喻提供了理由——这大体上就像梅涅尼·阿格利巴把贵族比做胃一样不正确。"①这是个很有意思的类比论证,这个类比的本体——"把货币比作血液"和类体——"梅涅尼·阿格利巴把贵族比作胃"是两个比喻。这个类比意在强调本体和类体"一样不正确"。

"梅涅尼·阿格利巴把贵族比作胃"是莎士比亚的悲剧《科利奥兰纳斯》中使用的一个典故:罗马贵族梅涅尼·阿格利巴(Menenius Agrippa)为了劝阻那些试图反对贵族压迫的平民,向他们讲了一则人体其他部分反抗胃的寓言。阿格利巴把他当时的社会比作有生命的机体,说贫民是这个机体的手,他们供养这个机体的胃即贵族。手和胃分离开来,就要引起生命机体的必然死亡,同样,平民拒绝履行他们的义务,就要引起古罗马帝国的灭亡。② 莎士比亚戏剧中的这个故事出自《伊索寓言》中的"胃和脚"这则寓言。不过伊索是想用"如果胃不接收食物,脚就支撑不了整个肚子"来说明"如果军队中的士卒缺少智慧,人再多也没有用"这个道理,具有朴素的辩证法思想。③ 而阿格利巴则纯粹是为了给古罗马的统治者作辩护,是骗人的把戏,荒谬而且反动。马克思在《资本论》第1卷中将梅涅尼·阿格利巴把人说成只是人身体的一个片断的骗人的把戏称为"荒谬的寓言"④。"把货币比作血液"是重农学派的经济学家们提出的一个比喻,⑤"他们把货币比喻为血液;正如血液的流动可以使身体具有生命一样,货币的流通可以使

① 《马克思恩格斯文集》第8卷,人民出版社2009年版,第57页。
② 参见[英]莎士比亚:《莎士比亚全集》第4卷,朱生豪等译,人民文学出版社1994年版,第380~382页。
③ 参见[古希腊]伊索:《伊索寓言》,王焕生译,人民文学出版社2008年版,第75页。
④ 《马克思恩格斯文集》第5卷,人民出版社2009年版,第417页。
⑤ 参见[法]杜阁:《关于财富的形成和分配的考察》,南开大学经济系经济学说史教研组译,商务印书馆2017年版,第65页。

经济机体具有生命"①。马克思认为,货币流通徒有其表,将货币比作血液、将货币流通比作血液循环的比喻是只看到了表面现象,只看到了货币作为交换手段的一面,却掩盖了货币作为一种社会关系的本质特征,掩盖了工人和资本家之间的阶级对立,就像阿格利巴的"荒谬的寓言"掩盖了贫民和贵族之间的阶级对立一样。因此,马克思选择用血液循环来比喻"内容充实的"资本流通,而不是像重农学派的代表人物杜阁(Turgot,又译为"杜尔哥")那样来比喻"徒具形式的"货币流通。

马克思在 1865 年写的《工资、价格和利润》一文中曾使用这个类比来讽刺国际工人协会总委会委员、英国欧文主义者约翰·韦斯顿(John Weston)关于反对提高工人工资的"有点笨拙"的比喻。马克思这篇文章虽然没有收录到《资本论》的手稿中,但因为和《资本论》的观点有关,而且也涉及对"梅涅尼·阿格利巴把贵族比作胃"这个比喻的批评,因此有必要在这里提一下。韦斯顿在国际工人协会总委会会议上的发言中打比方说:"有一个盆盛着一定量的汤,供一定数量的人分食,这一定量的汤决不会因为汤匙子的增大而增多。"韦斯顿企图证明,货币工资水平的普遍提高对工人没有好处,并由此得出了工会"有害"的结论。对此,马克思针锋相对地嘲讽道:"这使我想起梅涅尼·阿格利巴用过的一个比喻。当罗马平民反抗罗马贵族时,贵族阿格利巴对他们说,贵族的胃养活着国家躯体上的平民的四肢。阿格利巴却没能证明,填满一个人的胃就可以养活另一个人的四肢。公民韦斯顿想必忘记了,在工人们喝汤的那个汤盆里盛着国民劳动的全部产品,他们不能舀出更多的汤,既不是因为汤盆的容量小,也不是因为汤盆里盛的东西少,只因为他们的汤匙太小了。"马克思认为,韦斯顿的论点"在理论上是错误的,在实践中是危险的"。马克思揭露说,韦斯顿的荒谬论点基于两个前提,一是"**国民产品量**是**固定不变的**",二是实际工资总额"是一个**不变额**,一个**常数**"。②马克思采取归谬的办法,假定这两个前提正确,然后推导出了极其荒谬的结论。马克思通过严密的、无可辩驳的逻辑论证,给韦斯顿指明了一条唯一可行的出路,那就是完全抛弃他提出的两个错误前提以及由此得出的错误结论。

二、对"把货币比作语言"的批评

在批判了"把货币比作血液"的比喻之后,马克思接着又批判了"把货

---

① [奥]路德维希·冯·米塞斯:《货币和信用理论》,樊林洲译,商务印书馆 2017 年版,第 472~473 页。

② 《马克思恩格斯全集》第 21 卷,人民出版社 2003 年版,第 162~163、163、157、158 页。

币比作语言"的比喻。他说:"把货币比做语言同样不正确。观念不是这样转化为语言:观念的特性消失了,而观念的社会性同观念并存于语言中,就像价格同商品并存一样。观念不能离开语言而存在。观念必须先从本族语言翻译成别族语言才能流通,才能进行交流,这种场合的观念才可作较多的类比;但是这种类比不在于语言,而在于语言的异族性。"①"把货币比作语言"是英国空想社会主义者约翰·布雷在《劳动的不公正现象及其解决办法》一书中提出的比喻。马克思认为这个比喻同"把货币比作血液"一样,都是"不正确"的。这个比喻之所以"不正确",理由有二。

其一,价格这个观念中的货币可以脱离商品发挥其作为价值尺度的作用,但是思想观念却不能离开语言单独发挥作用。其二,语言具有"异族性",而货币却是"世界性"的。马克思在1857-1858年手稿中论述作为国际支付手段和国际购买手段的货币时就曾提出"货币本身是世界主义的"这种说法。他说,"货币本身是世界主义的。……金银会在开辟世界市场方面,在使社会物质变换超越一切地方的、宗教的、政治的和种族的区别方面成为异常有力的作用物","随着货币发展为世界货币,商品所有者也就发展为世界主义者。……在商品所有者看来,整个世界都融化在其中的那个崇高的观念,就是一个市场的观念,**世界市场**的观念"。② 在《资本论》第2卷第Ⅱ稿中,马克思还说:"我们的资本家也和货币本身一样,是世界主义者"③。正因为货币的世界性,后来马克思还曾用"基督教"这个世界宗教来比喻资本家和货币。

19世纪末、20世纪初的德国思想家格奥尔格·西美尔(Georg Simmel)曾沿用了以上两个被马克思批判过的将货币比作"血液"和"语言"的比喻。④ 他的用法并无新意,自然也没有逃出马克思批判火力的射程范围。

三、关于工人比喻的批评

马克思在《资本论》第3卷中曾对英国政客贝尔纳-奥斯本将兰开夏郡的工人比作"古代哲学家(斯多亚派)"的比喻提出了批评。他说:"贝尔纳-奥斯本先生1864年10月22日在议会选举期间向他的选民发表的演说中说:兰开夏郡的工人像古代哲学家(斯多亚派)一样行事。不就是说像绵

① 《马克思恩格斯文集》第8卷,人民出版社2009年版,第57页。
② 《马克思恩格斯全集》第31卷,人民出版社1998年版,第321、547页。
③ 《马克思恩格斯全集》第50卷,人民出版社1985年版,第23页。
④ 参见[德]西美尔:《货币哲学》,陈戎女等译,华夏出版社2018年版,第502~503页。

羊一样吗?"①马克思通过一个诘喻形式的比喻,无情地嘲讽了贝尔纳-奥斯本将英国兰开夏郡的工人说成是像古代哲学家(斯多亚派)一样的荒唐言论。斯多亚派又称画廊学派,是古希腊四大哲学流派之一,也是其中历时最长的哲学流派,是奴隶制崩溃和哲学衰落的反映。在社会伦理观上,晚期斯多亚派哲学家宣扬听天由命的宿命论,认为人的一生注定是有罪的、痛苦的,只有安于自己在社会中的地位,用"理性的平静"或苦行僧式的"不动心"去对待千变万化的物质世界,才能摆脱痛苦和罪恶,得到精神的安宁和幸福,这种宿命论和禁欲主义的说教为基督教的兴起准备了思想条件,也常常被剥削阶级当作麻痹人民群众的工具。马克思在《资本论》第 1 卷中就曾用"斯多亚派的平静"来嘲讽资产阶级经济学家为资本主义制度作辩护、要人民大众听天由命地接受资产阶级盘剥的可耻行径。② 贝尔纳-奥斯本站着说话不腰疼,把挣扎在生存线上受尽压迫和剥削的工人美其名曰斯多亚派哲学家,无非是为了粉饰资本主义的剥削制度,掩盖工人阶级和资产阶级之间的根本对立。工人并不想成为什么斯多亚派哲学家,他们的逆来顺受是因为没有办法,他们处在整个资产阶级的压迫之下,处在整个资产阶级的锤子和铁砧之间,是无助的、任人宰割的绵羊。

第三节 对自设比喻的改造

《资本论》手稿中的很多比喻在漫长的创作过程中被马克思自我传承下来,有些是原封不动地沿用,有些则是进行了改造。这里我们重点对这些进行过改造的比喻进行分析,揭示改造后的比喻从形式和内涵上都发生了什么变化,并通过这些变化探索马克思思想的演进过程。在这些经过改造的比喻中,有些是改变了本体,有些是改变了喻体,有些是改变了比喻形式,还有的是在喻义不变的情况下将本体和喻体都加以改变。

一、改 变 本 体

改变本体指的是保留了比喻的喻体,但形容的对象改变了,喻义也就被改变了。比如,马克思在《资本论》第 1 卷中和 1857~1858 年手稿中都曾用"鹿渴求清水"这个典故来设喻,但本体不同,喻义也不同。"鹿渴求清水"是《旧约全书·诗篇》第 42 篇中的一句,马克思在 1857~1858 年经济学手

---

① 《马克思恩格斯文集》第 7 卷,人民出版社 2009 年版,第 153 页。

② 参见《马克思恩格斯文集》第 5 卷,人民出版社 2009 年版,第 836 页。

稿中用其揭示流动资本和固定资本的区别。他说:"资本会在货币形式上,在从流通中抽出的价值形式上闲置起来,固定起来。在危机中——**在恐慌时刻过后**,——在工业萧条期间,货币固定在银行家、证券经纪人等等的手里,就像鹿渴求清水一样,货币也渴求投入的地盘,以便能作为资本来增殖。"①这是用拟人化的手法描写货币对活动地盘的渴求,而在《资本论》第1卷中所描写的对象换成了资本家对货币的渴求。马克思说:"昨天,资产者还被繁荣所陶醉,怀着启蒙的骄傲,宣称货币是空虚的幻想。只有商品才是货币。今天,他们在世界市场上到处叫嚷:只有货币才是商品!他们的灵魂渴求货币这唯一的财富,就像鹿渴求清水一样。"②在这里,马克思用"鹿渴求清水"比喻资产者对货币的渴求,意在强调在经济危机期间资产者"求金欲"的强烈,他们恨不得立刻把一切商品都变现成坚硬的金,然后把它们抱在怀里、枕在头下,唯恐有失。

　　再比如,马克思在1857~1858年经济学手稿中曾使用了一个"蛹化"的比喻,这个比喻在《资本论》中本体和喻义也都有所调整。马克思在手稿中说:"资本在能够像蝴蝶那样飞舞以前,必须有一段蛹化时间。"③这是一个接喻,由两个比喻组成。第一个是拟喻,将资本比作可以飞舞的蝴蝶;第二个是借喻,将资本"化蝶"之前的流通过程比作"蛹化"。"蛹化"本是完全变态类昆虫的幼虫老熟后变为不动的蛹的过程,是幼虫和成虫之间的一个发育阶段。处于蛹发育阶段时,虫体不吃不动,但体内却在发生变化:原来幼虫的一些组织和器官被破坏,新的成虫的组织器官逐渐形成。马克思用昆虫学上的术语来比喻资本"化蝶"之前的流通过程,意在强调资本流通的时间虽然可以缩短,但是不可能完全消灭,而是需要一段必须经历的时间。马克思后来在《资本论》中沿用了这个"蛹化"的比喻,但是本体有所变化,喻义有所收窄。1857~1858年经济学手稿中"蛹化"的本体是资本"化蝶"之前的整个过程,而《资本论》中的"蛹化"的本体则仅指资本"化蝶"之前的过程的一部分,也就是从商品到货币的转化过程。比如,在《资本论》第1卷中,马克思说:"商品在它的价值形态上蜕掉了它的自然形成的使用价值的一切痕迹,蜕掉了创造它的那种特殊有用劳动的一切痕迹,蛹化为无差别的人类劳动的同样的社会化身。"④在《资本论》第2卷中,马克思说:"在资本主义生产中,一切产品(新生产的贵金属和生产者自己消费的少量产品

① 《马克思恩格斯全集》第31卷,人民出版社1998年版,第8页。
② 《马克思恩格斯文集》第5卷,人民出版社2009年版,第162页。
③ 《马克思恩格斯全集》第30卷,人民出版社1995年版,第548页。
④ 《马克思恩格斯文集》第5卷,人民出版社2009年版,第130~131页。

除外)都是作为商品生产的,所以必须通过蛹化为货币的阶段"。① 对资本"化蝶"剩下的过程也就是从货币到资本的转化过程,马克思另外使用了一个"羽化"的比喻来形容之。他说:"货币羽化为资本的流通形式,是和前面阐明的所有关于商品、价值、货币和流通本身的性质的规律相矛盾的。"②也就是说,1857~1858 年经济学手稿中"蛹化"的比喻在《资本论》中被马克思拆分成了"蛹化"和"羽化"两个比喻,来分别形容资本"化蝶"之前的两个不同阶段,从而使比喻的喻义更加明确具体。

二、改 变 喻 体

改变喻体指的是保留了比喻的本体,但喻体改变了。这种改变有些是为了与其他比喻构成一个更为严密的比喻系统,有些则是为了让比喻更形象,更通俗易懂。

比如,从"猿发展为人"到"羽化"的变化就属于第一种情况。马克思在《资本论》第 1 卷中曾使用一个关于"羽化"的比喻来形容货币向资本的转化。而马克思在《资本论》的手稿中并没有使用"羽化"的比喻,而是使用了一个"猿发展为人"的比喻。他说:"**作为资本的货币**是超出了作为货币的货币的简单规定的一种货币规定。这可以看作是更高的实现;正如可以说猿发展为人一样。"③这个比喻虽然也很形象,但却与前两个阶段即"孵化"和"蛹化"的阶段并不兼容,而且手稿中的"蛹化"也笼统地指"资本在能够像蝴蝶那样飞舞以前"必须经过的一段时间。这说明,在创作手稿时期,马克思还没有形成与"商品—货币—资本"相对应的"孵化—蛹化—羽化"的一套比喻体系,或者说这套体系还处在"蛹化"阶段,直到马克思创作《资本论》第 1 卷时,这套比喻体系才"羽化"成形了。

再比如,从"驿站"到"火车站"的改变则属于第二种情况。马克思在1861~1863 年经济学手稿中用"驿站总是客满,但始终都是不同的旅客"来比喻"市场始终充斥着商品,但始终是新的商品"。这个关于"驿站"的比喻后来在《资本论》(1863~1865 年手稿)中被保留了下来,只不过是作为喻体的"驿站"被换成了"火车站"。马克思说:"火车站总是挤满了人,但总是不同的旅客。一部分资本以其**商品资本**形式作为储备在市场上的这种经常存在,使这个商品货物世界具有独立的、静止存在的假象。"④这应该是由于火

---

① 《马克思恩格斯文集》第 6 卷,人民出版社 2009 年版,第 563 页。
② 《马克思恩格斯文集》第 5 卷,人民出版社 2009 年版,第 182 页。
③ 《马克思恩格斯全集》第 30 卷,人民出版社 1995 年版,第 206 页。
④ 《马克思恩格斯全集》第 38 卷,人民出版社 2019 年版,第 232 页。

车站比驿站更贴近大众的日常生活,而且火车站更容易使人唤起热热闹闹、人来人往的印象,从而更容易将读者带进比喻的喻境。

三、改变喻体和比喻形式

手稿中的有些比喻在被马克思吸收进《资本论》时不仅喻体被改变了,而且比喻形式也发生了改变。比如,从"$\sqrt{-3}$"到"拿一张五镑银行券同地球的直径相比较"这个比喻的变化就属于这种情况。

马克思在 1861~1863 年经济学手稿中曾造了一个数学术语"$\sqrt{-3}$"来比喻"作为土地的(年)价格的地租"和"作为资本的价格的利息"两个本体,意在表明这两个概念的自相矛盾。在 1861~1863 年经济学手稿中,马克思也曾用类似的比喻来形容"劳动价格"这个概念的自相矛盾(应该是"劳动力的价格")。他说:"**劳动价格**,也和**土地价格**一样,是虚假的说法,就像$\frac{0}{0}$或$\sqrt{-2}$一样。"①但是,马克思后来在《资本论》第 3 卷中批判德国庸俗经济学家洛贝尔图斯"把货币地租对一定量土地(例如一英亩土地)的比率,看做是古典经济学在研究地租增减时的一般前提"②的错误说法时,不再使用上述几个数学术语来设喻,而是将喻体换成了"拿一张五镑银行券同地球的直径相比较"。这个新比喻的喻体更加通俗易懂,新的比喻形式——讽喻也更有讽刺意味,形象地揭露了洛贝尔图斯理论的荒谬可笑。首先,古典政治经济学在对地租的实物形式进行考察时,并不是像洛贝尔图斯认为的那样,把"货币地租对一定量土地的比率"作为一般前提,而是"就地租和产品的关系来看地租率;在它把地租作为货币地租进行考察时,总是就地租和预付资本的关系来看地租率"③。马克思认为,这是古典政治经济学合理的表现,而洛贝尔图斯在这点上是完全错误的。其次,洛贝尔图斯胡编乱造的"货币地租对一定量土地的比率"根本就是没有任何意义的。就像马克思说的,"拿一部分剩余价值即货币地租……同土地相比较,这本身就是荒谬的、不合理的;因为这里互相比较的量是不可通约的,一方面是一定的使用价值,是若干平方英尺的土地,另一方面是价值,具体地说是剩余价值。……这种说法的意义,就如同拿一张五镑银行券同地球的直径相比较一样"④。

---

① 《马克思恩格斯全集》第 37 卷,人民出版社 2019 年版,第 347~348 页。
② 《马克思恩格斯文集》第 7 卷,人民出版社 2009 年版,第 880 页。
③ 《马克思恩格斯文集》第 7 卷,人民出版社 2009 年版,第 880 页。
④ 《马克思恩格斯文集》第 7 卷,人民出版社 2009 年版,第 880~881 页。

四、本体和喻体都改变但喻义不变

除了上述情况外,还有一种比较特殊的情况,就是比喻的本体和喻体都改变了,但喻义却没有改变。这种情况或者是由于马克思分析同一个问题的视角发生了改变,或者是由于被马克思所批判的对象改变了其理论的表述方式但理论实质并没有发生任何改变。

比如,从"蒸汽机消费煤""轮子消费油"和"马消费草"到"给蒸汽机添煤加水"和"给机轮上油"的变化就属于第一种情况,也就是因为分析视角的改变而导致的比喻的改变。马克思在《资本论》(1863～1865 年手稿)中曾用"蒸汽机消费煤""轮子消费油"和"马消费草"来比喻资本对劳动的消耗。他说:"很可能,在资本主义生产中,工人所支配的全部时间实际上都被资本所吸收,从而生活资料的消费实际上表现为劳动过程本身单纯的附属事项,正像蒸汽机消费煤,轮子消费油或马消费草一样,正像劳动着的奴隶的全部私人消费一样"①。这是从资本的视角来说的。马克思在《资本论》第 1 卷中基本保留了这个比喻,但是有所改动,一是从资本视角换成了工人视角,二是喻体数量由三件事改成了两件事,也就是用"给蒸汽机添煤加水"和"给机轮上油"这两件事儿来比喻工人为了维持自己劳动力的运转而"给自己添加生活资料"。他说:"他给自己添加生活资料,是为了维持自己劳动力的运转,正像给蒸汽机添煤加水,给机轮上油一样。"②这两个比喻的喻义是一样的,都意在表明,工人的个人消费似乎纯粹是自己的事情,但实际上不过是资本生产和再生产中的一个因素而已,就像"给蒸汽机添煤加水"和"给机轮上油"都是资本生产和再生产中的因素一样。③

再比如,从"让教皇存在,但是使每个人都成为教皇"到"废除教皇而保存天主教"的变化就属于第二种情况,也就是批判对象改变了其理论的表述方式,马克思也相应地进行了比喻的改变。马克思在 1857～1858 年经济学手稿曾用"让教皇存在,但是使每个人都成为教皇"这种荒唐的主张,来讽喻蒲鲁东主义者达里蒙企图保留货币的同时"把一切商品提高到现在只有金银才享有的垄断地位"上来的荒谬性和空想性。他说:"你们消除的是一切弊病。或者不如说,把一切商品提高到现在只有金银才享有的垄断地

---

① 《马克思恩格斯全集》第 38 卷,人民出版社 2019 年版,第 90 页。
② 《马克思恩格斯文集》第 5 卷,人民出版社 2009 年版,第 659 页。
③ 西尼耳在 1836 年写的《政治经济学大纲》中就曾指出工人消费粮食和蒸汽机消费煤没什么两样。参见[英]西尼耳:《政治经济学大纲》,蔡受百译,商务印书馆 2017 年版,第 93 页。

位。让教皇存在,但是使每个人都成为教皇。"①"你们消除的是一切弊病"
这句话是马克思以达里蒙的口吻说的。在达里蒙看来,只要废除了金银的
特权——不管是把金银降到其他一切商品的等级,还是使一切商品都升到
金银的等级——就能消除金银货币的一切弊病。达里蒙的这种企图和通过
"把每个商品都变成货币,并且赋予它以货币的特性"来废除货币的企图本
质上是一回事。马克思模仿英国作家狄更斯在《双城记》开场时的句式对
达里蒙肤浅的结论进行了无情的嘲讽。他说:"金银是同其他商品一样的
商品。金银不是同其他商品一样的商品:作为一般交换工具,金银是享有特
权的商品,并且正是由于这种特权,金银使其他商品降了级。这就是达里蒙
对这种对立所作的最终分析。达里蒙最后做出判决:要废除金银的特权,把
它们降到其他一切商品的等级。……废除货币,办法是你们把每个商品都
变成货币,并且赋予它以货币的特性。"②达里蒙的"判决"之所以肤浅,就
在于他无视货币这个"特殊等价物"产生的必然性,无视资产阶级交换制度
本身需要一种特有的交换工具而且必然会将这种交换工具创造出来。他要
废除货币又不要废除货币,他要废除金银由于作为货币这种排他物而具有
的排他的特权,但又要把一切商品变成货币,也就是说,"要使一切商品都
具有离开排他性就不再存在的属性"。达里蒙这种模棱两可的肤浅结论暴
露了小资产阶级对现实不满但又害怕革命的软弱性质,就像马克思所揭露
的那样,"他们本来应该按相反的方式提出自己的问题:要预防货币的周期
重复的贬值……就是要取消价格的涨落。取消价格的涨落就是消灭价格。
这也就是废除交换价值。为此就要废除与资产阶级社会组织相适应的交
换。要这样,就要在经济上对资产阶级社会实行革命"③,而小资产阶级最
害怕的就是革命,一提到革命他们就浑身发抖。马克思关于"使每个人都
成为教皇"的比喻最早出现在他和恩格斯合著的《反克利盖的通告》一文
中。他们在揭露克利盖关于共产主义的呓语时,把克利盖梦想"把一切人
变成私有者"比作"梦想把一切人变成帝王和教皇",还说这种梦想"既无法
实现,也不是共产主义的"④。列宁在《马克思论美国的"土地平分"》一文
中批判俄国社会革命党人的"空话连篇"时也曾提到马克思和恩格斯的这
个比喻。他说:"马克思的批判充满了辛辣和讥讽。他所驳斥的克利盖的
那些观点,也正是我们现在在我国'社会革命党人'身上所看到的观点,这

---

① 《马克思恩格斯全集》第30卷,人民出版社1995年版,第74页。
② 《马克思恩格斯全集》第30卷,人民出版社1995年版,第73~74页。
③ 《马克思恩格斯全集》第30卷,人民出版社1995年版,第82页。
④ 《马克思恩格斯全集》第4卷,人民出版社1958年版,第12页。

就是:空话连篇,把小资产阶级的空想说成是最高的革命理想,不懂得现代经济制度及其发展的真正基础。"①后来,马克思在《资本论》第 1 卷中将这个比喻换了一个说法,将"让教皇存在,但是使每个人都成为教皇"换成了"废除教皇而保存天主教"这个比喻。② 这两个比喻并不矛盾,它们说的是同一件事的两个方面,而这两个方面则是由蒲鲁东主义者的内在矛盾导致的。他们想"让教皇存在,但是使每个人都成为教皇",实际上就等于废除了教皇;他们想"废除教皇而保存天主教",实际上就不可能废除教皇。

① 《列宁全集》第 10 卷,人民出版社 2017 年版,第 54 页。
② 参见《马克思恩格斯文集》第 5 卷,人民出版社 2009 年版,第 106 页。

第七章　《资本论》比喻的解读和翻译

本章重在对《资本论》比喻的若干解读和翻译提出商榷意见和辨析结论,供学界讨论,以促进对经典作家文本的正确理解。

第一节　《资本论》比喻若干解读辨正

一、拜　物　教

马克思在《资本论》第 1 卷中曾将人们对作为"人手的产物"的商品的崇拜比作"拜物教"(Fetischismus)。他说:"要找一个比喻,我们就得逃到宗教世界的幻境中去。在那里,人脑的产物表现为赋有生命的、彼此发生关系并同人发生关系的独立存在的东西。在商品世界里,人手的产物也是这样。我把这叫做拜物教。"①有国内学者认为,汉译者把 Fetischismus 译为"拜物教"虽"不算错",但却存在"广泛的误导性",因为"拜物教"这个汉语概念属于主体意义上的"社会意识"范畴,而 Fetischismus 原本比喻的是商品形式的神秘特征,属于客体(客观)意义上的"社会存在"范畴。② 这种观点看起来反映的是"Fetischismus"一词的翻译问题,实际上是对"拜物教"这个概念以及关于"拜物教"的比喻的理解问题。

首先,"拜物教"绝不仅仅是一种"社会意识"。宗教情感和宗教理论确实属于"社会意识"的部分,但现实中被用来崇拜的各种对象、形式各异的雕塑、刻在石碑上的经文、烟雾缭绕的寺庙、成群结队的信众都是切切实实的"社会存在"。其次,即使"拜物教"仅仅是一种"社会意识",也不影响比喻的成立。因为用"社会意识"层面的东西比喻"社会存在"层面的东西是完全可以的,比如像"你就是我的女神""金钱就是上帝"这样的比喻。最后,"拜物教"既是一个类比,也确实是一个比喻。马克思句中所说的"比喻"一词的德文原文是 Analogie(类比),可以理解为亚里士多德所说的"类

---

① 《马克思恩格斯文集》第 5 卷,人民出版社 2009 年版,第 90 页。
② 参见韩许高、刘怀玉:《Fetischismus:是拜物教,还是物神化?》,《现代哲学》2016 年第 3 期。

比式隐喻"（又译为"依循类比"）。亚里士多德说，这是隐喻中最受欢迎的一种。① 英国学者汤姆·博托莫尔（Tom Bottomore）主编的《马克思主义思想辞典》说，马克思这个比喻"不是一种确切的类比"②，意思是说，这仅仅是一个比喻，不要将其当作严格的类比论证来看待。马克思这个比喻的相似点在于本体和喻体都是对物的崇拜，而且这种崇拜都是一定历史阶段的产物。所不同的是，拜物教所崇拜的东西是具体的物，其神秘的、超自然的性质都是物本身的自然属性，而商品拜物教所崇拜的东西并非具体的"商品体"，其神秘性也并非"商品体"的自然属性，而是人们自觉或不自觉地将商品生产的社会属性的一种"移形换影"，从而使人与人之间的社会属性变成了物与物之间的自然属性。

综上所述，马克思将对商品的崇拜比作 Fetischismus，汉译者将其译为"拜物教"，都是没有问题的。那种试图消除"拜物教"这个比喻的宗教性质，淡化"拜"和"教"的性质，也就是试图消弭本体和喻体之间的差别从而使二者趋同进而消解这个比喻的解读，实际上是没有把这个比喻当作比喻来理解，是一种背离马克思本意的解读方式。

二、平 衡 器

马克思在 1861～1863 年经济学手稿中说："这样一来，罪犯成了一种自然'平衡器'，它造成适当的水平并为一系列'有用'职业开辟场所。"③这个"平衡器"的比喻反映的是庸俗经济学家的观点。马克思根据他们的荒谬逻辑，将犯罪比作"平衡器"，意在讽刺这些人的关于生产劳动和非生产劳动的"胡说八道"。资产阶级庸俗经济学家为了掩盖剩余价值的真相，竭力抹杀生产性劳动和非生产性劳动的本质区别，把一切职业都说成是生产性的。在他们看来，哲学家生产观念，医生生产健康，教授和作家生产文化，诗人和画家生产艺术，道德家生产道德，传教士生产宗教，君主的劳动生产安全，如此等等。甚至连犯罪行为也是生产性的。马克思按照他们的口吻写道："罪犯不仅生产罪行，而且还生产刑法，因而还生产讲授刑法的教授，以及……讲授提纲。……其次，罪犯生产全体警察和全部刑事司法、法庭差役、法官、刽子手、陪审官等等，……防止了资产阶级生活的停滞，造成了令

---

① 参见[古希腊]亚里斯多德：《修辞学》，罗念生译，世纪出版集团、上海人民出版社 2006 年版，第 193 页。

② [英]汤姆·博托莫尔主编：《马克思主义思想辞典》，陈叔平等译，河南人民出版社 1994 年版，第 199 页。

③ 《马克思恩格斯全集》第 32 卷，人民出版社 1998 年版，第 350 页。

人不安的紧张和动荡,而没有这些东西,连竞争的刺激都会减弱。因此,他就推动了生产力。一方面,犯罪使劳动市场去掉了一部分过剩人口,从而减少了工人之间的竞争,在一定程度上阻止工资降到最低额以下;另一方面,反对犯罪的斗争又会吸收另一部分过剩人口。这样一来,罪犯成了一种自然'平衡器',……如果没有小偷,锁是否能达到今天的完善程度?如果没有伪造钞票的人,银行券的印制是否能像现在这样完善?如果商业中没有欺骗,显微镜是否会应用于通常的商业领域?""如果没有国家的犯罪,能不能产生世界市场?如果没有国家的犯罪,能不能产生民族本身?难道从亚当的时候起,罪恶树不同时就是知善恶树吗?"①那些反对生产劳动和非生产劳动的严格区分的庸俗经济学家正是通过这种荒谬的逻辑,把什么价值也不创造的罪犯说成是必不可少的人,而作为价值的真正创造者的工人反而连罪犯都不如了。无怪乎马克思称这种"美文学式的议论"和"有教养的空话"是"胡说八道"!

马克思这个关于"平衡器"的比喻以及相关的论述曾迷惑了很多人。比如,国内有学者曾将马克思以庸俗经济学家的口吻所说的话当成是马克思本人的观点,认为马克思是在论述"恶"的历史作用,②并说"在社会发展的一定阶段上,如在资本主义社会,罪犯的存在,可以引发出社会分工和社会生产的一些部门,引发出产业结构中的一些产业,可以给一些人提供就业机会,也可以成为人们观察和研究的对象"③。还有学者说,"马克思认为犯罪和恶对生产力发展有积极推动作用",并说"马克思最后一问与康德和黑格尔对基督教'原罪'说的解释不谋而合"④。这种理解其实并不符合马克思的本意。诚然,马克思和恩格斯曾对黑格尔关于"恶"在历史上的作用的观点给予了高度评价,认为这是黑格尔比费尔巴哈深刻的地方之一。恩格斯在《路德维希·费尔巴哈和德国古典哲学的终结》一书中甚至提出了"人的恶劣的情欲——贪欲和权势欲"是"历史发展的杠杆"的论断。⑤但是,马克思关于"平衡器"的比喻并不是在论证"恶"在历史上的积极作用,而是

---

① 《马克思恩格斯全集》第 32 卷,人民出版社 1998 年版,第 349~350、353 页。
② 参见赵家祥:《一种不可遗忘的历史动力——关于"恶"的历史作用》,《湖南科技大学学报》(社会科学版)2005 年第 6 期。
③ 赵家祥:《东方社会发展道路与社会主义的理论和实践》,商务印书馆 2017 年版,第112 页。
④ 赵敦华:《马克思哲学要义》,江苏人民出版社 2018 年版,第 31 页。赵先生在该书第 70 页提到,对于"对宗教的批判是其他一切批判的前提"这句话,"人们很少提出这样一个问题:这句话表达了马克思本人的思想,还是对其他人思想的转述"。就上述马克思这段反问句来说,赵先生提出的问题对其本人也是适用的。
⑤ 参见《马克思恩格斯文集》第 4 卷,人民出版社 2009 年版,第 291 页。

在揭露资产阶级庸俗经济学家混淆生产劳动和非生产劳动的荒谬论调。弗朗西斯·惠恩对这段话也存在严重的误读。他说："马克思指出,每个可以想象得到的工作都是生产性的,并继而试图用一个明显荒诞的例子来证明这点。"①这也是将马克思以庸俗经济学家的口吻所说的话当成是马克思本人的观点了。惠恩认为马克思所举的例子"明显荒诞",但还是要把"用一个明显荒诞的例子来证明"的观点安到马克思头上,这无异于说马克思的观点也是荒诞的。观点确实是荒诞的,但这荒诞的观点却并不属于马克思。惠恩还引用埃德蒙·威尔逊(Edmund Wilson)的话说,《资本论》手稿中的这段话"可以拿来和斯威夫特那个小小的建议作比较,后者建议饥饿的穷人吃掉多余的小孩来减轻爱尔兰的悲惨状况"②。这说明埃德蒙·威尔逊和惠恩一样,严重误解了马克思。不仅如此,他在误解了马克思之后,对"隐藏在马克思的世界观下面的心理学动机"提出了抗议,还抱怨马克思一边批判罪恶一边肯定罪恶的"辩证法"是"奇怪的玄学"。美国学者罗伯特·保罗·沃尔夫(Robert Paul Wolff)评论说,埃德蒙·威尔逊"称一位作家是斯威夫特以来最伟大的讽刺作家,然后又判定他最严肃的思想成果只是奇怪的玄学,这是一种奇怪的恭维"③。这种恭维之所以奇怪,就是因为埃德蒙·威尔逊对马克思上面那些言论存在误解。他虽然恭维马克思是"斯威夫特以来最伟大的讽刺作家",却并不理解马克思的讽刺,这不能不说是一个讽刺。

让我们看看马克思这段被严重误解的话的真实含义吧。首先,马克思这段话是手稿中的插入部分,标题是"插入部分:(关于生产劳动)",也就是说这部分不是在论述"恶"的历史作用,而是在论述生产劳动,捍卫亚当·斯密关于生产劳动和非生产劳动的严格区分。其次,马克思在手稿的插入部分所表述的观点大部分是俄国庸俗经济学家施托尔希和意大利庸俗经济学家罗西(Rossi)等人的观点,只是马克思并没有说出他们的名字,而是用"为资产阶级社会辩护的庸人"来代替。但是,在1861～1863年经济学手稿中,马克思给他们留下了接受批判的席位,不仅指名道姓,还称他们是"畜生",并且明确说他们反对斯密关于生产劳动和非生产劳动的区分的观点

---

① [英]弗朗西斯·惠恩:《马克思〈资本论〉传》,陈越译,中央编译出版社2009年版,第122页。

② 参见[英]弗朗西斯·惠恩:《马克思〈资本论〉传》,陈越译,中央编译出版社2009年版,第125页。

③ 转引自[英]弗朗西斯·惠恩:《马克思〈资本论〉传》,陈越译,中央编译出版社2009年版,第126页。

是"胡说八道"。马克思说:"按照施托尔希的说法,那些生产'**余暇**',因而使人有空闲时间来享乐、从事精神劳动等等的人们,也属于这类劳动者。警察节约我为自己当宪兵的时间,士兵节约我自卫的时间,政府官吏节约我管理自己的时间,擦皮靴的人节约我自己擦靴子的时间,教士节约思考的时间,等等。""[罗西断言],就连专门用来使主人摆阔、满足主人虚荣心的那些家仆的'**劳动**',也'不是非生产劳动'。为什么呢?因为它生产**某种东西**:满足虚荣心,使主人能够吹嘘、摆阔。这里我们又看到了那种胡说八道,好像每种服务都生产某种东西:妓女生产淫欲,杀人犯生产杀人行为等等。""对奴仆、仆役的**颂扬**,对征税人、寄生虫的**赞美**,贯穿在所有这些畜生的作品中。和这些相比,古典经济学粗率嘲笑的性质,倒显得是对现有制度的批判。"①最后,我们要特别注意马克思行文的逻辑。马克思在说完上面一大段反问句后,接着又说:"曼德维尔在他的《蜜蜂的寓言》(1705 年版)中,已经证明任何一种职业都具有生产性等等,在他的书中,已经可以看到这全部议论的一般倾向:'……一旦不再有恶,社会即使不完全毁灭,也一定要衰落。'当然,只有曼德维尔才比为资产阶级社会辩护的庸人勇敢得多、诚实得多。"②这段话中出现了两种观点、两个主体也就是观点的发出者,两个主体一个是伯纳德·曼德维尔(Bernard Mandeville),一个是"为资产阶级社会辩护的庸人"。两种观点一个是关于曼德维尔的"一般倾向"的话,另一个是"这全部议论"也就是上面一大段反问句。通过句子结构的分析,我们就能发现,"这全部议论"的发出者显然不是马克思本人,而是"为资产阶级社会辩护的庸人"。这些庸人出于掩盖剩余价值的秘密的目的,故意混淆生产性劳动和非生产性劳动的区别,把一切劳动都说成是生产劳动。而作为古典经济学家的曼德维尔是从"一般倾向"而不是"为资产阶级社会辩护"的目的出发,对恶的积极作用进行了一般性的陈述。所以马克思说"只有曼德维尔才比为资产阶级社会辩护的庸人勇敢得多、诚实得多",这也是古典经济学家和庸俗经济学家的重要区别。

综上所述,马克思在这里绝不是在论述"恶"的历史作用,他的关于"平衡器"的比喻也不是在表述自己的观点,而是在表达罗西和施托尔希等庸俗经济学家的观点。马克思在创作的过程中经常让被批判的对象亲自出场说话,以达到一种戏剧化的效果。我们在理解这些话的时候一定要结合上下文来看,不能断章取义、张冠李戴,更不能错上加错,自以为发现了"隐藏

---

① 《马克思恩格斯全集》第 33 卷,人民出版社 2004 年版,第 360、360~361、362 页。
② 《马克思恩格斯全集》第 32 卷,人民出版社 1998 年版,第 353 页。

在马克思的世界观下面的心理学动机",自以为发现了所谓"真实的马克思""立体的马克思""丰满的马克思",甚至自作聪明地用马克思喜爱的一句格言"人所具有的我都具有"①来为自己的误解提供"佐证"。这就会陷入马克思在《第六届莱茵省议会的辩论(第一篇论文)》中所批判的自作聪明的功利主义者"透过玻璃看东西,太近了就会碰上**自己的脑袋**"的情况。②

三、工人阶级的圣经

《资本论》第 1 卷于 1867 年 9 月 14 日在德国汉堡出版。当年的 10 月 12 日,恩格斯在给《莱茵报》写的关于《资本论》第 1 卷的书评中就曾预言,德国社会民主党的所有派别"都将欢迎这部书,把它看做自己的**理论圣经**,看做一个武库,他们将从这个武库中汲取自己所需的最重要的论据"③。12 月 12 日恩格斯写给马克思的信中再次提到,德国社会民主党的代表们"一定会把这部书看做自己的圣经"④。后来,约翰·菲力浦·贝克尔(J. P. Becher)把《资本论》称为"工人阶级的圣经",弗·梅林(F. Mehring)把《资本论》称为"社会主义的圣经""共产主义的圣经"和"新福音书全书"。⑤ 因此,恩格斯在《资本论》英文版序言中才说《资本论》在大陆上常常被称为"工人阶级的圣经"。根据保尔·拉法格(Paul Lafargue)的回忆,国际工人协会还通过了一项决议案,"把《资本论》作为'工人阶级的圣经'推荐给各国的社会主义者"⑥。说《资本论》是"工人阶级的圣经",这个源自恩格斯的比喻显然是一个带有褒义的比喻。对这个比喻的认识,我们也要像对待任何其他比喻一样,采取辩证的态度。

首先,要认识比喻的"两柄"。钱锺书先生说:"同此事物,援为比喻,或以褒,或以贬,或示喜,或示恶,词气迥异。"同一种事物拿来作为喻体,有时表示褒义,有时却表示贬义,有时表示喜欢,有时却表示厌恶,语气迥然不同。钱先生将这种现象"拈示"为"喻之二柄"。⑦ 关于"圣经"的比喻也是如此,在《马克思恩格斯全集》中既有表示褒义的情况,也有表示贬义的情

① 参见《马克思恩格斯全集》第 31 卷,人民出版社 1972 年版,第 589 页。
② 参见《马克思恩格斯全集》第 1 卷,人民出版社 1956 年版,第 82 页。
③ 《马克思恩格斯全集》第 21 卷,人民出版社 2003 年版,第 308 页。
④ 参见《马克思恩格斯全集》第 31 卷,人民出版社 1972 年版,第 414 页。
⑤ 参见《马克思恩格斯文集》第 5 卷,人民出版社 2001 年版,第 900~901 页,注释47。
⑥ 参见[法]保尔·拉法格等:《回忆马克思恩格斯》,马集译,人民出版社 1973 年版,第 19 页。
⑦ 参见钱锺书:《钱锺书集·管锥编(一)》上册,生活·读书·新知三联书店 2001 年版,第 74 页。

况。表示褒义的情况除了"工人阶级的圣经"之外,还有"法典就是人民自由的圣经"①的比喻。表示贬义的情况也有。比如,马克思在《哲学的贫困》中曾将蒲鲁东的著作《贫困的哲学》比作"圣经"②。

其次,要辩证看待本体和喻体之间的关系。黑格尔在讨论亚里士多德关于"蜡块的比喻"(即用"蜡块只把带印的金戒指的印记接纳到自己身上,不取黄金本身,而只纯粹取其形式"来比喻"感觉是采纳被感觉的东西的形式而不要它的质料")时说:"我们不应该死抓住这种比喻。这不外是一个形象化的例子",我们不应该"老是粗野地停留在比喻的粗糙状态中","把那个比喻的内容的所有各方面都接受过来"。他在讨论亚里士多德"理性正如一本其中实际上没有写着什么东西的书"这个比喻时也说:"人们忽略了所有的亚里士多德的思想,而只抓住这一类外表的比喻。……人们不去牢牢捉住概念的意义,而却以为这些类比就能表述事情的本质。但是亚里士多德完全不是要人把这个比喻的一切微末细节都加以接受。"③黑格尔的观点也适用于对"工人阶级的圣经"这个比喻的认识。一方面,像所有比喻一样,这个比喻的本体和喻体之间确实具有一个比喻该有的相似性。比如,它们都大量使用了比喻的修辞手法,因而都是研究比喻的绝佳材料;它们在全世界范围内都有广泛的影响力,都掌握了很多的群众;等等。而且,马克思和恩格斯本人也确实曾将工人运动与基督教、工人阶级与基督教徒进行过类比。比如,马克思在1871年纪念国际工人协会成立七周年大会上的讲话中明确指出:"各国政府对国际的迫害,酷似古代罗马对原始基督教徒的迫害。这些人最初也为数不多,但是罗马贵族本能地感觉到,如果基督徒大功告成,罗马帝国就会灭亡。古代罗马的迫害未能挽救帝国,今天对国际的迫害也挽救不了现存制度。"④恩格斯在《论始基督教的历史》一文开篇第一句话就是:"原始基督教的历史与现代工人运动有些值得注意的共同点。"紧接着恩格斯还详细列举了二者的相似之处和根本不同。他说:"基督教和后者一样,在产生时也是被压迫者的运动…… 基督教和工人的社会主义都宣传将来会从奴役和贫困中得救;基督教是在死后的彼岸生活中,在天国里寻求这种得救,而社会主义则是在现世里,在社会改造中寻求。两者都遭受过迫害和排挤,信从者遭到放逐,被待之以非常法:一种人被当做人

---

① 《马克思恩格斯全集》第1卷,人民出版社1995年版,第176页。
② 参见《马克思恩格斯全集》第4卷,人民出版社1958年版,第76页。
③ [德]黑格尔:《哲学史讲演录》第2卷,贺麟等译,商务印书馆2017年版,第361~363、369页。
④ 《马克思恩格斯文集》第3卷,人民出版社2009年版,第618页。

类的敌人,另一种人被当做国家、宗教、家庭、社会秩序的敌人。虽然有这一切迫害,甚至还直接由于这些迫害,基督教和社会主义都胜利地、势不可挡地为自己开辟前进的道路。基督教在产生 300 年以后成了罗马世界帝国的公认的国教,而社会主义则在不到 60 年的时间里争得了一个可以绝对保证它取得胜利的地位。"恩格斯还曾将共产主义学说称为"我们的新约"。他说:"最初的基督徒也像我们最初的共产主义工人支部那样,对于一切投合他们口味的东西都无比轻信,这就使我们甚至无法肯定,我们的新约中是否没有掺杂着佩雷格林给基督徒们写的'大批圣书'中的某个片断。"①另一方面,我们也应该看到,"工人阶级的圣经"这个说法"是且仅是"一个比喻,不能像黑格尔所反对的那样"把这个比喻的一切微末细节都加以接受",就像你可以把一个女人比喻成一朵鲜花但你不能在她身上洒水或者把她插在土里一样。女人和鲜花毕竟是完全不同的两种存在,唯有不同,才能进行比喻。能进行比喻,是因为设喻者发现了不同存在物之间的相似性,但我们不能把这种相似性机械地、无原则地进行扩展,以至于将本体和喻体完全等同起来。《资本论》与圣经、无产阶级与基督教徒之间虽然有着相似之处,但也有着根本的不同,这一点恩格斯在《论始基督教的历史》一文中也已明确指出。况且,资产阶级充分利用基督教,将其变成国家的官方宗教,使之成为奴役工人阶级的工具和防止资本主义社会"不致完全毁灭的唯一的和最后的拯救手段"②,实际上就是把基督教摆在了无产阶级对立的位置上,使其成了无产阶级获得解放的障碍。德国哲学家卡尔·洛维特(Karl Löwith)也将资产阶级和无产阶级这两大敌对阵营的最终对抗与"最后的历史时期中基督徒与反基督徒之间决战"相对应,将无产阶级的任务与"特选子民的世界历史使命"相对应,将"被压迫阶级的普世拯救功能与十字架和复活的宗教辩证法"相对应。在此基础上,洛维特认为《共产党宣言》和《资本论》"所描述的全部历史程序,反映了犹太教—基督教解释历史的普遍图式,即历史是朝着一个有意义的终极目标的、由天意规定的救赎历史"。更有甚者,洛维特还将马克思的历史观称为"历史弥赛亚主义",并言之凿凿地说它"植根于他的种族之中",说马克思毕竟是"一个受《旧约》局限的犹太人",而"从手工业到大工业的二千年之久的经济史都无法改变的古老的犹太弥赛亚主义和先知主义,以及犹太人对无条件正义的坚持,都说明了历史

---

① 《马克思恩格斯全集》第 29 卷,人民出版社 2020 年版,第 547、553 页。
② 《马克思恩格斯全集》第 29 卷,人民出版社 2020 年版,第 384 页。

唯物主义的理想主义基础"。① 这些形而上学的认识都是极其肤浅的,是思想懒惰和阶级偏见的表现。我们不能因为"工人阶级的圣经"这个比喻,就将《资本论》这部科学著作当成宗教经典来对待。《资本论》是科学著作,不是"启示录",不是"末世学"。《资本论》旨在揭示历史规律,而不是给历史设定什么"程序"。共产主义也不是黑格尔的"绝对理念",用马克思自己的话说,共产主义"不是现实应当与之相适应的**理想**",而是"消灭现存状况的现实的运动"。②

第二节 《资本论》比喻若干译法辨析

一、"浪漫女郎"还是"轻佻女郎"?

马克思在 1857～1858 年经济学手稿中曾将法国空想社会主义者傅立叶比作"浪漫女郎",以揭露傅立叶对劳动的天真理解。马克思说:"这决不是说,劳动不过是一种娱乐,一种消遣,就像傅立叶完全以一个浪漫女郎的方式极其天真地理解的那样。真正自由的劳动,例如作曲,同时也是非常严肃,极其紧张的事情。"③文中的"浪漫女郎"在德文中是 Grisette,将其译为"浪漫女郎"的译法值得商榷。

首先,德文中 Grisette 一词主要是反映少女的"年轻"和"轻佻"的特点,实无"浪漫"之意。Grisette 一词源自法语,原指巴黎穿灰色制服的年轻制帽女工,后常用来指代轻佻女郎,特别是行为轻浮的女店员和站街女。《瓦里希德汉大词典》对该词的解释包含"(巴黎)制(女)帽女工"和"轻佻少女"两个意思,④而没有"浪漫女郎"的意思。早期的巴黎女工之所以被扣上"轻佻女郎"的帽子,完全是因为资本主义这个"最残酷的地狱"把少女变成了"轻佻女郎",这一点我们可以从《资本论》中看出些端倪。马克思在《资本论》中揭示英国制砖女工们恶劣的工作和生活环境时,曾引用《童工调查委员会。第 5 号报告》中的话说:"雇用少女干这种活的最大弊病就是,这种情况往往使她们从幼年起就终生沦为放荡成性的败类。在自然使她们懂

---

① 参见[德]卡尔·洛维特:《世界历史与救赎历史》,李秋零、田薇译,商务印书馆 2017 年版,第 55～56 页。

② 参见《马克思恩格斯文集》第 1 卷,人民出版社 2009 年版,第 539 页。

③ 《马克思恩格斯全集》第 30 卷,人民出版社 1995 年版,第 616 页。

④ 参见[德]瓦里希编:《瓦里希德汉大词典》,商务印书馆辞书研究中心编译,商务印书馆 2018 年版,第 820 页。

得自己是个女人之前,她们已经变成粗鲁的、出言下流的男孩子。她们身上披着几块肮脏的布片,裸露大腿,蓬头垢面,根本不在乎什么端庄和羞耻。"①在资本家的残酷压迫下,早期工人生存条件和工作条件都非常恶劣,特别是那些和男人们一起生活和工作在肮脏、狭小、拥挤的空间里的女孩子,是完全没有条件考虑什么端庄和羞耻的。

其次,汉语中的"浪漫"并无"轻佻"之意,也不专门形容少女。该词主要有三种含义:第一种含义是"富有诗意,充满幻想",源自英语的 Romantic 一词;第二种含义是"纵情、任意",常见于古文,如苏轼"年来转觉此生浮,又作三吴浪漫游"的诗句;第三种是特指花开"烂漫",如张镃"山色棱层出,荷花浪漫开"的诗句。② 在这三种主要含义中,第一种的用法在现代汉语中越来越多,而其他用法则越来越少,或者说这个词越来越成为一个褒义词。所以用"浪漫女郎"来翻译 Grisette 离原意较远,实际上是赋予了 Grisette 一词本来没有的"浪漫"之意,同时也容易让人对"浪漫"一词产生"轻佻"的理解。

马克思曾经多次使用 Grisette 来设喻,而《马克思恩格斯全集》中文第 1 版和第 2 版中的翻译并不一致,而且同一个版本内的翻译也都没有统一,有的地方译为"浪漫女郎",有的地方译为"轻佻女郎",而第 2 版中以"轻佻女郎"居多。比如,在《马克思恩格斯全集》中文第 1 版第 28 卷中,马克思1853 年 10 月 18 日写给阿·克路斯的信中说,"德朗克现在当店员,懒得象巴黎浪漫女郎"③。这句话中的"浪漫女郎"在《马克思恩格斯全集》中文第 2 版中已改译为"轻佻女郎"④。再比如,马克思在《1848 年至 1850 年的法兰西阶级斗争》一文中关于 Grisette 的比喻用法是:"感伤的小市民的社会幻想家欧仁·苏被提名为候选人这件事,完全勾销了 3 月 10 日选举的革命意义,否定了为六月起义恢复名誉的做法;无产阶级至多不过把这次提名看成是讨好轻佻女郎的玩笑而接受下来。"⑤这里的 Grisette 一词在中文第 1 版和第 2 版中都译作了"轻佻女郎"。而在《马克思恩格斯全集》中文第 2 版第 19 卷中,马克思的《福格特先生》一文中有一段话说:"泰霍夫下了一番功夫来研究我的'心'。本人宽大为怀,不想在这方面学他的样。就像巴

① 《马克思恩格斯文集》第 5 卷,人民出版社 2009 年版,第 534 页。
② 参见汉语大词典编纂处编:《汉语大词典》(普及本),上海世纪出版股份有限公司、上海辞书出版社 2012 年版,第 1076 页。
③ 《马克思恩格斯全集》第 28 卷,人民出版社 1973 年版,第 604 页。
④ 《马克思恩格斯全集》第 49 卷,人民出版社 2016 年版,第 484 页。
⑤ 《马克思恩格斯文集》第 2 卷,人民出版社 2009 年版,第 176～177 页。

黎的浪漫女郎那样,当她的朋友一谈到政治时,她就说:'咱们别谈道德吧'。"①这里的 Grisette 一词仍然保留了中文第 1 版中"浪漫女郎"的译法。鉴于以上情况,建议将 Grisette 一词统一译为"轻佻女郎",一是为了尽量保持译法的统一,二是为了避免产生歧义和想当然的理解。

二、"与……相同"还是"就像……一样"?

马克思在 1857～1858 年经济学手稿中说:"这种形式变换和物质变换,与有机体中发生的这种变换相同。例如,假定身体在 24 小时内再生产自身,那么这并不是一下子完成的,而是分为一种形式下的排泄和另一种形式下的更新,并且是同时进行的。此外,在身体中,骨骼是固定资本;它不是和肉、血在同一时间内更新的。"②文中开头"这种形式变换和物质变换,与有机体中发生的这种变换相同"这句话是《马克思恩格斯全集》中文第 2 版的译法。这句话在《马克思恩格斯全集》历史考证版第 2 版(MEGA²)中的原文是:Dieser Form-und Stoffwechsel wie im organischen Leib.③《马克思恩格斯全集》中文第 1 版将其翻译为"这种形式变换和物质变换,就像有机体中发生的这种变换一样"。两种翻译的差别在喻词上:第 1 版的喻词是"像……一样",第 2 版的喻词(姑且称为喻词)是"与……相同"。而德文原文中的喻词 wie 就像汉语中的"如"一样,看似简单,其实内涵非常丰富,既有"如同、正如、好像"的意思,也有"如何、怎么、怎样"的意思。这句话从德语原文的内容看,显然是个比喻句,也就是说 wie 是个用来表示比喻的连词而不是疑问副词,而且它也没有"与……相同"的意思。另外,"与……相同"本身不能作比喻词使用,因为比喻的本体和喻体之间只能相似,不能相同,二者是对立统一的关系。由此可见,这句话在《马克思恩格斯全集》中文第 1 版中的译法比中文第 2 版中的译法更准确。

三、"打麻袋赶驴子"还是"指桑骂槐"?

马克思在 1857～1858 年经济学手稿中曾用"手打麻袋意在驴子"(Man schlägt dann auf den Sack und meint den Esel④)这句德国谚语来讽喻蒲鲁东

---

① 《马克思恩格斯全集》第 19 卷,人民出版社 2006 年版,第 144 页。
② 《马克思恩格斯全集》第 31 卷,人民出版社 1998 年版,第 54 页。
③ *Marx-Engels-Gesamtausgabe*(*MEGA²*), Abt. II, Bd.1. Teil 2, Berlin:Dietz Verlag, 1981, S. 544.
④ *Marx-Engels-Gesamtausgabe*(*MEGA²*), Abt. II, Bd.1. Teil 1, Berlin:Dietz Verlag, 1976, S. 162.

主义者妄图通过对金银货币的攻击来消除资本主义的弊端。马克思和恩格斯曾经多次使用这句谚语来设喻，但《马克思恩格斯全集》中文版对这句谚语的翻译也不一样，有的地方译为"手打麻袋意在驴子"或者"打麻袋赶驴子"，有的地方则译为"指桑骂槐"。

比如，恩格斯在 1844 年 11 月 19 日写给马克思的信中说："我将给英国人编制一张绝妙的罪状表。我要向全世界控诉英国资产阶级所犯下的大量杀人、抢劫以及其他种种罪行，我要写一篇英文序言，打算单独印行，并分别寄给英国各政党的领袖、著作家和议员们。让这些家伙记住我吧。可是，不言而喻，我打的是麻袋，但指的是驴子，即德国的资产阶级。"①这段话在《马克思恩格斯全集》中文第 2 版中的译法是："我将给英国人编制一份绝妙的罪行录。……还要写一篇英文序言，出一个单行本，把它分别寄给英国的政党领袖、著作家和议员们。……顺便说一句，不言而喻，我这是指桑骂槐，即骂的是德国资产阶级。"②"我打的是麻袋，但指的是驴子"被改译成了"指桑骂槐"。

再比如，恩格斯在 1859 年写的《波河与莱茵河》一文中还曾用这句谚语来讽喻波拿巴通过所谓"解放意大利"来实现挤压德国生存空间的图谋。他说："关于解放意大利的谈论在德国迷惑不了任何人。这就正如古谚语所说的：打麻袋，赶驴子。如果说意大利被迫当了麻袋，那末这次德国却根本不想当驴子。"③这是《马克思恩格斯全集》中文第 1 版的译法，由于该卷中文第 2 版尚未译出，所以还不知道这段话中的"打麻袋，赶驴子"这句话是不是会在第 2 版中也改译为"指桑骂槐"。不过，从上下文看，还是保留原译比较好，否则这句话后面那句话就得译成"如果说意大利被迫当了桑树，那么这次德国却根本不想当槐树"，显得颇为怪异。

既然这句谚语有两种译法，那么这两个译法哪个更好，或者说哪个更适合马克思在 1857～1858 年经济学手稿中的这个比喻呢？我们认为，不论是在 1857～1858 年经济学手稿中，还是在恩格斯 1844 年 11 月 19 日写给马克思的信中，这句谚语还是直译比较好，也就是按照"打麻袋，赶驴子"的译法比较好。原因有四：其一，这句谚语在《马克思恩格斯全集》中文版中的大部分地方都是直译，只有个别地方是意译。直译有助于保持该谚语译法的统一性。其二，对这句谚语来说，直译比意译更加生动形象，而且意译过于文雅，与马克思竭力使其著作更通俗易懂的初衷相背。其三，用中国文化中

---

① 《马克思恩格斯全集》第 27 卷，人民出版社 1972 年版，第 11 页。
② 《马克思恩格斯全集》第 47 卷，人民出版社 2004 年版，第 328 页。
③ 《马克思恩格斯全集》第 13 卷，人民出版社 1962 年版，第 249 页。

的典故翻译西方文化中的谚语会遮蔽谚语本来的妙趣。这也是有人对"希腊人遇到希腊人就发生激战"这句谚语译成"张飞遇张飞,杀得满天飞"提出质疑的原因。最后,毛泽东在《同音乐工作者的谈话》中也曾指出:"我倒赞成理论书硬译,有个好处,准确。"①对于《资本论》这样的理论书来说,也是适用的。

四、"微弱哲学色彩的回声"还是"哲学色彩的微弱回声"?

马克思在《〈政治经济学批判〉序言》中曾用"回声"比喻法国空想社会主义在德国传播过程中产生的各种空想社会主义和空想共产主义的思潮。他说:"在善良的'前进'愿望大大超过实际知识的当时,在《莱茵报》上可以听到法国社会主义和共产主义的带着微弱哲学色彩的回声。"②这段话中的"带着微弱哲学色彩的回声"是《马克思恩格斯全集》中文第 1 版和第 2 版中一致的译法。这句话在《马克思恩格斯全集》历史考证版第 2 版($MEGA^2$)中的原文是 ein schwach philosophisch gefärbtes Echo③,无论是从语法规则,还是从马克思和恩格斯对当时德国现实状况的"哀其不幸,怒其不争"的无情批判来看,这句话似应译为"带着哲学色彩的微弱回声"。理由有三。

首先,德国各种空想社会主义和空想共产主义思潮的哲学色彩实际上不仅不"微弱",甚至可以说非常浓厚。这些空想社会主义者和空想共产主义者"从他们的哲学观点出发去掌握法国的思想",他们在法国人的论述下面塞进自己的哲学词句,利用黑格尔哲学去解释英国和法国的社会主义和共产主义运动,把英法等国社会主义和共产主义的鲜活实践硬生生变成了头脑中的纯粹思辨的活动,他们竟然还不知羞耻地把这种通过阉割而来的、具有浓厚哲学色彩的学说美其名曰"行动的哲学""真正的社会主义""德国的社会主义科学""社会主义的哲学论证",等等。就像马克思和恩格斯在《共产党宣言》中所揭示的:"在德国的条件下,法国的文献完全失去了直接实践的意义,而只具有纯粹文献的形式。……德国著作家的唯一工作,就是把新的法国的思想同他们的旧的哲学信仰调和起来,或者毋宁说,就是从他们的哲学观点出发去掌握法国的思想。"所以,英法空想社会主义在德国的这种"回声"已不再表现一个阶级反对另一个阶级的斗争,不再代表真实的

---

①　《毛泽东文集》第七卷,人民出版社 1999 年版,第 81 页。
②　《马克思恩格斯全集》第 31 卷,人民出版社 1998 年版,第 411~412 页。
③　*Marx-Engels-Gesamtausgabe*($MEGA^2$), Abt. Ⅱ, Bd.2, Berlin:Dietz Verlag, 1980, S.100.

斗争要求,而只代表抽象的"人"的利益,这种人"不属于任何阶级,根本不存在于现实界,而只存在于云雾弥漫的哲学幻想的太空"。① 这种"从他们的哲学观点出发去掌握法国的思想"的"回声",其哲学色彩怎么可能"微弱"呢?

其次,"微弱"修饰"回声"符合历史事实。这一点可以通过马克思和恩格斯对德国经济发展的落后程度、德国资产阶级革命的滞后性质以及对资产阶级本身软弱性质的批判中得到证明。比如,马克思和恩格斯在《共产党宣言》中对德国的或"真正的"社会主义进行批判时说:"德国的社会主义恰好忘记了,法国的批判(德国的社会主义是这种批判的可怜的回声)是以现代的资产阶级社会以及相应的物质生活条件和相当的政治制度为前提的,而这一切前提当时在德国正是尚待争取的。"② 在这里,马克思明确表示,德国的社会主义是法国空想社会主义的"可怜的回声"。再比如,马克思在《资产阶级和反革命》一文中评论普鲁士三月革命时说:"三月革命决不是**欧洲的革命**,它不过是欧洲革命在一个落后国家里的微弱的回声。它不仅没有超过自己的世纪,反而比自己的世纪落后了半个世纪以上。它一开始就是**一种继发性的现象**,大家都知道,继发性病症比原发性疾病更难医治,并且对机体更加有害。"马克思随后还使用了一个夸喻(夸张和比喻的兼用)的形式把普鲁士三月革命的光芒形象地比作来自一个遥远星球的光芒,并说"在发出这种光芒的那些星体消逝了10万年以后,才到达我们地球居民的眼中"。③ "那个星球"比喻法国,"我们地球"比喻德国,从法国发出的革命的光芒在经过了10万年以后才到达德国,是不是已经很"微弱"了呢?

最后,"ein schwach philosophisch gefärbtes Echo"这句话中的"schwach"(微弱的)修饰"Echo"(回声)符合德语的语言规则。这句话的核心词是"Echo"(回声),它前面的"schwach"(微弱的)和"philosophisch gefärbtes"(带有哲学色彩的)是并列关系,都是用来修饰它的。这句话直译应该是:"微弱的、带有哲学色彩的回声"。

综上所述,"ein schwach philosophisch gefärbtes Echo"一句翻译成"带着哲学色彩的微弱回声"或"微弱的、带着哲学色彩的回声"似乎更好些。

---

① 《马克思恩格斯文集》第2卷,人民出版社2009年版,第57~58页。
② 《马克思恩格斯文集》第2卷,人民出版社2009年版,第59页。
③ 《马克思恩格斯文集》第2卷,人民出版社2009年版,第74、75页。

五、"害了相思病"还是"有春情在体内发作"?

　　马克思在《资本论》第 1 卷中曾用"害了相思病"来讽喻资本这个"怪物"进行自我增殖的不可遏制的狂热。这个比喻不仅在《资本论》第 1 卷中,而且在 1857~1858 年手稿、1861~1863 年手稿和《资本论》第 3 卷中都曾经使用。《马克思和世界文学》一书的汉译者认为,这些引文的中译文"都把所引《浮士德》中诗句根据郭沫若译本译为'害了相思病'",但按下文来看,似以译为"有春情在体内发作"为宜。① 这两种译法哪个更好呢?

　　首先来看原文。"害了相思病"这句话在《马克思恩格斯全集》历史考证版第 2 版($MEGA^2$)中的德文是 Als hätte sie Lieb' im Leibe②,可直译为"有春情在体内发作"。这句话在法文版中被马克思改为 comme s'il avait le diable au corps③,《马克思恩格斯全集》中文第 2 版将其译为"像魔鬼附身一样"。句子中的核心词 sie Liebe 换成了 le diable,"情爱"改成了"魔鬼"。马克思将一个德国文学典故化于无形,或许是为了给"急于追求结论"的法国人减少阅读障碍吧,以免他们"一开始就不能继续读下去"。但不管是"情爱"还是"魔鬼",都是附在体内的东西,而这正是怪物发病的内在根源。马克思在每次使用这个比喻的时候几乎都提到了这个内在根源。比如,在 1857~1858 年手稿中,马克思说:"带着粗暴情欲同工人对立的是资本对劳动的占有,是'好像害了相思病'似地吞噬活劳动的资本。"④这个"粗暴情欲"(grob-sinnlich)就是"好像害了相思病"的病根。在 1861~1863 年手稿中,马克思又说:"创造和增加价值的力量不属于工人,而属于资本。当资本把这个力量并入自身时,它就有了活力,并且用'好像害了相思病'的劲头开始去劳动。"⑤这里的内在根源换成了"创造和增加价值的力量"。在《资本论》第 1 卷德文版和法文版中,这个内在根源则是"活的劳动力"。这些说法虽然不同,但都指向一种内在的力量,不论是生殖力或曰"力比多"(libido),还是"活的劳动力",正像柏拉威尔所说的,"关于物化,关于货币能把活的工人吸收到自己体内,变成机器,关于货币滋生货币,好像体内有春情在'发作'一样——不管是作为性交,还是作为这种活动的结晶——都

　　① 参见[英]希·萨·柏拉威尔:《马克思和世界文学》,梅绍武等译,生活·读书·新知三联书店 1980 年版,第 439 页,"译注"。
　　② *Marx-Engels-Gesamtausgabe* ($MEGA^2$), Abt. II, Bd.5, Berlin:Dietz Verlag, 1983, S.145.
　　③ *Marx-Engels-Gesamtausgabe* ($MEGA^2$), Abt. II, Bd.7, Berlin:Dietz Verlag, 1989, S.160.
　　④ 《马克思恩格斯全集》第 31 卷,人民出版社 1998 年版,第 99 页。
　　⑤ 《马克思恩格斯全集》第 32 卷,人民出版社 1998 年版,第 125 页。

是有某种淫秽的东西"。① 而柏拉威尔这本书的汉译者所说的"按下文来看"中的"下文"指的就是柏拉威尔这段话。

其次看译文。这句话出自歌德的《浮士德》,郭沫若和钱春绮将其译为"害了相思病",董问樵译为"好像相思病缠身",杨武能译为"活像尝到了相思苦",大同小异。这些译法固然精炼,却没有把害相思病的内在根源明确地揭示出来。绿原的译法"只怕欠下了风流债"别具一格,但似乎离病根更远了。而《马克思和世界文学》一书的汉译者们提出的"有春情在体内发作"的新译法虽然比较直白,但却揭示了害相思病的内在原因,有助于我们准确把握诗句的含义,特别是有助于准确把握马克思引用这句诗的用意。《浮士德》中的老鼠"害了相思病"是因为中了厨娘下的毒,而资本"害了相思病"是因为有"活的劳动力"赋予它自我增殖的魔力。一个是中了毒,一个是中了增殖魔咒,二者都像"有春情在体内发作"一样。

综上所述,"害了相思病"和"有春情在体内发作"这两个译法,前者是意译,虽然精炼但遮蔽了资本害病的根源;后者是直译,虽然将资本害病的根源暴露无遗,但却不如前者更文雅和精练。对于类似这样的概念的翻译,建议在面向一般读者的《选集》和《文集》中保留意译的译法,在具有考证性质的《马克思恩格斯全集》中最好采用《马克思恩格斯全集》中文第 1 版通常采用的办法,也就是在直译后面括号里附上原文,以便研究者考证。

---

① [英]柏拉威尔:《马克思和世界文学》,梅绍武等译,生活·读书·新知三联书店 1980 年版,第 439 页。

第八章 《资本论》比喻的现实启示

第一节 对资本治理的启示

2022 年 4 月 29 日,习近平总书记在主持中共十九届中央政治局第三十八次集体学习时的讲话中作出了"资本是社会主义市场经济的重要生产要素","社会主义国家也可以利用各类资本推动经济社会发展"的重要论断,肯定了"资本促进社会生产力发展的积极作用",提出了"必须深化对新的时代条件下我国各类资本及其作用的认识""加强新的时代条件下资本理论研究""全面提升资本治理效能"等具体要求。① 党的二十届三中全会也提出了"制定民营经济促进法""制定金融法"等一系列利用资本进一步解放和发展生产力的重要举措。② 这些都是对马克思"发展社会劳动的生产力,是资本的历史任务和存在理由"③这一重要论断的继承和发扬,为新时代资本理论研究奠定了坚实基础,开辟了广阔空间。马克思在《资本论》中通过各种比喻深刻揭示了资本的本性及其作用,对于新时代更好发挥资本"按照几何级数推动人类劳动的生产率的发展"④的作用,具有重要的现实启示。

一、高度警觉资本的胆怯性

如前所述,马克思曾以《浮士德》中的老鼠来比喻资本,形容中了资本主义生产方式魔咒的资本就像"害了相思病"的老鼠一样疯狂。但是,我们知道老鼠的本性是胆怯的,它只有在"害了相思病"之后才会疯狂。也就是说,它既有疯狂的一面,也有胆怯的一面。马克思《资本论》第 1 卷第 250 条脚注的引文生动揭示了资本的胆怯性和疯狂性两个方面的"真理"。⑤ 一

---

① 参见《习近平谈治国理政》第四卷,外文出版社 2022 年版,第 217~221 页。
② 参见《中共中央关于进一步全面深化改革　推进中国式现代化的决定》,《人民日报》2024 年 7 月 22 日。
③ 《马克思恩格斯文集》第 7 卷,人民出版社 2009 年版,第 288 页。
④ 《马克思恩格斯文集》第 7 卷,人民出版社 2009 年版,第 292 页。
⑤ 参见《马克思恩格斯文集》第 5 卷,人民出版社 2009 年版,第 871 页。

方面,资本的本性是胆怯的,就像老鼠的本性是胆怯的一样。资本害怕动乱和纷争,要求经济社会运行秩序的稳定和最小程度的干扰。它总是小心谨慎,对潜在的风险哪怕是一点点风吹草动都有着极其敏锐的感知,常常作出一些出人意料的快速反应。马克思在 1857 年 12 月 8 日给恩格斯的信中论及法国资本时也说,尽管法国资本"具有世界主义的天性",但"照旧是胆怯、吝啬和谨慎的"。① 其他国家的资本也是如此。另一方面,资本又是疯狂的。一旦利润的诱惑足够大,资本的胆子也会膨胀起来以至于铤而走险,就像《浮士德》中原本胆小的老鼠一旦"害了相思病"也敢在人面前"窜上窜下"一样。

很多人在读《资本论》这段引文时只是看到了资本疯狂的一面,却没有留意资本胆怯的一面。在引文的作者邓宁看来,资本胆怯性的方面和疯狂性的方面都是"真理",只有把两个方面都掌握了,才算是掌握了"全部真理"。马克思对这段引文也持肯定意见。长期以来,我们对资本胆怯性这一方面的"真理"注意不够,对资本的胆怯性缺乏足够的警觉。马克思曾用一个曲喻将资本比作"生金蛋"的母鸡。② 可是没有一个稳定、安静的环境,母鸡如何能安下心来"生金蛋"呢?

马克思关于资本如鼠、如生蛋母鸡的比喻深刻揭示了资本胆怯性的一面,对此我们应保持足够的警觉,这会对相关政策措施的制定带来很多有益的启示。

1. 对合法经营的资本宜采取"宽简而不扰"的原则

对于资本的胆怯性,为政者应引起足够的警觉,避免为了政绩表现,脱离实际情况,动辄使用行政手段,频繁惊扰资本。"治大国若烹小鲜",资本治理也是如此。老子认为,"民之难治,以其上之有为,是以难治",所以要"为无为,事无事","将欲取天下者,恒以无事。及其有事也,又不足以取天下矣"。③ 老子强调,为政者不要老想着"有为""有事",即老想着有政绩。老想着有政绩就难免会脱离实际情况、背离客观规律,就会主观妄为,进而扰民。老子讲"为道日损",损的就是主观妄念,主观妄念都损掉就"几于道"了。恩格斯讲"如果你有理想,你就不能成为科学家,因为你已经有了先入之见"④,说的也是要排除主观妄念,实事求是,从实际而不是从想当然

---

① 参见《马克思恩格斯全集》第 50 卷,人民出版社 2021 年版,第 259 页。
② 参见《马克思恩格斯文集》第 5 卷,人民出版社 2009 年版,第 180 页。
③ (春秋)老聃:《老子全译》,沙少海、徐子宏译注,贵州人民出版社 2009 年版,第 106、131、112、84 页。
④ 《马克思恩格斯全集》第 36 卷,人民出版社 1975 年版,第 198 页。

出发。北宋著名政治家欧阳修为政"简易循理,不求赫赫名","凡历数郡,不见治迹,不求声誉,宽简而不扰,故所至民便之"。① 欧阳修"宽简而不扰"的为政之道对于当下应对资本的胆怯性,使资本能够安心"生金蛋"也具有借鉴意义。

2. 对民营企业的帮助宜采取"不求不应,有求必应"的方针

我们始终把民营企业和民营企业家当作"自己人",但"自己人"需要有心理上的"安全距离"。倘若这个距离被打破,就很容易给人一种压迫感和侵入感,让人感到很不自在。这是人之常情,也是心理学的基本常识。"不求不应"就是为了给"自己人"保留足够的"私密空间"和"安全距离",使其不用担心过分热情的邻居可能随时登堂入室,造成非常尴尬的局面。"有求必应"是为了让民营企业家们感到,党和政府时刻站在他们背后,只要他们开口随时可以得到最强有力的帮助。若是他们不开口,党和政府也绝不会随意上门叨扰,他们可以踏踏实实做法律允许他们做的任何事情。相较于"有求必应"来说,"不求不应"更难做到,克制干预的冲动需要足够的定力和耐心。要充分相信,资本自己就能找到蓬勃发展之路。对于"耐心资本",管理者也要保持足够的耐心。

3. 严查领导干部违规到企业吃饭、检查等行为

国家相关部门早就有关于"不准到企业搞变相吃喝"的规定,但有些地方的领导干部置若罔闻。还有个别领导干部为了尽所谓"地主之谊",借领导视察、项目调研等机会,安排上级领导、外来调研人员等在自己辖区内的民营企业吃饭,慷企业之慨。吃饭本身看起来似乎不是什么大事儿,但影响是很坏的,它伤的是企业家的心,伤的是领导干部的形象,伤的是党和政府的公信力。殊不知一顿饭就可能搞坏一个地方的营商环境,瓦解党和政府在营造良好营商环境方面的种种努力,不仅可能吓退外地资本的进入,甚至让本地资本也远走他方,最后结果就是让这个地方的生产力发展水平和其他地方之间的差距越来越大。还有的领导干部借各种检查之名,行吃拿卡要之实,也是应该严厉查处的。党的二十届三中全会提出的"规范涉民营企业行政检查""防止和纠正利用行政、刑事手段干预经济纠纷"等都是针对类似情况作出的应对资本胆怯性的有效办法。

二、辩证对待资本的疯狂性

资本不仅具有胆怯的本性,也具有疯狂的本性。对于资本疯狂性的消

---

① (元)脱脱等撰:《宋史》(卷三〇二——卷三六六),刘浦江等标点,吉林人民出版社1995年版,第7349、7351页。

极方面,我们保持了足够的警惕,也制定了很多政策措施加以预防,这是完全必要的。但资本的疯狂性也有其积极作用,如果对资本疯狂性的积极方面的认识不够深入,对其利用也就不可能充分,而这反过来又会削弱对资本胆怯性应有的警觉,这样就会使资本积极作用的发挥大打折扣,难以较快达到马克思所说的利用资本大力发展社会生产力、"利用资本本身来消灭资本"的目的。

资本疯狂性的积极作用主要表现在两个方面。

首先是资本的增殖速度。按照马克思的说法,资本是按照"几何级数"推动人类劳动生产率发展的这是一个超乎人的直观感受的增长速度。① 虽然马克思这个论断只是一个形象化的说法,但足以说明资本的疯狂及其巨大作用。没有这种疯狂,资本就不可能快速地"为个人生产力的全面的、普遍的发展创造和建立充分的物质条件"②。我们要向全世界展现出社会主义制度的巨大优越性,我们要形成对西方资本主义国家在生产力发展上的明显优势,我们要为"全世界无产阶级联合起来"创造物质条件,从而达到马克思所说的"利用资本本身来消灭资本"的目的,就急需利用资本的这种增殖速度。当然,资本的增殖建立在剩余劳动基础上,这是毋庸置疑的。但是,我们必须看到,在资本主义制度下,工人的劳动是异化劳动,资本家也"完全同工人一样地处于资本关系的奴役之下"③,他们都是"历史的不自觉的工具"④。而在社会主义中国,工人是觉悟的工人,既是国家的主人,也是资本的主人,而非资本的奴仆和"历史的不自觉的工具",他们知道自己的目的和使命,他们用伟大的自我牺牲精神,自觉地为社会主义建设贡献力量(包括剩余劳动)并根据主人翁地位取得补偿。而且,社会主义制度、人民主体地位和中华优秀传统文化中的儒商文化可以有效遏制资本对劳动的过度消耗。因此,社会主义中国完全可以给资本创造更大的舞台,更好的发展环境,使其发挥出比资本主义更大的作用。有些地方政府看不到资本疯狂的积极意义,因此也不知道善待资本,对资本的胆怯性毫无知觉,以至于各类资本不能按照或接近于马克思所说的"几何级数"增长,甚至降低至按照"算术级数"增长,结果就是和其他地方的差距越来越大。

其次是资本在职业和个性方面的开拓能力。资本可以"造成**劳动部门**

---

① 参见[美]乔治·伽莫夫:《从一到无穷大:科学中的事实与猜想》,张卜天译,商务印书馆2019年版,第12~13页。
② 《马克思恩格斯全集》第30卷,人民出版社1995年版,第512页。
③ 《马克思恩格斯全集》第38卷,人民出版社2019年版,第73~74页。
④ 《马克思恩格斯选集》第1卷,人民出版社1995年版,第766页。

的无限多样化","使生产具有包罗万象的形式和丰富多彩的内容",①并且
"为发展丰富的个性创造出物质要素"②。恩格斯在《就第三次党代表大会
致匈牙利社会民主党执行委员会》一文中指出,尽管资本(在资本主义制度
下)"给广大人民群众带来难以形容的痛苦,但是也只有它才能创造使新社
会制度成为可能的条件,并使唯一拥有力量和意志来建设这种新的更好的
社会的男女应运而生"③。近年来,中国的新职业和新的劳动部门不断涌
现,但还远远不够"无限多样化",人们的个性也还远远不够丰富,甚至连个
性本身都近乎一个贬义词,和"千城一面"相伴相生的是人的个性的单调和
对个性追求的萎靡。"躺平"成为流行词汇,或许就是这种萎靡状态的
反映。

　　在马克思看来,资本的疯狂也具有善与恶的两面性,或者说资本的恶也
有其积极的意义,因此我们也要全面深刻把握资本的恶。马克思曾用狼来
比喻资本,用《浮士德》中的魔鬼靡非斯托斐勒司来比喻资本,还说"资本来
到世间,从头到脚,每个毛孔都滴着血和肮脏的东西"④。这些比喻和拟人
的修辞手法都是在说资本的恶。但是,我们也应该看到,马克思并不是完全
否定资本的恶。他在1861~1863年经济学手稿中甚至说:"实际上,只有
通过最大地损害个人的发展,才能在作为人类社会主义结构的序幕的历史
时期,取得一般人的发展。'既然痛苦是快乐的源泉,那又何必因痛苦而伤
心? 难道不是无数的生灵,曾遭到帖木儿的蹂躏?'"⑤马克思是用一种历史
的、辩证的态度来对待资本以及资本之恶的。

　　比如,马克思用《浮士德》中的魔鬼靡非斯托斐勒司来比喻资本,这个
比喻本身就包含着对资本之恶的积极作用的肯定。通过《资本论》与《浮士
德》的互文性阅读,我们能够看出,马克思这个比喻是非常耐人寻味的,也
是非常有现实启示的。郭沫若称《浮士德》是"一部时代精神的发展史"⑥,
而主人公浮士德所代表的进步资产阶级正是那个时代精神的化身。在艺术
作品中,浮士德只有依靠魔鬼才能够返老还童,经历爱情的甜蜜、美的追求
和事业上的成就,否则终究不过是书斋里的一个老学究而已,"所得的都是

① 《马克思恩格斯全集》第31卷,人民出版社1998年版,第173页。
② 《马克思恩格斯文集》第8卷,人民出版社2009年版,第69页。
③ 《马克思恩格斯全集》第29卷,人民出版社2020年版,第544页。
④ 《马克思恩格斯文集》第5卷,人民出版社2009年版,第871页。
⑤ 《马克思恩格斯全集》第32卷,人民出版社1998年版,第405页。马克思引用的诗句出自歌德《东西诗集》中的《给祖莱卡》。
⑥ 郭沫若:《"浮士德"简论》,载[德]歌德:《浮士德》,郭沫若译,安徽人民出版社2013年版,第1页。

死的知识,生活里充满'忧虑',内心里是'执着尘世'和'向上'两个灵魂在冲突,同时又感到外边的自然与人生好像在向他呼唤,独自坐在牢狱一般的书斋里,求死未果,求生不能",而魔鬼的趁虚而入,"无形中满足了上帝的希望,陪伴浮士德一生,刺激他,使他更为努力,不曾懈怠。同时也应验了魔鬼向浮士德介绍自己时给自己下的一个定义:'我是那力量的一个部分,它永久愿望恶而永久创造了善。'"[1]"他并不是单纯的恶的形象化或万恶的结晶,他是非恶非善,或亦恶亦善。……他是否定的精灵,但有时又是肯定的一面,他是肯定的否定,否定的肯定",浮士德与魔鬼是"一个灵魂的两态"。[2] 在现实中,资本这个魔鬼也是一个"否定的精灵",它虽然充满罪恶,却不断地在为共产主义创造物质基础,丰富劳动产品,丰富劳动部门,丰富人的个性。我们要充分认识资本这个魔鬼的两面性,并且用好魔鬼的魔力,使其为社会主义现代化建设服务。

在法国作家左拉的小说《金钱》中,作者经常引用马克思的观点,并且提出了很多类似的比喻。比如,书中说道:"金钱是培养未来人类的肥料",没有资本"就没有大规模的、有生气的和有出息的事业,正如没有淫欲,就不可能生孩子一样","本来是一个毒害者和毁灭者的金钱,现在变成了社会发展的肥料,伟大工程的基础;而这伟大工程一旦实现以后,便足以把各国人民结合在一道,使世界变为和平的世界"。小说的女主人公"曾经诅咒过金钱,可是现在突然又对它敬佩百倍。削平高山,填平海峡,使地球成为人类的栖息之所,使人类摆脱劳动后仅仅做一个单纯的机器领导者……这一切,不是只有金钱才能够办到么? 金钱虽做了一切恶事,而一切好事也由金钱而生"。"直到现在,金钱仍然是一种肥料,在这堆肥料中,才可以生长出明天的人类社会。含毒的、带毁灭性的金钱,现在已成为一切社会发展的酵母,成为有利于人类生存的伟大工程所必需的沃土。……对于金钱所造成的肮脏与罪过的惩戒,为什么要叫金钱来承担呢? 那创造生命的爱情,不是也一样不纯洁么?"[3]左拉关于金钱的一系列比喻,与马克思关于资本的一系列比喻并不是为资本或金钱的罪恶辩护,而是主张持一种客观的、辩证的、历史的态度来对待,使其在尚有"存在理由"的情况下更好地发挥作用,完成其应该完成的"历史使命",而不是予以全盘否定,甚至想主观上予以

---

[1] 冯至:《〈浮士德〉里的魔》,载冯至:《论歌德》,陈巍编,人民文学出版社2022年版,第71、94~95页。

[2] 郭沫若:《"浮士德"简论》,载[德]歌德:《浮士德》,郭沫若译,安徽人民出版社2013年版,第7页。

[3] [法]左拉:《金钱》,金满成译,人民文学出版社1980年版,第273、490~491页。

完全消灭,那就犯了和蒲鲁东想"消灭"货币、拉萨尔想"制造"革命一样的错误,成了马克思所说的"一种虔诚而愚蠢的愿望"①。

恩格斯在《路德维希·费尔巴哈和德国古典哲学的终结》一书中,对于费尔巴哈无视恶所起的历史作用的观点提出了尖锐的批评,并对黑格尔"恶是历史发展的动力的表现形式"的观点给予了高度评价。恩格斯说:"在黑格尔那里,恶是历史发展的动力的表现形式。这里有双重意思,一方面,每一种新的进步都必然表现为对某一神圣事物的亵渎,表现为对陈旧的、日渐衰亡的、但为习惯所崇奉的秩序的叛逆;另一方面,自从阶级对立产生以来,正是人的恶劣的情欲——贪欲和权势欲成了历史发展的杠杆"。②资本就是这样一种杠杆,它是恶的,但它也是一个伟大的杠杆,马克思称其为"资本的伟大的文明作用"③。马克思经常从两个方面来论述资本。他说,资本"一方面造成**劳动生产力强度的提高**,另一方面造成**劳动部门的无限多样化**,也就是说,会使生产具有包罗万象的形式和丰富多彩的内容"④;"一方面创造出普遍的产业劳动,即剩余劳动,创造价值的劳动,那么,另一方面也创造出一个普遍利用自然属性和人的属性的体系,创造出一个普遍有用性的体系"⑤;"资本按照自己的这种趋势,既要克服把自然神化的现象,克服流传下来的、在一定界限内闭关自守地满足于现有需要和重复旧生活方式的状况,又要克服民族界限和民族偏见。资本破坏这一切并使之不断革命化,摧毁一切阻碍发展生产力、扩大需要、使生产多样化、利用和交换自然力量和精神力量的限制。……资本不可遏止地追求的普遍性,在资本本身的性质上遇到了限制,这些限制在资本发展到一定阶段时,会使人们认识到资本本身就是这种趋势的最大限制,因而驱使人们利用资本本身来消灭资本。"⑥在马克思看来,只有依靠资本本身的充分发展,才能最终消灭资本。这与马克思在1859年写的《政治经济学批判序言》中提到的"两个决不会"的论断是一脉相承的。

有些人只看到资本的罪恶或者资本之恶的消极方面,那是很肤浅的。1974年,邓小平访美期间,他执意要去看看华尔街这个在当时的中国人看来无疑是反动金融寡头大本营的地方。他还对身边人说,要好好研究美国

---

① 《马克思恩格斯全集》第30卷,人民出版社1995年版,第204页。
② 《马克思恩格斯文集》第4卷,人民出版社2009年版,第291页。
③ 《马克思恩格斯全集》第30卷,人民出版社1995年版,第390页。
④ 《马克思恩格斯全集》第31卷,人民出版社1998年版,第173页。
⑤ 《马克思恩格斯全集》第30卷,人民出版社1995年版,第389~390页。
⑥ 《马克思恩格斯全集》第30卷,人民出版社1995年版,第390~391页。

的发展。《邓小平时代》的作者傅高义说,邓小平"具有一种寻找实力的真正来源并理解这种来源的本能"①。或许正是这种本能促使邓小平试图理解华尔街对于美国的意义,以及华尔街背后的资本逻辑对于社会主义建设的启示。他看到的不仅仅是美国金融资本的罪恶,而是资本的积极意义。应该说,这种探索在一定程度上促成了改革开放基本国策的形成。我们在新时代仍然要继续进行这种探索,以最大程度地利用资本为社会主义现代化建设服务。

三、充分发挥资本的积极作用

毛泽东 1948 年 9 月《在中共中央政治局会议上的报告和结论》中指出:"资本主义在我国太少了,需要它的发展。"②刘少奇 1949 年 4 月 28 日《在天津职工代表大会上的讲话》中也指出:"今天中国不是资本家太多,太发展了,而是太少,太不发展。因为资本主义不发展,工人才痛苦。"③根据现在的认识,毛泽东和刘少奇所说的"资本主义"应理解为"市场经济"。他们的意思是说,我们的企业家还是太少了,市场经济还是太不发达,社会主义的优越性发挥得还是太不充分了,以至于让工人受苦。这与马克思关于近代德国"不仅苦于资本主义生产的发展,而且苦于资本主义生产的不发展"④的认识是一致的,是辩证的,是实事求是的。这两方面的苦在社会主义初级阶段也将长期存在。当然,资本是盲目的,它只是充当了"历史的不自觉的工具",但对于武装了辩证唯物主义和历史唯物主义的中国共产党人来说,驾驭好这个"历史的不自觉的工具"并且自觉地用好这个工具,使其更好地为社会主义建设服务,也是义不容辞的历史任务。

1. 提升支配和驾驭资本的能力和水平

马克思和恩格斯在《共产党宣言》中指出:"这个曾经仿佛用法术创造了如此庞大的生产资料和交换手段的现代资产阶级社会,现在像一个魔法师一样不能再支配自己用法术呼唤出来的魔鬼了。"⑤而社会主义的中国就是要支配资本这个"魔鬼",驾驭资本这头凶猛的"狼",这是时代交给我们的任务。但是支配魔鬼并不是要像《一千零一夜》里的渔夫一样把资本这

① 转引自彭兴庭:《资本5000年:资本秩序如何塑造人类文明》,中国友谊出版公司2021年版,第316页。
② 《毛泽东文集》第五卷,人民出版社1996年版,第140页。
③ 刘少奇:《刘少奇论工人运动》,中央文献出版社1988年版,第350页。
④ 《马克思恩格斯文集》第5卷,人民出版社2009年版,第9页。
⑤ 《马克思恩格斯选集》第1卷,人民出版社2012年版,第406页。

个魔鬼再次封进瓶子里,使其永远不再出来。因为资本是封不住的,在其历史使命还没有完成之前,它是绝不会退出历史舞台的。驾驭资本也不是要把资本由狼变成羊,而是让狼成为不得不听话的狼,仍然让其发挥狼的作用,而不是发挥羊的作用。绵羊确实温顺,但温顺的绵羊是无法"与狼共舞"的,在残酷的竞争中是必然要失败的。这就要求管理者不能只是一味地以禁代管,而是要让自己成为"驯兽师",进一步深刻认识资本的本性和历史使命,切实提升驾驭资本的能力和水平,提升经济调控的灵活度和精准度,减少行政手段的频繁使用对于资本秩序带来的"熵增",让资本更好地为社会主义现代化建设服务。要避免"铁锤人效应"[①]——在手里只有铁锤这一种工具的人看来,每个问题都非常像一颗钉子,他们只想着用锤子去解决所有问题。为政者要避免把行政手段当成铁锤,即当成唯一可用的治理手段。要学习资本知识,了解资本本性及其历史使命,熟悉人性规律,把顶层设计和人性规律结合起来,达到事半功倍的效果。

2. 善用法律手段节制资本,构筑遏制资本疯狂本性的外在防线

为了更好地发挥资本的积极作用,宜采取"散养"而非"圈养"的策略。这个"散养"的围墙就是法律。社会主义市场经济也是法治经济,我们要善于缘法而治,更多地依靠党领导人民制定的法律来实现党对资本的节制和对经济工作的全面领导。党的二十届三中全会强调"法治是中国式现代化的重要保障",作出了制定民营经济促进法和金融法、构建产业资本和金融资本"防火墙"等决定,这的确是进一步全面深化改革、推进中国式现代化的迫切需要。缘法而治的好处在于最大程度地减少对资本的惊扰,减少监管者和资本之间过多的"量子纠缠",使各种资本可以安心"生金蛋",在尽可能大的范围内按照马克思所说的"几何级数"实现最大程度的增长,最终实现为国家最大程度地积累生产力的目的。

3. 弘扬儒商文化,构筑遏制资本疯狂本性的内在防线

儒商文化极富中国特色,是中华优秀传统文化的重要组成部分和亮丽风景。在以农业文明为基础的封建社会,儒商文化注定只能处于一种"潜龙在渊"的状态。但是在社会主义市场经济体制下,在以中国式现代化全面推进中华民族伟大复兴的进程中,随着"两个结合"的不断深入,儒商文化必定能够从中华优秀传统文化的"根脉"中喷涌而出,经过现代工业文明的"经脉",实现与马克思主义这个"魂脉"的联通,使自己提升到一个更高

---

①　参见[美]彼得·考夫曼编:《穷查理宝典:查理·芒格智慧箴言录》,李继宏译,中信出版社 2016 年版,第 322 页。

的境界,从而更好地为社会主义现代化建设服务。一方面,可以通过儒商这个绝佳载体,将马克思所揭示的资本的巨大作用释放出来,增加社会主义市场经济的活性,实现社会生产力的快速积累。另一方面,儒商文化所主张的"君子爱财,取之有道"的"以义取利"的价值观可以在法律这个外在的围墙之外,设置一道内在的道德围墙,从而在一定程度上实现对资本疯狂本性的有效遏制。

4. 用好人性杠杆,提高政策效能

马克思在《资本论》第 1 卷曾用"假如我们想知道什么东西对狗有用,我们就必须探究狗的本性"[1]这个道理,来比喻"假如我们想知道什么东西对人有'效用',我们就必须探究人的本性及其历史变迁"。曼德维尔在《蜜蜂的寓言:或私人的恶德,公众的利益》一书中也强调,老练的政治家与其教导人们"应当做怎样的人",不如从他们"实际上是什么样的人"出发来进行妥善管理。[2] 司马迁在《货殖列传》中也说,人们追求"身安逸乐"的本性是很难改变的,除非堵住人们的耳目,否则即使用精妙的理论、动听的言辞,挨家挨户地劝说,也是不可能成功的。因此,司马迁主张为政者制定政策应该顺应人性规律。他说:"善者因之,其次利导之,其次教诲之,其次整齐之,最下者与之争。"[3]这些都对新时代的资本治理具有重要的启示。

资本的本性是人的本性在一定历史阶段上的表现。我们在制定政策时既要深刻全面把握资本的本性,也要深刻全面把握人的本性,才能起到事半功倍的效果。恩格斯在《路德维希·费尔巴哈和德国古典哲学的终结》一书中深刻地指出,人的私欲是"历史发展的杠杆",并对费尔巴哈"没有想到要研究道德上的恶所起的历史作用"提出了严肃的批评。西方资产阶级思想家出于为资本主义辩护的目的,总是把人的私欲看成是千古不变的,这无疑是错误的。但是若以为人的私欲可以短时间内消灭,那同样是错误的。如果在人的私欲必将长期存在的过程中对其不加利用以大大促进生产力的发展,而无视这个杠杆,仅仅从良好的意图出发制定政策,采取行动,就很可能起到相反的效果。马克思认为,"历史**不过是**追求着自己目的的人的活动而已"[4]。在黑格尔看来,追求着自己目的的人不过是"狡猾的理性"借以实现自己的一个环节而已,人们看起来是为自己而奋斗,其实是为"狡猾

---

① 《马克思恩格斯文集》第 5 卷,人民出版社 2009 年版,第 704 页。
② 参见[荷兰]B.曼德维尔:《蜜蜂的寓言:或私人的恶德,公众的利益》第 1 卷,肖聿译,商务印书馆 2017 年版,第 30 页。
③ (西汉)司马迁:《货殖列传》,李晓注解,云南人民出版社 2023 年版,第 5 页。
④ 《马克思恩格斯文集》第 1 卷,人民出版社 2009 年版,第 295 页。

的理性"的自我实现而奋斗。马克思将黑格尔的唯心辩证法颠倒过来,将
主观的"理性"概念替换成客观的"历史"概念。马克思认为,很多追求着自
己目的的人其实是充当了"历史的不自觉的工具"①。改革开放初期的很多
创业者,原本是为了更高的收入、更好的生活等"利己的打算"才"下海经
商"的,但客观上起到了搞活经济、为国家积累生产力的目的。这种将社会
主义初级阶段的顶层设计和"利己的打算"衔接起来的政策,是改革开放取
得重大成就的一个重要原因。孔子的学生子贡赎回了鲁国的奴隶却没有按
照政策申请应有的补偿,孔子却认为子贡的做法大错特错。这是因为孔子
对人性有着深刻的洞察,因而对子贡高尚做法的严重后果有清醒的认识。
别人看到子贡的做法就会作一番"利己的打算":要是领取补偿就显得自己
不够高尚,要是不领补偿就得自己承担所有费用。面对这种"两难",绝大
多数人会选择干脆不去赎回奴隶,这样就会使鲁国政府的善策名存实亡。
我们在制定各种政策的时候,也要充分考虑人性的微妙之处,充分发挥好人
的私欲这个"历史发展的杠杆"的作用,使人们在追求自己目的的过程中,
客观上帮助国家实现快速积累生产力的目的。

第二节　对理论研究的启示

一、坚持实事求是的科学态度

马克思曾用"我决不用玫瑰色描绘资本家和地主的面貌"来表达自己
实事求是的科学研究态度。他在《资本论》1867年第1版序言中说:"为了
避免可能产生的误解,要说明一下。我决不用玫瑰色描绘资本家和地主的
面貌。"②马克思在这里用"玫瑰色"比喻过分乐观的、极其美好的笔调。
"决不用玫瑰色描绘资本家和地主的面貌"指的就是决不用过分乐观的、极
其美好的笔调来描写英国的资本家和地主。马克思之所以要表这个态,是
"为了避免可能产生的误解"。马克思在前文中比较了英国和德国的发展
状况,指出德国没有像"英国工厂视察员、编写《公共卫生》报告的英国医
生、调查女工童工受剥削的情况以及居住和营养条件等等的英国调查委员
那样内行、公正、坚决的人们",德国统治阶级也没有"除掉一切可以由法律
控制的、妨害工人阶级发展的障碍"的动机。所以,马克思认为,德国应该

---

① 《马克思恩格斯文集》第2卷,人民出版社2009年版,第683页。
② 《马克思恩格斯文集》第5卷,人民出版社2009年版,第10页。

向英国学习，"一个国家应该而且可以向其他国家学习"①。为此，马克思在
《资本论》一书中用了很大的篇幅来叙述英国工厂立法的历史、内容和结
果，并希望它们能"缩短和减轻"德国等工业落后国家"自然的发展阶段"中
的"分娩的痛苦"。但是，马克思决不是要给英国的资本家和地主歌功颂
德，决不是要给他们涂上迷人的玫瑰色，而是以他们作为例证，客观地揭示
资本主义社会发展的一般规律，好让工人阶级掌握这个规律，利用这个规
律，实现"推翻资本主义生产方式和最后消灭阶级"的历史使命。马克思曾
对资本家对工人生命的"帖木儿式的浪费"进行了深刻地揭露，但是，马克
思也指出这种"浪费"是资本主义社会的必然特征，不以个别人的意志为转
移。他说："总的说来，这也并不取决于个别资本家的善意或恶意。自由竞
争使资本主义生产的内在规律作为外在的强制规律对每个资本家起作
用。"②在马克思看来，资本家不过是"充当了历史的不自觉的工具"。马克
思在 1861～1863 年经济学手稿中也曾指出，这种浪费是"在作为人类社会
主义结构的序幕的历史时期，取得一般人的发展"③的不可避免的必要前
提。马克思从宏大的历史视角，既不带"玫瑰色"也不带"煤灰色"地客观解
剖资本主义生产方式，既揭露其罪恶，也不抹杀资本在"无所顾忌地按照几
何级数推动人类劳动的生产率的发展"④，"为个人生产力的全面的、普遍的
发展创造和建立充分的物质条件"⑤等方面的积极意义，充分体现了马克思
实事求是的科学精神。

　　我们知道马克思在《资本论》的逻辑演进中充分借鉴了黑格尔的辩证
方法，但同时我们也要知道，马克思在《资本论》的论证方法上也充分借鉴
了费尔巴哈"完全客观的方法"。费尔巴哈在《基督教的本质》1841 年初版
序言中说："作者在本书中所遵循的方法，是完全客观的方法——分析化学
的方法。因而，在一切必要的和可能的地方，他都援引了文件（部分在正文
底下，部分放在专门的《附录》之中），以便使由分析而得的结论合法化，也
就是说，证明这些结论是有客观上的根由的。"⑥费尔巴哈为了更有说服力
地揭露基督教的本质，大量引用了各种教义和基督徒们的言论，通过这些白
纸黑字的文件来暴露基督教的内在矛盾。深受《基督教的本质》一书影响

①　《马克思恩格斯文集》第 5 卷，人民出版社 2009 年版，第 9 页。
②　《马克思恩格斯文集》第 5 卷，人民出版社 2009 年版，第 312 页。
③　《马克思恩格斯全集》第 32 卷，人民出版社 1998 年版，第 405 页。
④　《马克思恩格斯文集》第 7 卷，人民出版社 2009 年版，第 292 页。
⑤　《马克思恩格斯全集》第 30 卷，人民出版社 1995 年版，第 512 页。
⑥　参见［德］费尔巴哈：《基督教的本质》，荣震华译，商务印书馆 2017 年版，"1841 年初版序
　　言"第 4 页。

的马克思在《资本论》中也效仿费尔巴哈的做法,大量引用英国政府的官方文件,让这些公开的文件为自己的结论提供"客观上的根由",同样起到了让对手无话可说的效果。

马克思这种客观公正地、实事求是地进行科学研究的态度值得我们学习借鉴,就像《美国反对美国》一书中所说的,"作为一名学者,把一个社会当作科学研究的对象来加以研究,就不能用玫瑰色来涂抹自己的对象,当然也不能用煤灰色来涂抹它。而应当客观地辨别这个社会的利弊所在"。①

二、树立勇往无前的探究精神

马克思在《〈政治经济学批判〉序言》中说:"在科学的入口处,正像在地狱的入口处一样,必须提出这样的要求:'这里必须根绝一切犹豫;这里任何怯懦都无济于事。'"②马克思在这里用"地狱的入口处"来类比"科学的入口处",实际上就是用但丁的"地狱之旅"来比喻自己的政治经济学研究。

"地狱的入口处"及其解释性的说明"这里必须根绝一切犹豫;这里任何怯懦都无济于事",均出自但丁的《神曲》。但丁在马克思最喜爱的四个诗人中是排在第一位的。但丁写这部长诗的**目的**是通过地狱——炼狱——天堂的自我救赎之旅,给意大利指出政治上、道德上的复兴之路。但丁在这部长诗中把自己描写成一个在人生的中途迷失了方向的人,把古罗马著名诗人维吉尔的灵魂描写成自己游览地狱和炼狱的向导和老师。在《神曲·地狱篇》第三章的开头,维吉尔的灵魂引领"但丁"来到地狱的门口,"但丁"看到门楣上"由我进入愁苦之城,由我进入永劫之苦,由我进入万劫不复的人群中。……进来的人们,你们必须把一切希望抛开!"这段文字之后,有些犹豫。维吉尔的灵魂对他说:"这里必须丢掉一切疑惧,这里必须清除一切畏怯。我们已经来到我对你说过的地方,你将看到那些失去了心智之善的悲惨的人。"③

马克思用但丁的"地狱之旅"来比喻自己的政治经济学研究,意在表达自己不管是面对科学研究上的"复仇女神"的攻击,还是面对人间地狱里的妖魔鬼怪的纠缠,抑或是面对生活的艰辛,都要像但丁那样,根绝一切犹豫和怯懦,战胜一切困难,努力通过自己的研究成果给全人类指明一条自我解放的道路。这个比喻也表达了自己捍卫"多年诚实研究"成果并且不畏艰难、勇往直前的坚定决心,体现了马克思不畏艰难、勇往直前的大无畏精神。

---

① 王沪宁:《美国反对美国》,上海文艺出版社1991年版,序第3~4页。
② 《马克思恩格斯全集》第31卷,人民出版社1998年版,第415页。
③ [意]但丁:《神曲·地狱篇》,田德旺译,人民文学出版社2002年版,第18页。

我们知道,马克思是在极端贫困的情况下从事政治经济学研究的。他曾经自嘲说:"未必有人会在这样缺货币的情况下来写关于'货币'的文章!"①当时马克思的主要收入来源是为《纽约每日论坛报》撰稿的稿费。自1851年起,马克思就一直为该报撰稿。但是,在1857年初的时候,该报不再刊载马克思所写的任何东西了,马克思写的关于普鲁士、波斯、奥地利的文章都被退回来了,这使得马克思本来就糟糕的财务状况雪上加霜,以至于燕妮不得不经常去当铺典当披肩、大衣等物品来维持生计。我们从马克思与恩格斯的往来书信中,能够很真切地感受到马克思当时的艰难处境。马克思在这种处境下还能对"货币"进行科学的、公正的研究,绝对是那些"同自己研究的对象有最好的关系"的资产阶级经济学家无论如何也不能理解的。尤其是"肝胆俱损"的折磨。马克思在写作《政治经济学批判》期间,频繁遭受牙痛、肝病和胆病的折磨,这使他常常"一低头写字就感到头晕",从而给他的写作带来了很大困难。特别是马克思经常利用白天时间写能挣点稿费的文章和处理各种琐事,在夜深人静的时候进行《政治经济学批判》的创作,这种在内脏需要休息的时间里却还要"压榨"它们继续工作的习惯,导致马克思的脏器受损,肝病和胆病反复发作,经常使马克思的夜间工作受到妨碍。但是,马克思还是带病坚持工作,特别是1857年第一次世界性的经济危机爆发后,马克思更是感到时不我待,以争分夺秒、夜以继日的状态,全身心地投入创作中,"发狂似地"通宵总结他的经济学研究。用马克思自己的话说:"我一直在坟墓的边缘徘徊。因此,我不得不利用我还能工作的**每**时**每**刻来完成我的著作,为了它,我已经牺牲了我的健康、幸福和家庭。"②

和但丁一样,马克思选择的也是一条充满艰难险阻的道路:但丁在自我救赎的地狱之渊和炼狱之山上艰难前行,马克思则在科学的崎岖山路上不畏艰险地勇敢攀登;面对困难,他们都"像坚塔一样屹立着,任凭风怎样吹,塔顶都永不动摇"③。他们都是我们学习的榜样。

三、努力把鲜活的思想讲鲜活

习近平总书记在中央党校建校90周年庆祝大会暨2023年春季学期开学典礼上的讲话中指出:"现在理论宣传上有一种现象值得注意,那就是照本宣科、不求甚解、浮在面上的多,以理服人、以情动人、入脑入心的少"。

① 《马克思恩格斯全集》第29卷,人民出版社1972年版,第371页。
② 《马克思恩格斯文集》第10卷,人民出版社2009年版,第253页。
③ [意]但丁:《神曲·炼狱篇》,田德旺译,人民文学出版社2002年版,第283页。

为了克服这种现象,他强调要"用通俗易懂的语言","把鲜活的思想讲鲜活,把彻底的理论讲彻底"。① 要做到这一点,比喻的灵活运用必不可少。而《资本论》恰恰给我们树立了一个怎样运用通俗易懂的比喻语言"把鲜活的思想讲鲜活"的典范。

《资本论》中的比喻数量丰富,形式多样,运用灵活,对于马克思和恩格斯揭露现实、阐释理论、批判论敌、表达情感发挥了非常重要的作用。广大干部群众通过学习这些比喻,可以激发起"读原著、学原文、悟原理"的理论兴趣,促进对马克思主义经典文本的正确理解,坚定共产主义理想信念。对于理论工作者来说,不仅要学习《资本论》比喻,还要善于活用、化用这些比喻,提高理论阐释和创作水平,"把鲜活的思想讲鲜活,把彻底的理论讲彻底",为不断推进马克思主义大众化作出贡献。

德国的很多思想家如黑格尔、费尔巴哈、马克思、叔本华、尼采等都称得上语言大师,甚至马克思和恩格斯的论敌如杜林、洛贝尔图斯等也都特别重视作品的文采。恩格斯曾说,费尔巴哈的《基督教的本质》一发表,"我们一时都成为费尔巴哈派了"②。这固然主要是由于该书的真理性和满足现实需要的能力,但它反映出来的作者高超的语言驾驭能力也功不可没。虽说"理论只要彻底,就能说服人",但不彻底的理论有时也能迷惑人,比如一些德国社会民主党的领导人在掌握了马克思主义之后仍然受了杜林的蛊惑,一时成为了杜林主义者。而彻底的理论要说服人,要掌握主动,也不能没有艺术性。1883 年,马克思去世之后,那些一直躲避马克思锋芒的论敌们以为没有了后顾之忧,于是倾巢而出,鼓噪而起。为了捍卫马克思,长期受马克思文风熏陶的恩格斯一改自己相对质朴的风格,文风也变得犀利起来。关于这一点,大家只要将恩格斯为《资本论》写的几篇序言和早期的著作比较一下就可以看得出来。应该说,恩格斯文风的改变是论战的需要,是"与狼共舞"的需要,是掌握群众的需要。

奥勒留·奥古斯丁(Aurelius Augustine)在谈到基督教教师应该善于运用修辞手法时说的一段话可谓振聋发聩。他说:"修辞法既可用来巩固真理,也可用于加强谬误,谁敢说真理及其捍卫者就该赤手空拳面对谬误? 比如说,那些试图说服别人接受错谬的人就该知道如何介绍他们的主题,使听者处于一种友好、愿听、愿学的心理状态中,而捍卫真理的人就该对这种技巧一窍不通? 前者就该把他们的谬论说得简明、清晰、合情合理,而后者讲

---

① 习近平:《在中央党校建校 90 周年庆祝大会暨 2023 年春季学期开学典礼上的讲话》,《求是》2023 年第 7 期。
② 《马克思恩格斯文集》第 4 卷,人民出版社 2009 年版,第 275 页。

述真理时却冗长乏味、难以明白并且还不那么可信？前者就该融化听众，激发他们，并使他们心情愉快，而后者在捍卫真理时却显得死气沉沉、平淡无味，并且使人昏昏欲睡？谁会蠢到把这种说法视为智慧？确实，雄辩之能力是正反双方都可得到的，并且对加强双方能力都有极大的作用，恶人既然能利用它为邪恶而卑鄙的事业的得胜服务，并且进一步推进不义和错谬，那良善的人为何就不能学会把它用于真理一边呢？"①奥古斯丁的这番言论对于当今的马克思主义理论工作者颇有启发意义。马克思主义理论工作者要想让马克思主义发扬光大，也必须善于使用比喻等修辞手法，不能"赤手空拳面对谬误"，不能对修辞技巧一窍不通，在捍卫真理时不能"死气沉沉、平淡无味，并且使人昏昏欲睡"。弗兰茨·梅林说："就语言的气势和生动来说，马克思可以和德国文学上最优秀的大师媲美。他也很重视自己作品的美学上的谐调性，而不像那些浅陋的学者那样，把枯燥无味的叙述看成是学术著作的基本条件。"②正因为马克思这种对文字精益求精的态度，才能"使最枯燥无味的经济问题具有一种独特的魅力"，而有些学者"用含糊不清、枯燥无味的语言写书，以致普通人看了脑袋都要裂开"。③这样的作品与其说是在宣传马克思主义，不如说是在糟蹋马克思主义。要是马克思本人读了这样拙劣的作品，恐怕会感叹说：我不是他们说的那个马克思，全然的冷漠，没有激情，没有文采，没有生命，没有一切！④

胡培兆和孙连成在他们合著的《〈资本论〉研究之研究》中曾强调指出，经济理论工作者要"加强文学修养"，"给我们自己的经济学著作赋以艺术生命"，"不要把我们自己的经济论文写成素花干草"。⑤这种倡议到现在仍然没有过时。当今的马克思主义理论工作者要抱着同马克思一样的热情，重视修辞，重视比喻，提高学术著作的艺术性。而加强文学修养，对经济理论工作者来说，最现成而又最丰富的学习材料就是《资本论》，而《资本论》中最耀眼的文学表达形式莫过于像五彩石一样的比喻了。我们在"读原著、学原文、悟原理"的过程中，除了要感受思想的魅力，掌握理论的实

---

① ［古罗马］奥古斯丁：《论灵魂及其起源》，石敏敏译，中国社会科学出版社 2017 年版，第 129~130 页。
② ［德］弗·梅林：《马克思传》，樊集译，人民出版社 1973 年版，第 20 页。
③ 参见马克思在《资本论》第 1 卷《第 2 版跋》脚注中援引的英国和俄国媒体对《资本论》的评论，载《马克思恩格斯文集》第 5 卷，人民出版社 2009 年版，第 19 页。
④ 这里套用了莎士比亚名剧《皆大欢喜》中的一句台词："全然的遗忘，没有牙齿，没有眼睛，没有味觉，没有一切。"马克思曾多次引用或套用这句话。参见《马克思恩格斯全集》第 11 卷，人民出版社 1995 年版，第 197 页；《马克思恩格斯全集》第 12 卷，人民出版社 1998 年版，第 397 页。
⑤ 胡培兆、孙连成：《〈资本论〉研究之研究》，四川人民出版社 1985 年版，第 14 页。

质,还要借鉴其阐述真理内容的艺术表达形式;既要通过"读原著、学原文、悟原理"提高自身的理论水平,也要注意提高阐释这种理论的水平。就像毛泽东在《在延安文艺座谈会上的讲话》中所指出的:"缺乏艺术性的艺术品,无论政治上怎样进步,也是没有力量的。因此,我们既反对政治观点错误的艺术品,也反对只有正确的政治观点而没有艺术力量的所谓'标语口号式'的倾向。"①

---

① 《毛泽东选集》第三卷,人民出版社1991年版,第870页。

附录 各种比喻形式及例句一览表①

序号	类型	特点	例句
1	暗喻	比喻的三种基本形式之一,本体、喻体、喻词都出现,其典型格式为"甲是乙"。喻词常用"是、变成、成了、成为、化作"等,有时也用破折号、冒号或逗号来代替。	**革命是历史的火车头。**(WJ/2/161)
2	博喻	用三个或更多的喻体来形容一个本体的修辞方式。又称排喻、多喻、莎士比亚式的比喻。	自由报刊是人民精神的洞察一切的慧眼,……是把个人同国家和世界联结起来的有声的纽带,……是人民用来观察自己的一面精神上的镜子。(QJ^2/1/179)
3	补喻	与引喻正好相反,补喻是本体在前,喻体在后,先用陈述性文字说明本体,后用喻体进一步补充说明的比喻形式。本体和喻体都以独立的句子形式出现。	不容忍自由报刊上那些令人不快的东西,也就不可能利用它的长处。不要玫瑰的刺,就采不了玫瑰花!(QJ^2/1/179)
4	倒喻	又称逆喻,是本体与喻体位置颠倒,先出现喻体,而后出现本体的比喻形式。	就好像由于蒸汽锅炉爆炸使一些乘客血肉横飞这种个别事例不能成为反对力学的理由一样,个别人不能消化现代哲学并因哲学性的消化不良而死亡这种情况,也不能成为反对哲学的理由。(QJ^2/1/222~223)
5	否喻	以对喻体的否定而构成的一种比喻形式。常用的喻体有"不是""不像"等。又称反喻、非喻。否喻的本体与喻体之间是一种否定关系。	哲学家并不像蘑菇那样是从地里冒出来的,他们是自己的时代、自己的人民的产物,人民的最美好、最珍贵、最隐蔽的精髓都汇集在哲学思想里。(QJ^2/1/219~220)

———————

① 本表仅对《资本论》及手稿中使用过的比喻形式进行举例说明。例句栏中的 WJ 表示《马克思恩格斯文集》2009 年版,QJ^1 表示《马克思恩格斯全集》中文第 1 版,QJ^2 表示《马克思恩格斯全集》中文第 2 版,后面的数字分别代表卷号和页码。

序号	类型	特点	例句
6	讽喻	把意思寄托在故事中或借用故事达到启发、教育、诱导、讽刺、谴责等目的的比喻形式。也叫事喻。用来进行讽喻的故事通常是寓言、童话、谚语、历史典故等,也可以是作者自编的故事。	这就好比一个哑巴想借助于一个巨大的传声筒来说话。(QJ²/1/77)
7	合喻	接连使用不同形式的比喻,几个喻体分别描写不同的本体的一种比喻形式。	这个厚颜无耻的侏儒政府刚从血海中沐浴出来,就又不顾一切地钻进嘲笑的泥潭中了。(QJ¹/16/399)
8	假喻	假喻是对在假设复句中用到的比喻的一种特别称呼,它并不改变原来比喻的形式。	如果时间就是金钱,那么从资本的角度来看,这指的只是他人的劳动时间。(QJ²/31/23)
9	较喻	又称权衡性比喻,是本体和喻体在程度上相互比较的比喻形式。此类比喻的喻体和本体之间不但有相似之处,而且有相互比较的意思。较喻有强喻、弱喻、等喻三类。	与此相较,孟德斯鸠关于罗马盛衰的论述差不多就像是小学生的作业。(QJ¹/12/450)
10	接喻	又称承接性比喻,是几个比喻连用,后一个喻体是在前一个喻体基础上产生的一种比喻形式。又称联喻、贯喻、叉喻、派生喻。	笼罩着这些人的幻想的云雾被一阵雷雨冲散了。(QJ¹/12/691)
11	诘喻	反问与比喻兼用,以反问句形式来表现内容的一种比喻形式。诘喻从表现内容来看是比喻,从句子类型看是反问。	傅立叶称工厂为"温和的监狱"难道不对吗?(WJ/5/491～492)
12	借喻	比喻的三种基本形式之一。本体、喻词都不出现,直接用喻体代替本体的一种比喻形式。借喻的本体和喻体的关系较明喻、暗喻更为密切。喻体代表什么本体,要结合特定语境加以体会。	这一次人民不上他们的当了。人民从经验中知道,辉格党人答应给面包,而拿出来的却是石头。(QJ¹/11/449)
13	进喻	几个比喻连用,前后在意义上有递进关系的一种比喻形式。可看作比喻与递进的兼用。	他的辩护的甲胄就像松软的火绒一样裂成一片一片的了。(WJ/5/877)
14	扩喻	在喻体前后增加说明性文字,对喻体作进一步解释说明的一种比喻形式。扩喻中的比喻部分,可以是明喻、暗喻等形式。	他们都像布利丹的烦琐动物一样,为了面面俱到,以致总是停步不前。(QJ¹/12/727)

序号	类型	特点	例句
15	类喻	类喻是几个同类的本体和几个同类的喻体分别配合,通过几个喻体之间的关系来衡量主体之间关系的比喻形式。	窗户之于住房,正如五官之于脑袋一样。(WJ/2/570)
16	连喻	接连使用同一形式的比喻,几个喻体分别描写不同的本体的一种比喻形式。	希腊式的建筑风格像艳阳天,摩尔式的建筑风格像星光闪烁的黄昏,哥特式的建筑风格像朝霞。(QJ²/2/256)
17	理喻	将"理"附在对"物"的联想上,以理设喻,以喻说理,通过生动、含蓄的笔墨,达到化繁为简、化抽象道理为可感体验的比喻形式。	在科学上没有平坦的大道,只有不畏劳苦沿着陡峭山路攀登的人,才有希望达到光辉的顶点。(WJ/5/24)
18	明喻	本体、喻体、喻词都出现,利用本体与喻体之间的相似点,加深本体印象的一种比喻形式。因其本体、喻体、喻词都出现,喻词常用"像、好像、似、似的、如、正如"等具有明显比喻意味的词,故称明喻。比喻的三种基本形式之一。	法律不是压制自由的措施,正如重力定律不是阻止运动的措施一样。(QJ²/1/176)
19	拟喻	比喻与比拟合用且有承接关系的一种比喻形式。拟喻有先喻后拟、先拟后喻、喻在拟中等三种类型。	哲学,从其体系的发展来看,不是通俗易懂的;它在自身内部进行的隐秘活动在普通人看来是一种超出常规的、不切实际的行为;就像一个巫师,煞有介事地念着咒语,谁也不懂得他在念叨什么。(QJ²/1/219)
20	拈喻	比喻与拈连连用的一种比喻形式。拈喻的基本形式是先出现比喻,而后将比喻中的某个词拈来连到下句。	埃歇尔先生不知疲倦的手就像抽水机一样,从这新颖而令人信服的思想中,滔滔不绝地抽出了一大堆庄严的豪言壮语。(QJ¹/6/110)
21	曲喻	一种隐晦曲折的比喻形式,作者运用联想表情达意,读者仔细玩味才能体会奥妙。此外,本书把作者用"联想到""使人想起"等词语充当喻词的比喻也划入此类。	这次大选把第二个波拿巴推上西奈山,并不是为了让他去接受法律,而是为了让他去颁布法律。(WJ/2/573)
22	双喻	双喻是用两个喻体来形容同一个本体的一种比喻形式。	问题是时代的格言,是表现时代自己内心状态的最**实际的**呼声。(QJ²/1/203)

续表

序号	类型	特点	例句
23	缩喻	喻词不出现,本体和喻体以修饰或并列的形式出现的一种比喻形式。又称略喻、同位喻。	和控制着世界市场的西方生产**同时存在**,就使俄国可以不通过资本主义制度的卡夫丁峡谷,而把资本主义制度所创造的一切积极的成果用到公社中来。(WJ/3/575)
24	引喻	喻体在前,本体在后,以喻体引出本体,二者之间形成并列平行关系的一种比喻形式。本体和喻体通常是两个句子,且中间不用比喻词。	德尔斐的女巫必须被一种气体迷倒,才能得到神谕;不列颠人民必须用杜松子酒和黑啤酒把自己灌醉,才能找到带来神谕的立法使者。(QJ^1/8/402)
25	约喻	两个或两个以上的本体共用一个喻体的一种比喻形式。	路德不但清扫了教会这个奥吉亚斯的牛圈,而且也清扫了德国语言这个奥吉亚斯的牛圈,创造了现代德国散文,并且创作了成为16世纪《马赛曲》的充满胜利信心的赞美诗的词和曲。(QJ2/26/466)
26	择喻	肯定否定并用,排除某一喻体,选择另一喻体的一种比喻形式。常用形式为"不是……而是……"。	现在的社会不是坚实的结晶体,而是一个能够变化并且经常处于变化过程中的有机体。(WJ/5/10~13)

主要参考文献

一、著 作 类

《马克思恩格斯全集》中文第 1 版第 1~50 卷，人民出版社 1956~1985 年版。

《马克思恩格斯全集》中文第 2 版已出版各卷，人民出版社 1995~2024 年版。

《马克思恩格斯文集》第 1~10 卷，人民出版社 2009 年版。

《列宁全集》中文第 2 版第 1~60 卷，人民出版社 2013~2017 年版。

《李大钊全集》第一——五卷，人民出版社 2013 年版。

《毛泽东文集》第一——八卷，人民出版社 1993 年版。

《毛泽东选集》第一——四卷，人民出版社 1991 年版。

《习近平谈治国理政》第四卷，外文出版社 2022 年版。

安军：《科学隐喻的元理论研究》，科学出版社 2017 年版。

北京师范大学经济系编：《〈资本论〉研究论丛》第 9 辑，非正式出版物，1985 年印刷。

陈望道：《修辞学发凡》，上海教育出版社 2001 年版。

邓晓芒：《思辨的张力：黑格尔辩证法新探》，商务印书馆 2016 年版。

邓晓芒：《西方美学史纲》，商务印书馆 2018 年版。

冯至著，陈巍编：《论歌德》，人民文学出版社 2022 年版。

胡培兆、孙连成：《〈资本论〉研究之研究》，四川人民出版社 1985 年版。

黄世权：《〈资本论〉的诗性话语》，中国电影出版社 2018 年版。

姜宗伦：《古典文学辞格概要》，云南人民出版社 1984 年版。

李成勋：《〈资本论〉自学指南》，四川人民出版社 1982 年版。

孟氧：《〈资本论〉历史典据注释》，中国人民大学出版社 2004 年版。

聂锦芳：《"爱"的超越：文学视野下的马克思》，中央编译出版社 2018 年版。

聂锦芳主编：《重读马克思：文本及其思想》第 1~12 卷，中国人民大学出版社 2018 年版。

聂炎：《比喻新论》，宁夏人民教育出版社 2009 年版。

彭兴庭：《资本 5000 年：资本秩序如何塑造人类文明》，中国友谊出版公司 2021 年版。

钱锺书：《钱锺书集·管锥编（一）》，生活·读书·新知三联书店 2001 年版。

全增嘏：《西方哲学史》上册，上海人民出版社 1983 年版。

沙少海、徐子宏译注：《老子全译》，贵州人民出版社 2009 年版。

石坚等主编：《圣经文学文化词典》，四川大学出版社 2003 年版。

束定芳:《隐喻学研究》,上海外语教育出版社 2000 年版。

宋涛主编:《〈资本论〉辞典》,山东人民出版社 1988 年版。

谭学纯等编著:《汉语修辞格大辞典》,上海辞书出版社 2010 年版。

汪子嵩等:《希腊哲学史》第 1 卷,人民出版社 2014 年版。

王沪宁:《美国反对美国》,上海文艺出版社 1991 年版。

王庆丰:《〈资本论〉的再现》,中央编译出版社 2016 年版。

王希杰:《汉语修辞学》,商务印书馆 2014 年版。

萧灼基:《恩格斯传》,河南人民出版社 1985 年版。

许涤新主编:《〈资本论〉研究——全国〈资本论〉学术讨论会论文选》,江苏人民出版社 1983 年版。

徐震民:《德语谚语词典》,外语教学与研究出版社 2014 年版。

薛梦得编纂:《文学比喻大典》,中央民族学院出版社 1993 年版。

晏立农、马淑琴编著:《古希腊罗马神话鉴赏辞典》,吉林人民出版社 2006 年版。

尉迟华等编著:《新编增广修辞格例话》,清华大学出版社 2011 年版。

张一兵:《回到马克思——经济学语境中的哲学话语》,江苏人民出版社 2020 年版。

张一兵等:《当代国外马克思主义研究》,北京师范大学出版社 2017 年版。

赵敦华:《马克思哲学要义》,江苏人民出版社 2018 年版。

赵家祥:《东方社会发展道路与社会主义的理论和实践》,商务印书馆 2017 年版。

赵家祥、丰子义:《马克思东方社会理论的历史考察和当代意义》,高等教育出版社 2002 年版。

中共中央文献研究室编:《毛泽东哲学批注集》,中央文献出版社 1988 年版。

[英]希·萨·柏拉威尔:《马克思和世界文学》,梅绍武等译,生活·读书·新知三联书店 1980 年版。

[英]汤姆·博托莫尔主编:《马克思主义思想辞典》,陈叔平等译,河南人民出版社 1994 年版。

[英]弗朗西斯·惠恩:《马克思〈资本论〉传》,陈越译,中央编译出版社 2009 年版。

[英]洛克:《人类理解论》,关文运译,商务印书馆 2017 年版。

[英]约翰·穆勒:《政治经济学原理及其在社会哲学上的若干应用》,赵荣潜等译,商务印书馆 2009 年版。

[英]亚当·斯密:《国富论》上册,郭大力、王亚南译,商务印书馆 2014 年版。

[英]亚当·斯密:《修辞学和文学讲演录》,石小竹译,商务印书馆 2014 年版。

[英]莎士比亚:《莎士比亚全集》第 1～6 卷,朱生豪等译,人民文学出版社 1994 年版。

[法]路易·阿尔都塞:《来日方长:阿尔都塞自传》,蔡鸿滨译,世纪出版集团、上海人民出版社 2013 年版。

[法]路易·阿尔都塞:《保卫马克思》,顾良译,商务印书馆 2017 年版。

[法]路易·阿尔都塞、艾蒂安·巴里巴尔:《读〈资本论〉》,李其庆、冯文光译,中央编译出版社 2001 年版。

［法］保罗·利科:《活的隐喻》,汪家堂译,上海译文出版社 2015 年版。

［法］布阿吉尔贝尔:《布阿吉尔贝尔选集》,伍纯武、梁守锵译,商务印书馆 2011 年版。

［法］巴尔扎克:《巴尔扎克选集》第 10 卷,资中筠译,人民文学出版社 2013 年版。

［法］弗雷德里克·巴斯夏:《经济和谐论》,唐宗义译,商务印书馆 2017 年版。

［法］傅立叶:《傅立叶选集》(第 1、3 卷),赵俊欣、汪耀三等译,商务印书馆 2017 年版。

［法］雅克·德里达:《马克思的幽灵:债务国家、哀悼活动和新国际》,何一译,中国人民大学出版社 2016 年版。

［法］蒲鲁东:《贫困的哲学》上卷,余叔通、王雪华译,商务印书馆 2017 年版。

［法］左拉:《金钱》,金满成译,人民文学出版社 1980 年版。

［德］路德维希·费尔巴哈:《费尔巴哈哲学著作选集》上、下卷,荣震华等译,商务印书馆 1984 年版。

［德］费尔巴哈:《费尔巴哈哲学史著作选》第 1 卷,涂纪亮译,商务印书馆 1978 年版;［德］费尔巴哈:《费尔巴哈哲学史著作选》第 3 卷,涂纪亮译,商务印书馆 1984 年版。

［德］费尔巴哈:《基督教的本质》,荣震华译,商务印书馆 2017 年版。

［德］费尔巴哈:《宗教的本质》,王太庆译,商务印书馆 2017 年版。

［德］歌德:《歌德诗集》下册,钱春绮译,上海译文出版社 1982 年版。

［德］歌德:《歌德文集》第 1~10 卷,绿原等译,人民文学出版社 1999 年版。

［德］歌德:《浮士德》,董问樵译,复旦大学出版社 2001 年版。

［德］歌德:《浮士德》,郭沫若译,安徽人民出版社 2013 年版。

［德］歌德:《浮士德》,钱春绮译,上海译文出版社 2013 年版。

［德］沃尔夫冈·弗里茨·豪格主编:《马克思主义历史考证大辞典》,俞可平等编译,商务印书馆 2018 年版。

［德］海涅:《海涅诗集》,钱春绮译,上海译文出版社 1990 年版。

［德］海涅:《海涅诗选》,张玉书等译,人民文学出版社 1985 年版。

［德］海涅:《海涅全集》第 1~12 卷,章国锋等译,河北教育出版社 2003 年版。

［德］黑格尔:《哲学史讲演录》第 1~4 卷,贺麟等译,商务印书馆 2017 年版。

［德］黑格尔:《历史哲学》,王造时译,世纪出版集团、上海书店出版社 2006 年版。

［德］黑格尔:《精神现象学》,先刚译,人民出版社 2013 年版。

［德］黑格尔:《法哲学原理:或自然法和国家学纲要》,范扬、张企泰译,商务印书馆 2017 年版。

［德］黑格尔:《哲学全书·第一部分·逻辑学》,梁志学译,人民出版社 2017 年版。

［德］迪特·亨利希:《在康德与黑格尔之间:德国观念论讲座》,乐小军译,商务印书馆 2013 年版。

［德］汉斯-格奥尔格·伽达默尔:《诠释学Ⅰ、Ⅱ:真理与方法》(修订译本),洪汉鼎译,商务印书馆 2017 年版。

［德］莱布尼茨:《人类理智新论》上册,陈修斋译,商务印书馆 2017 年版。

[德]卡·洛贝尔图斯:《关于德国国家经济状况的认识:五大原理》,斯竹、陈慧译,商务印书馆2017年版。

[德]弗·梅林:《马克思传》,樊集译,人民出版社1973年版。

[德]尼采:《古修辞讲稿》,屠友祥译,华东师范大学出版社2018年版。

[德]西美尔:《货币哲学》,陈戎女等译,华夏出版社2018年版。

[德]席勒:《席勒诗集》,魏家国译,大众文艺出版社1999年版。

[德]席勒:《席勒文集》第1卷,钱春绮、朱雁冰译,人民文学出版社2005年版。

[德]席勒:《席勒文集》第6卷,张玉书等译,人民文学出版社2015年版。

[古希腊]荷马:《荷马史诗·奥德赛》,王焕生译,人民文学出版社1997年版。

[古希腊]荷马:《荷马史诗·伊利亚特》,罗念生、王焕生译,人民文学出版社1994年版。

[古希腊]修昔底德:《伯罗奔尼撒战争史》,谢德风译,商务印书馆2018年版。

[古希腊]亚里士多德著,苗力田主编:《亚里士多德全集》第1~10卷,中国人民大学出版社2016年版。

[古希腊]伊索:《伊索寓言》,王焕生译,人民文学出版社2008年版。

[古罗马]奥古斯丁:《论灵魂及其起源》,石敏敏译,中国社会科学出版社2017年版。

[古罗马]奥利金:《驳塞尔修斯》,石敏敏译,生活·读书·新知三联书店2013年版。

[荷兰]B.曼德维尔:《蜜蜂的寓言:或私人的恶德,公众的利益》第1卷,肖聿译,商务印书馆2017年版。

[美]R. W.爱默生:《自然沉思录》,博凡译,上海社会科学院出版社1993年版。

[美]安东尼·格拉夫敦:《脚注趣史》,张弢、王春华译,北京大学出版社2014年版。

[美]海登·怀特:《元史学:19世纪欧洲的历史想象》,陈新译,译林出版社2013年版。

[美]大卫·哈维:《马克思与〈资本论〉》,周大昕译,中信出版社2018年版。

[美]麦卡锡选编:《马克思与亚里士多德——十九世纪德国社会理论与古典的古代》,郝亿春等译,华东师范大学出版社2015年版。

[美]埃里克·查尔斯·斯坦哈特:《隐喻的逻辑:可能世界之可类比部分》,兰忠平译,商务印书馆2019年版。

[意大利]但丁:《神曲》,田德旺译,人民文学出版社2002年版。

[匈]贝拉·弗格拉希:《逻辑学》,刘丕坤译,生活·读书·新知三联书店1979年版。

[匈]卢卡奇:《审美特性》上册,徐恒醇译,社会科学文献出版社2015年版。

[日]久留间鲛造、宇野弘藏等编:《资本论辞典》,薛敬孝等译,南开大学出版社1989年版。

[瑞士]西斯蒙第:《政治经济学研究》第2卷,胡尧步等译,商务印书馆2017年版。

Marx-Engels-Gesamtausgabe（*MEGA*²），Abt.Ⅰ，Bd.1，Berlin：Dietz Verlag，1975.

Marx-Engels-Gesamtausgabe（*MEGA*²），Abt.Ⅰ，Bd.8，Berlin：Dietz Verlag，2020.

Marx-Engels-Gesamtausgabe（*MEGA*²），Abt.Ⅱ，Bd.1，Teil 1，Berlin：Dietz Verlag，1976.

Marx-Engels-Gesamtausgabe（*MEGA*²），Abt.Ⅱ，Bd.1，Teil 2，Berlin：Dietz Verlag，1981.

Marx-Engels-Gesamtausgabe（*MEGA*²），Abt.Ⅱ，Bd.2，Berlin：Dietz Verlag，1980.

Marx-Engels-Gesamtausgabe（*MEGA*²），Abt.Ⅱ，Bd.3. Teil 4，Berlin：Dietz Verlag，1979.

Marx-Engels-Gesamtausgabe（*MEGA*²），Abt.Ⅱ，Bd.5，Berlin：Dietz Verlag，1983.

Marx-Engels-Gesamtausgabe（*MEGA*²），Abt.Ⅱ，Bd.6，Berlin：Dietz Verlag，1987.

Marx-Engels-Gesamtausgabe（*MEGA*²），Abt.Ⅱ，Bd.7，Berlin：Dietz Verlag，1989.

Marx-Engels-Gesamtausgabe（*MEGA*²），Abt.Ⅱ，Bd.9，Berlin：Dietz Verlag，1990.

Marx-Engels-Gesamtausgabe（*MEGA*²），Abt.Ⅲ，Bd. 9，Berlin：Akademie Verlag，2003.

二、论　文　类

顾海良：《马克思对经济思想流派及其历史发展的探索——马克思〈巴师夏和凯里〉手稿读解》，《马克思主义理论学科研究》2018 年第 3 期。

韩许高、刘怀玉：《Fetischismus：是拜物教，还是物神化?》，《现代哲学》2016 年第 3 期。

胡为雄：《马克思上层建筑概念的三种喻义》，《现代哲学》2010 年第 6 期。

胡为雄：《马克思上层建筑概念的另种喻指：信用与虚拟资本》，《哲学动态》2010 年第 10 期。

胡为雄：《马克思、恩格斯使用上层建筑概念之比较》，《清华大学学报》（哲学社会科学版）2012 年第 4 期。

健禾、陈琪：《比喻喻体差异中的中西美学渊源》，《理论探索》2007 年第 4 期。

李成勋：《一份珍贵的遗产——读马克思〈资本论〉中的脚注》，《经济研究》1983 年第 4 期。

李家丽：《德语谚语汉译法浅谈》，《浙江教育学院学报》2001 年第 1 期。

李根蟠：《"亚细亚生产方式"再探讨》，《中国社会科学》2016 年第 9 期。

刘召峰：《社会形态、经济的社会形态、社会形式——马克思社会形态理论的核心概念考辨》，《浙江大学学报》（人文社会科学版）2020 年第 4 期。

鲁克俭：《从"注释"看〈马克思恩格斯全集〉中文第 2 版〈资本论〉的编辑工作》，《北京行政学院学报》2015 年第 1 期。

陆晓光：《〈资本论〉的讽喻——以〈文心雕龙〉"比兴"说为参照》，《语文学刊》2020 年第 3 期。

陆晓光：《〈资本论〉的自然科学类比——关于马克思科学精神》，《社会科学》2010

年第 10 期。

罗畅、罗鸿:《〈红楼梦〉比喻的喻体类型研究》,《长江丛刊》2016 年第 20 期。

马天骏:《论马克思修辞学的实践》,《人文杂志》2005 年第 5 期。

马天骏:《哲学的双重反思性及其修辞学——兼论中西哲学的根本共通性》,《学术研究》2009 年第 1 期。

马天骏:《马克思物思想的形而上学探究———读〈资本论〉一得》,《学海》2011 年第 6 期。

马天骏:《类哲学的生命隐喻》,《江海学刊》2015 年第 1 期。

马天骏、孙杨:《马克思对黑格尔辩证法的"颠倒"——一个隐喻分析》,《山东社会科学》2016 年第 10 期。

马天骏:《蛹隐喻:〈资本论〉的一种阐述方式》,《哲学研究》2017 年第 9 期。

覃万历:《货币的隐喻学:马克思〈资本论〉中的"货币之谜"》,《现代哲学》2017 年第 6 期。

沈湘平:《马克思关于历史的戏剧隐喻》,《学术研究》2016 年第 11 期。

王福生:《马克思对黑格尔的四重批判———以"颠倒"问题为核心》,《吉林大学社会科学学报》2010 年第 3 期。

王中汝:《暴力的作用及其限度——论马克思恩格斯的暴力革命思想》,《理论视野》2019 年第 1 期。

郗戈:《论〈资本论〉中的异化、物象化与抽象的关系问题》,《马克思主义与现实》2016 年第 6 期。

郗戈:《资本逻辑与主体生成:〈资本论〉哲学主题再研究》,《北京大学学报(哲学社会科学版)》2019 年第 4 期。

郗戈:《〈资本论〉与文学经典的思想对话》,《文学评论》2020 年第 1 期。

熊浩莉:《〈荀子〉喻体世界的三重内涵》,《华南师范大学学报》(社会科学版)2017 年第 6 期。

徐凯军:《德语谚语汉译探讨》,《德语学习》1999 年第 5 期。

仰海峰:《马克思的货币哲学》,《吉林大学社会科学学报》2018 年第 3 期。

袁杰:《略论马克思语言艺术——基于马克思主义大众化维度》,《长江论坛》2011 年第 1 期。

张明军:《对"马克思提出跨越卡夫丁峡谷"的辨疑》,《当代世界与社会主义》2000 年第 1 期。

赵家祥:《简论"恶"在历史发展中的作用》,《江汉论坛》2002 年第 9 期。

赵家祥:《一种不可遗忘的历史动力——关于"恶"的历史作用》,《湖南科技大学学报》(社会科学版)2005 年第 6 期。

索　引

后　记

　　2020 年夏天，趁着疫情期间居家办公的机会，我开始通读《马克思恩格斯全集》中文第 1 版。在读的过程中，我被马克思和恩格斯使用的修辞手法深深吸引，于是就想把这些修辞提取出来，编一部《〈马克思恩格斯全集〉修辞辞典》。但由于里面的修辞种类和数量实在太多，更重要的是，马克思和恩格斯的文章理论性很强，有些修辞手法若是仅仅摘录出来而不加解释，很多人是不能理解的。因此，我不得不有所取舍，有所侧重，有所解释。最后，我决定选择比喻这个最重要的修辞手法进行梳理、摘编和解析，编一部《〈马克思恩格斯全集〉比喻解析辞典》。就这样，我一边读书，一边查阅资料，一边编纂辞典，到《资本论》及手稿读完的时候，这部辞典已经编了九十多万字了。翻过《资本论》这座大山，再啃后面的内容就有一种下山的感觉，背囊里尽是比喻的珍珠，内心里充满收获的愉悦。2021 年春，到了申报国家社科基金资助项目的时候，在同事们的鼓励之下，我将《资本论》及手稿部分的内容抽取出来，对其进行了一次深加工，于是就有了大家面前这本书的初稿。承蒙各位评审专家的厚爱，这本书最终获准立项 2021 年度国家社科基金后期资助项目。

　　立项之后，很多人觉得我可以松口气了，其实不然。一来，之前的读书写作本身就是愉快的挖宝和鉴宝活动，乐趣无穷，收获颇丰，因而我并不觉得有多累，也就无须放松；二来，立项之后的工作更具挑战性，不仅要继续挖宝和鉴宝，还要下一番研究的功夫，对作品进行大量的改造和细心的打磨，这是一个更需要耐性的工作，不能放松。最后，就像孔夫子说的：生无所息。保持一种一以贯之的生活习惯，而不是时松时紧的无常状态，这乃是莫大的幸福。加上我研究生毕业之后做了多年与科研无关的繁杂工作，走了很多弯路，耽误了很多时光，因此对人生下半程的宝贵时光倍加珍惜，不愿放松。

　　我对目前这种无须放松、不能放松和不愿放松的心态是满意的。这种状态的取得和一个人密不可分，这个人就是马克思。通读《马克思恩格斯全集》给我最大的收获，与其说是《"喻"见马克思——〈资本论〉的比喻修辞研究》这本书，不如说一个知足的心态。所以我最应该感谢的人是马克思。大家知道，马克思是在一种极端"缺货币"的状态下创作《资本论》的。我们这些马克思的研究者比起马克思本人来说，单就物质生活方面而言，不知道要幸福多少倍,没有理由不知足,没有理由不把科研做好。

本书在创作过程中得到了很多人的帮助和鼓励,在此向他们表示感谢。感谢国家社科基金项目评审专家们的辛苦付出和对本书的充分肯定,他们提出的修改意见犀利而中肯,对于本书的完善、提升起到了至关重要的作用。感谢我的母校北京大学马克思主义学院的亲爱的老师们,感谢他们的谆谆教诲和悉心指导。感谢中国《资本论》研究会副会长、北京大学马克思主义学院原党委书记孙蚌珠教授为本书欣然作序。感谢我的邻居、石家庄市作协原副主席、河北省社会主义学院退休教授赵秀忠老师,他爽快地答应了帮我审稿的请求,并对我鼓励有加,还给我提供了很多建设性的好建议。最后还要感谢中共河北省委党校(河北行政学院)的同事们。赵士锋常务副校(院)长对我潜心读书的态度予以充分肯定并多次给予表扬,特别是通过谋划制定一系列新的政策措施,使学校的科研环境越来越好,让我和同事们都倍受鼓舞;李胜茹副校(院)长多年从事《〈资本论〉导读》课的教学工作,对《资本论》颇有研究,她通读了全书并为本书提出了很多宝贵的修改意见和建议;孟庆云副校(院)长曾为课题前期准备工作提供了非常有力的指导和实际的帮助;我在哲学教研部工作期间,教研部主任王秀华教授给我提供了很多便利条件,使我能够全心全意地从事学术研究工作;学术委员会首席专家、报刊社原主任孙英臣教授,科学社会主义教研部主任王英杰教授,文史教研部高玉敏教授,哲学教研部陈达瑞老师都通读了书稿,提出了具体的修改建议;另外,牟永福教授、祁刚利教授、杨福忠教授、程瑞山教授、陈秀梅教授、牛余庆教授、李辉敏教授、魏先法教授等专家也曾在课题立项过程中提供了很多宝贵的意见建议;马克思主义学院吴淑君老师帮我完善了书稿的格式;科研处的同志们给了我很多支持和鼓励,也为课题立项和结项做了大量细致的工作;在此一并向他们表示衷心的感谢!

谨以此书献给我的硕士研究生导师、北京大学马克思主义学院已故教授赵建文先生,希望此书能不辜负先生的期望,也希望先生在天之灵知道学生虽历经波折但终于带着一颗沉静的心回归马克思主义研究事业而略感欣慰。

胡士杰

2024 年 11 月 28 日